U0143253

启笛

幽

梦

古

回

声

考古学是什么

陈胜前　著

北京大学出版社
PEKING UNIVERSITY PRESS

目录

序言

近年来，"考古"成为一个热词，从电视节目《我在故宫修文物》《中国考古大会》到现场直播三星堆遗址的发掘，从各大刊物上的考古栏目到自媒体的考古公众号，考古工作从未像今天这样受到公众的广泛关注。在国家层面上，中央政治局曾经两次就我国考古工作的进展进行集体学习，并且出台了一系列支持考古工作发展的政策。为什么"考古"会这么热呢？

2021 年是现代考古学在中国诞生的 100 周年，100 多年前，"考古"也曾经广受关注。先是安阳殷墟甲骨文、敦煌莫高窟文书以及大西北沙漠中汉代简牍的发现，然后是庆阳水洞沟、北京周口店、渑池仰韶村的发掘，再后是安阳殷墟的发掘。在前后将近三十年的时间里，传统的金石学迅速让位于现代考古学。与此同时，中国传统学术也在发生深刻转型，科学成为占主流的认识世界的途径，中国学术开启了一个新时代，而中国考古学则成为时代转型的先驱。从由国外学者主导到中国自己的学者全面主持工作，中国现代考古学逐渐走向独立自主。这一发展的意义是巨大的，它代表科学开始融入到中国文化传统之中，中国开启全面追赶西方发展的征程。

进入 21 世纪 20 年代，世界发展的新格局日渐清晰，这是百年未有之大变局，新时代的发展画卷徐徐展开。这是一幅怎样的壮丽画卷呢？经过百年的发展，中国学术已经进入世界前列：一方面，在我们的前面已经是"无人区"，我们需要自己去探索；另一方面，我们面临西方与我们脱钩的威胁。依附是走不通的发展道路。最近几年，世界格局加速变化，西方的霸权受到空前的质疑，也许到了需要考虑西方体系崩溃的时候了。这个体系不仅仅是指政治体系，也是文化体系，包括话语霸权。无论这件事是否会发生，我们都需要有所准备。凡事预则立，不预则废。未雨绸缪，我们需要走自己的路，而且我们也确实可以走自己的路了。独立自强，发展中国自身的学术体系、理论体系、话语体系，已经成了新的时代精神。我们是否有这样的能力呢？这不是一个要讨论的问题，而是一个必须去做的事情，肯定不容易，但是只有去做，才有可能克服困难，取得成功。

这样一个大背景与考古学有什么关系呢？与本书的写作有什么关系呢？学术总是有其时代性的，它需要反映时代精神，如此才可能创造其自身的意义。现代考古学本身的出现本身也是时代精神的体现，它的每一次转型与时代发展也都是密不可分的。也正因为如此，这里首先提到这个大背景，强调其中包含的时代精神。由此，这里想写的，是对考古学的新理解，而不是国内外既有基础知识的汇编，尽管其中会涉及许多考古学的基础理论、方法，以及成功的实践。

当前有关考古学的介绍性著作并不少，有国内学者写作的《考古学导论》这样的教材，也有翻译国外学者的教材，其中的经典之作就是科林·伦福儒与保罗·巴恩合著的《考古学：理论、方法与实践》，复旦大学的陈淳先生将其翻译成了中文。这部教材包罗万象，不大像一部有关考古学基础教材，而像一本有关考古学的小型百科全书，适合参考，并不怎么适合阅读。按照《中国大百科全书·考古学卷》对考古学的经典定义，考古学是一门人文科学，文史哲和艺术都属于人文科学，这也就意味着考古学是存在社会、历史以及文化背景的差别的，两位西方学者的作品可能的确很不错，但是就像我们很难长时间吃西餐一样，大家读起来会觉得有些陌生，因为我们不熟悉其中所涉及的考古材料、文化背景、历史价值等。相比而言，作为教材的《考古学导论》有非常强的考试目的，不仅是为了期末考试，还要服务于考研，并不是以提高读者的人文修养为宗旨。还略有遗憾的是，这些教材没有充分吸收当代考古学在理论方法上的进展，没有能够形成一个真正的体系。除了教材之外，与考古学相关的著作就更多了，这些著作基本不会介绍考古学的基本原理，偶有涉及，如克莱因的《考古的故事》，也不系统。因此，很有必要写一本有关考古学基础理论方法与实践的书服务于对考古学有兴趣的读者，其中也包括正在学习考古学的学生。

在许多人的眼中，考古就是探险、发掘，是一群兴趣独特、爱冒险的人从事的活动。如果只是这样的话，就不会存在考古学这样一门学科了。现代考古学经历一两百年的发展，其渊源还要更加古老，它已经形成了独立的学科理论与方法，并有了成熟的实践，这些共同构成一个完整的体系。这个体系的核心就是物质遗存。我们需要去调查、发掘，从而发现物质遗存；更需要去分析研究物质遗存，了解它们与过去的联系；再后就是保护与利用。这也就是当代考古学的三大任务。从纵向上看，在考古学发展的早期相对更侧重去发现物质遗存，一些有兴趣的人满世界寻找古代物质遗存，主要是与古文明相关的遗存。在此过程中，他们也就把自己训练成了第一代考古学家。后来，考古学发展越来越强调去探究物质遗存所代表的人类行为，探究它在文化系统中的作用……现在的研究还在不断地深入。当代考古学的发展越来越强调文化遗产的保护与利用。实际上，横向上也存在类似的区分：对有志于从事考古工作的人来说，部分人可能特别喜欢田野考古，去野外调查发掘，他们喜欢这种在野外闯荡的生活，喜欢那种发现的惊喜，这些人大多在考古专业机构工作；一部分人更多留在室内，他们分析研究材料，发展理论方法，进行整合研究，这些人更多分布在大学之中；还有一部分人是在博物馆、文物保护机构工作的，他们需要关注的是如何让物质遗存更好地服务人们的文化需求。

当代考古学其实并不仅仅研究古代的物质遗存，其触角已经深入当代社会，比如有工业考古、垃圾考古等。简言之，考古学已经扩展成为一门研究物质遗存的学科，不论是古代还是现在的物质遗存。更进一步，考古学成为一门研究物的学科。我不禁想起一个我们的传统词语"格物",格物致知,通过研究物而得到知识,进而帮助我们理解世界,更好地生活。当然,格物是一个比考古学广泛得多的概念,不过其中如何去"格"物,对于我们研究考古学来说,还是很有启发的。科学是格物的一种主要途径。明朝的王阳明年少时与朋友一起格竹子,格了几天几夜,结果生病了。他们如果掌握了科学这个途径,估计会成为植物学家。事实上,科学并不是唯一的途径,如果是文学家、历史学家、艺术家来格竹子,他们无疑更关注竹子所产生的文化、历史、社会的关联。"宁可食无肉,不可居无竹。"苏东坡从竹子那里获得精神熏陶,中国历代文人画竹、咏竹,大多是人文意义上来理解竹子的。我们把竹子扩充到所有的物(包括物质遗存),其研究的途径都包括科学与人文两条路径,这也是当代考古学理论方法的基本分野。

对于许多人而言,考古学是一门既熟悉又陌生的学科。之所以熟悉,因为在影视、流行书籍中会接触到,印象更深刻的恐怕是旅行参观,我们每到一地,必定要去当地的博物馆看看,还会去看看名胜古迹。比如说西安旅行,不可能不去看兵马俑,自然还会登上西安的古城墙,还可能去大明宫国家遗址公园、半坡遗址博物馆、碑林博物馆等。最近西安在历史博物馆之外,还建成了专门的考古博物馆,展览考古新发现。但是,考古学又以冷僻而闻名,在公众的眼中,考古学就是一门产生许多考古发现的学科,至于这门学科是怎么来的,何以能够成为一门学科,乃至考古学究竟是干什么的,与公众有什么关系,都不是很清楚。围绕这些问题,我确定了本书的构架。全书分为五个部分：绪论、考古学怎么来的、考古学何以可能、考古学在干什么以及考古学与公众。

教科书的绪论往往上来就是学科的性质、任务、意义等抽象且宏大的主题，然而，这些主题往往众说纷纭，永远悬而未决。因此，这里我想从具体的经验开始，由具体再到抽象。无论多么精细的科学描述，都无法取代直接体验。考古学这门学科本身就来自直接体验与观察，经过两百余年的发展，融合了许多学科的理论方法之后，才建立起自身的学术体系。从我个人切身的体验开始，通过具体的人与事来建立读者对考古学的感性认识无疑是合适的，我相信，能够打动人的还是人本身。大多数人对考古学产生印象都来自考古发现，与考古发现相结合的个人体验更可能让大家产生共鸣。我没有选择那些历史上的伟大发现，因为相关介绍读物不少，还因为对此我没有直接的体验。在后文讲述考古学怎么来的时候，也会提及。另外一个视角就是通过介绍考古学家本身来了解考古学，这里选取了若干不同时期具有代表性的考古学家，从他们的经历与成就之中，我们可以感受到考古学的发展历程。这肯定是不全面的，但就像我们到一个陌生的地方，如果那里有那么几个熟人或是有所了解的人，那么融入这个地方就会方便许多。以这样的方式开篇的确与众不同，但也在情理之中。

按照我们认识事物的情理，第二个部分介绍考古学是怎么来的。考古学源于古物收藏，至于说人为什么要收藏古物，这是很难解释的，不同时代、不同地方甚至不同人的目的可能都有所不同。

有件事，我们必须解释，那就是为什么收藏变成了考古学，而考古学却不以收藏为目的，甚至坚决反对学者进行个人收藏。我们这里所说的考古学，又叫作现代（或称近代，英文名都是 modern）考古学或科学考古学，其核心就是科学。理解考古学怎么来的，关键就在于理解科学是怎么影响到古物收藏的。这是一个复杂的问题，目前已是考古学史研究的专门领域。19 世纪中后期，现代考古学的雏形已经形成，进入 20 世纪之后，考古学经历了更显著的发展，可以划分为三个明显的阶段，不同的阶段所侧重研究的问题、依赖的理论方法都有所不同。可能让人困惑的是，这些所谓的"阶段"如今化身为不同的研究范式，同时存在于我们的研究之中。在这个部分，我们还需要介绍中国现代考古学的诞生与发展历程：现代考古学在中国已有百年的历史，而中国本身便有极为发达的金石学（对应于西方的古物学）。在进入现代考古学过程中，我们有不小的成绩，也有深刻的教训。这个意义，也就是"古今中西"问题，已经超越了考古学，是一个可以统括百年中国人文学术发展的基本命题。

第三个部分的主题是"考古学何以可能"，重点要回答考古学为什么能成为一门学科。考古学之所以能成为一门学科，是因为它有其自身的理论、方法与材料，所以，这个部分就是从考古材料、方法与理论三个角度展开。之所以先从考古材料开始，是因为它是考古学研究的对象，作为实物遗存，非常具体。物质遗存也是问题的来源。换句话说，考古学的根本问题就是要弄清楚物质遗存的直接的与间接的含义。这不是一件容易做到的事情，需要发展相应的理论、方法，才有可能。也正因为困难，使得考古学具有一种特殊的魅力，就像是在从事侦探工作，在蛛丝马迹中寻找事情的真相。许多时候，这项工作比当代的侦探工作还要困难，因为考古学家都生活在现在，离所研究的社会有几千乃至上百万年时间距离，我们很难想象一万年前人们的生活，于古人只是日常生活的活动，在现在看来都是那么陌生。更何况古人的活动不一定都会留下物质遗存，留下来的物质遗存不一定都能保存到现在，保存到现在的也不一定能够被我们发现，被我们发现的还不一定能够让我们认识到……层层累积的不确定性，足以让不少人望而却步，甚至对考古学本身都产生了怀疑。

为了打消大家的疑虑，这个部分首先会讨论考古材料是怎么形成的，我会通过一些案例来讨论古人的行为以什么模式编码及表现为物质遗存后的形态特征；还会讨论这些物质遗存可能经历怎样的自然与改造过程。这些过程并不是黑箱，其本身是有规律可循的。从物质遗存到考古材料，好像只是名称变换了，实际上改变的是知识体系。考古学就是这个知识体系，我们不可能把盗掘出土的不知道来源的东西或是传世的物件当作考古材料，因为它们失去了原初的空间关系，包括物品的剖面与平面关系。考古学的知识体系由其理论与方法构成，这是过去超过 200 年发展（从温克尔曼关注庞贝古城雕塑的位置关系算起）的成就。当代考古学的方法已经形成众多的维度，按照工作地点，可以分为田野方法、实验室方法、分析方法、应用方法等。考古学家早已不是那个戴着太阳帽、皮肤黝黑的形象了，他们可能穿着白大褂在实验室工作，也可能跟一般的白领一样坐在办公室里处理文案。可能更出乎大家想象的是，考古学家中还有一批人成了理论家，他们像哲学家一样，坐在沙发上玄想（所以有沙发考古学家的说法）。历史上，没有理论的地质学长期不能为物理、化学这样的自然科学家所认同，直到它有了板块构造、大陆漂移假说等理论之后。没有理论的考古学就只能算是一种获取材料的方法，而不能成为一门学科。考古学理论是我的重点研究方向，自然我会在这个部分加以说明的。

第四个部分重点讨论考古学是干什么的，即它的工作内容有哪些。一般地说，考古学的任务有三项：一是要发现与揭示（包括调查与发掘）物质遗存，二是要分析与研究考古材料，三是保护与利用文化遗产。从物质遗存到考古材料再到文化遗产都是同一批东西，但在不同的研究环节有不同的名称。之所以会有不同的名称，是因为研究的投入方向不同。第一项任务是大家最熟悉的，那就是田野考古，通过调查发掘来发现物质遗存，将其变成考古材料。具体如何去操作，既有相应的操作规程，也要有相当多的个人经验。前者有我们看到的规整的探方格子、各种各样的专门术语，后者如我们看到的车马坑，木头部分其实早已化为尘土，需要技术工人有很好的手感才能将其剔选出来，这通常要求多年的实践经验。田野考古可能是考古工作中最具有浪漫色彩的工作，从西北沙漠发掘楼兰古墓到南海水下揭露古代沉船，从青藏高原探寻人类最早的足迹到太湖之滨揭示五千年前的良渚古国都城。这些工作想一想都充满了诗意，当然，它也是烦琐、复杂的，把一件件物品揭露出来，照相、记录、测量……还有充满挑战的陌生环境。

就第二项任务分析与研究考古材料而言，分析其实也是研究的一个部分，当代考古学拥有众多的分析方法，除由考古学本身发展出来的外，大量是与相关学科交叉协作发展而来的。在分析之外，还有诸如直接历史、民族考古、背景关联（或称情境）等帮助理解考古材料意义的方法。其实，分析和研究考古材料说不上是任务，只能说是过程，真正的任务（目标）有四项：构建时空框架、重建古代生活、解释文化变迁、理解文化意义。层层深入，一层比一层困难。我将其分为四个章节分别加以讨论。当代考古学家分析与研究考古材料的目的就是要实现这四项目标，当然，这是从宏观上来说的；具体到一个个体，他所研究的范围可能只是某个区域、某个时段或是某个问题。所以，当我们只是看某一项研究的时候，往往会感觉考古学研究有点如同盲人摸象，但是将所有研究都整合起来看时，还是可以看出不同的目标层次。要实现这样的目标，需要有相应理论、方法与材料，当这样的研究实践较为成熟的时候，就构成了研究范式。就好比我们处理某类工作，日渐熟练之后，就会形成某种操作模式。

第三项任务通常不在考古学研究的正式名单上，但事实上许多考古学的毕业生从事的工作就是这个方面的。当考古材料进入到社会实践领域就成了文化遗产，这是从英文 cultural heritage 翻译过来的名称，其实我们一直有个类似的名称，叫作"文物"。文物并不限于物品，还包括遗址，如"全国文物保护单位"。可能因为要与国际接轨，所以文化遗产的说法日渐流行起来。文物保护不仅仅是技术，更是社会管理；利用不仅仅是展示，更需要沟通。这项任务让考古学有了应用领域，以秦始皇陵兵马俑为例，它所产生的效益是惊人的，不只是在遗址周边，整个临潼、西安乃至于整个中国都受益于它的知名度。考古学是一门能够产生直接经济效益的人文学科。文物的利用还有更深层次的价值，作为文化的直接载体，我们从中可以获取中华文化的根本精神，当然，文物不会自己讲话，需要研究者进行深入浅出的阐释。我们把这项工作称为"为往圣继绝学"，其最终目的无疑是要"为万世开太平"。

为了便于读者理解，在这个部分留出来一章专门以中华文明探源为例来探讨考古学的价值。中华文明的起源是一个学术界与公众都非常关注的问题，参与研究的学科有数十个之多，考古学是其中的轴心。中华文明探源作为一个学术问题很好地体现了中国考古学的学术特点与学术成绩，百年现代中国考古学帮助我们认识到远在"三皇五帝时代"之前，中国还有更久远的历史，200多万年前人类祖先已经在这片土地上生存，1万年多前，这里诞生了北方旱作与南方稻作两大农业起源中心，深刻影响了欧亚大陆东侧乃至太平洋地区农业时代的历史。考古学的发现与研究表明，"五帝时代"并不是子虚乌有的传说，尽管目前的文献与考古材料的精度并不足以准确识别古史传说中的族群，但是大体的脉络，即从距今6000年到距今 4000 多年的社会演化，是可以与"五帝时代"对应上的。作为中国考古学具有代表性的实践，中华文明探源较为充分地体现了不同层次的考古学理论方法在回答问题上所发挥的作用。我想不出还有什么比它更好的例子了。

最后一部分是考古学与公众。当前"公众考古"（或称公共考古）已成为考古学的一个热门领域，它之所以会如此，绝不仅仅因为中国如今发展起来，人们的生活水平与教育程度提高了，更因为公众有了参与到考古学中来的途径。参观博物馆、遗址公园等只是其中的一个组成部分，更有意义的部分是在互联网上。中国的移动互联网应用走在世界的前列，微信公众号、B 站、今日头条、博客微博等自媒体形式大大降低了公众参与到考古讨论的门槛，不少爱好者可以用自己喜欢的方式来解读文物或是考古发现，并且不断提出问题。考古学的专业领域能够获得及时的反馈，这在以前是不可想象的。因为参与，公众就有更高的积极性，也大大丰富了欣赏考古学的途径。这个部分将侧重讨论公众如何参与及欣赏考古学，也正因为有社会各个阶层广泛的参与，所以才有可能形成"公共性"，或者称为"人民性"，让考古学的发展更好地满足人民的利益，这无疑是最大程度上的共赢。

全书之所以采用这样的架构，是基于两个方面的考虑：一是北京大学出版社"人文社会科学是什么"系列丛书的特点，二是我自己在考古学研究上的思考。非常感谢北京大学出版社的邀请，我自己在学生时代就是这套丛书的读者，这套书之所以如此有生命力，原因不外是品质与个性。邀请合适的作者，给予作者以自由来阐述自己对学科的理解，超越教材，以更亲近、更有个性的方式进行表达，这就是"是什么"这套丛书的基本特点。当北大出版社提出让我来写《考古学是什么》的时候，我既感到荣幸，又感到责任的压力。不揣浅陋，我迅速答应了，不仅因为我欣赏这样的表达方式，更因为我认为这是一项很有意义的工作。让更多的读者了解考古学，增加知识修养，何乐而不为呢？

我感到压力，有时间上的，也有学术上的。当时我刚刚拿到国家社科基金的重大项目"新时代中国特色考古学理论体系研究"，按道理说，我没有时间写这样一本书，也没有计划写这样一本书。后来我注意到，为了项目研究需要，我可能需要写这样一本书。要了解中国特色的考古学理论体系，前提是必须梳理学科的基本理论体系，即需要弄清楚在哪些方面才有可能形成中国特色，在哪些方面才需要中国话语。写作这本书，完全可以成为我的课题研究的一部分，相得益彰，何乐而不为呢？于是就有了以上的架构。我曾经写过《学习考古》《思考考古》《考古学研究指要》等与考古学教育相关的著作，其中不乏理论思考，但是都没有系统地回到学科的基础理论层面上。宛如武侠小说中，修习武林神功的人，一般都会回到诸如《易筋经》这样的基础功夫上来。我需要做类似的功夫修炼，这也正是在考古学研究上的考虑。在前人研究基础上，我主要还是按照自己的理解来写作。

以上的这些想法，是不是合适，还有赖读者的法眼。我在几本书的序言中都写到，写作如同邂逅，在合适的时间与地方，遇到合适的人，遇到合适的话题，自然有许多可谈的。邂逅北大出版社，邂逅这样一个课题，邂逅这样一个时代，我在心底里感到幸运。于研究者而言，著作是存在的方式，是因为我想从中得到什么吗？好像是，又好像不是。就好像在欣赏一片美丽的风景，浑然忘却时间的流逝、生命的短暂。我喜欢这样的感觉，也希望与读者分享这样的感觉。考古学就是这样一片风景，或许不那么壮阔，或许不那么令人激动，但是伫立在它的面前，和风拂面，悠远而绵长……

导论：体验考古

　　我在自己的博士论文研究笔记的扉页上曾抄录了一句叔本华的名言来勉励自己："从根本上说，只有我们独立自主的思考才真正具有真理与生命。"我还从阅读现象学与存在主义中得到一个启示：无论哪种说法多么精彩，永远无法替代一个人自己的选择与体验。在这个移动互联网高度普及的今天，知识虽然不能说是贱如泥沙，但至少不再难以获得。当我讲到某个新概念的时候，学生可能会随手上网查询，以获得进一步的解释。因此，当我写一本涉及具体知识的著作的时候，我知道我一定要写出我的独立自主的思考，写出我自己的选择与体验，否则充当知识的搬运工，我会陷入到深深的内卷之中：图书市场上早已充斥着这样的作品了。也许这样做不那么完美，不那么高大上，不那么像父母一样总是正确，但是真实、具体、接地气、不让人厌恶。于是，我按照自己的理解构建了全书的框架，并确定从自己的选择与体验开始。

选择考古

　　每个人选择从事考古工作或是把考古当作爱好的理由可能都是不一样的[1]，但是可以确信的一点，选择的理由不大可能是天生的，而一定会与生活经历相关，比如说喜欢读历史，同时还喜欢探险。如果不能亲身去探险，喜欢探险故事也有同样的效果，因为这已经意味着他或她在合适的时候有可能会选择考古。我就是这个人，从小喜欢历史，喜欢听故事，喜欢听大人讲掌故，可能所有的孩子都是如此，只是我到了高中阶段还保持着这个兴趣，还喜欢读阿蒙森与斯科特南极探险竞争的故事，而且有机会买到历史类的杂志。我在高中时代其实对考古学了解很少，跟现在的孩子无法相提并论，但在我的知识储备中，已经有了一定的偏向。当高考填报志愿的时刻到来的时候，我选择了吉林大学考古学系。我的高考志愿是我自己做主的，跟父母、老师都没有商量过，我对所谓的热门专业兴趣不足，他们也没法帮我参考。选完之后告诉父母，父亲没有意见，母亲的意见就是学校太远了。在我眼中，考古与历史差不多，考古更新奇一点，而且吉林大学离我的家乡也足够的远。从长江之滨到塞外春城，上大学时是我第一次坐火车，一下子就坐两天两夜。"关东九月，天高地晶"，大学录取通知书上的开门辞至今记

---

[1] 这里用到的"考古学"与"考古"两个概念尊重约定俗成的说法，说到"考古学"的时候，指的是考古学这门学科；说到"考古"的时候，指的是考古实践工作。

忆犹新，那种新奇感是足够震撼的。

也许我真的选对了自己的志愿，我对自己所学的东西并不感到太吃力。我1989年上的大学，那时候还没有网络、手机，甚至连考古教材都没有，老师都是自编讲义，课上讲授，这个时代，知识是珍贵的。课上学生需要埋头抄笔记，我很擅长做这件事，写字快，虽然非常潦草。可能很难想象，课堂最吸引我的居然是绘图。学考古需要记住具体器物与遗迹的形制特征，那个时候也没有复印机，所有图形都是老师先画在黑板上，学生照着临摹。我喜欢画画，虽然画不好，课上的这项活动很满足我的爱好。老师也是根据书的图形描摹的，难免不那么准确，再经过我第二遍描摹，误差就可能更大了。于是，课后我根据参考书上的图再描一遍，还会多补充一点图，顺便就把笔记整理了一下。我无意中完成了课程的复习，考试成绩自然不错，进一步学习也就有了信心。我们选择的通常都是我们擅长的、能够做好的事。后来我才知道，学习考古需要比较好的图像记忆能力，著名考古学家柴尔德就是如此，这让他能够把不同地区的考古材料进行综合，这也是他能够写出《欧洲文明的曙光》的原因。他是第一个通过实物遗存材料构建起欧洲史前时代时空框架的学者，并对当时的生活面貌做出初步的重建。

第一次考古

我的第一次野外工作是大学二年级的下学期，是在五一劳动节前后，赴吉林德惠进行野外调查。那个时间正值春耕，土地翻耕会把一些古代遗物翻到地表来，是最适合进行田野考古调查的时候。此时的东北，山沟里残余的积雪还没有消融。当时带队的是吉林省文物考古研究所的安文荣老师，后来他成为研究所的所长，当时他也是参加工作不久的年轻人。如今的田野调查一般是在地图上确定好要调查的位置，然后直接驱车前往；调查时大家可以分散开来，即便彼此看不到也可以手机联系，实在不知道该怎么描述自己所在的位置还可以通过微信发送自己的定位，这种方法调查的效率很高。午饭时间，开车去附近镇上的饭店就好，同样非常方便，晚上还可以回到镇上的宾馆休息。我们调查时这些条件都是没有的，安老师带着我们班上的三名男同学住在乡招待所，每天从这里出发，偶尔会租当地的农用车送我们一段路，返回的话，就只能自己走回来了。翻耕后的土地就像沙滩，走在上面很耗体力。有一天我们捡到半截石磨盘，还有半截瓦当，舍不得放下，于是我就给背回来了。当时只有我背的是双肩包，走到后来背带都扯断了。

那次调查我们在松花江边发现一处剖面，上面可以看到清晰的用火痕迹，还有陶片。找到这处遗址也有那么一点偶然，因为我们觉得这个地方景观不错，想坐下来歇会儿，不知道是谁首先注意到剖面上的东西，于是就有了发现。多年以后，我才知道遗址的分布是有规律的，农业群体、狩猎采集群体在选择居址上有非常不同的考虑。农业群体有的会打井，即便不会打井，也有容器运水、储水，不必紧邻水而居。狩猎采集者则不然，他们需要如此；他们还需要考虑监视动物群的迁徙、避风、安全等，从居址的位置也大致可以判断一个群体的社会经济形态。我们觉得景观不错的地方，古人可能也是这么认为的。坐在那里，我记得安老师讲了一个有关农安左家山遗址发现的八卦，说是在休息时，某位同学无聊，拿着铲子挖着好玩，无意中发现了这处遗址。他们选择休息的地方，可能跟我们的一样，景观不错。对景观的判断，古今并没有什么显著的不同。人所偏好的景观，从进化心理学的角度来说，都是热带稀树草原适应的遗留，需要足够的开阔，但又不是一览无余，有山有水，进退自如（对善于攀爬的人类来说，地形上有一面比较陡峭是比较理想的，这样比较安全）。无聊之中随手挖挖，也肯定是有的。几年前我们在辽宁喀左调查一处洞穴，休息的时候也这么做过，结果听到"咯噔"一声响，工兵铲碰到了东西。挖开来一看，原来是一套日常用的瓷碗，很可能是几十年前乞讨的人埋在这里的【图 0.1】。

　　我们的野外调查持续了大约一周的时间，每一天都有挑战，这挑战主要来自吃饭问题。我们不可能中午回到乡招待所。第一天文化站的陪同人员穿着皮鞋跟着我们走，第二天安老师请他帮我们去安排吃午饭的地方。东北人实在，于是乎我们吃到了各种各样的农家菜。一天我们到松花江的江洲上去调查，那里的生活条件比较

图 0.1　辽宁喀左的野外调查

差，土地沙化严重，站在连绵的沙丘前拍了照片，不知道的人还以为是在沙漠中。初春之际，青黄不接，村里招待我们的菜是鸡蛋炖土豆、大豆腐蘸酱油，都是用脸盆装的，量管够，但吃法实在粗犷，没有青菜。回到德惠城里，文化局招待我们，吃到了松花江的开江鱼。野外调查除了寻找考古遗存之外，其实也是非常好的体验地方文化、了解乡土民情的机会。德惠县下属的"镇"跟南方有很大的区别，它缺乏商业设施，更像是人口较多的农村。商业不发达影响了东北的发展，这个问题至今还没有解决。

　　我的第一次田野考古发掘是在内蒙古林西县的白音长汗遗址，这是一处非常适合本科生进行田野实习的遗址。遗址的面积足够大，它的主体是一个兴隆洼文化时期（距今8000多年）的双生聚落，两个聚落相距数十米，由浅壕沟隔开。遗址所在山坡的顶上有积石冢【图0.2】。遗址中还有更晚的赵宝沟文化、红山文化、小河沿文化的房址与灰坑。遗址的埋深不大，揭开表土就可以看到房址的开口。人类干扰过的土壤颜色与生土有较为明显的区别，颜色更深、更杂。兴隆洼文化时期房址数量有几十座，每位同学差不多都挖到了几座，有的房址里保存的东西非常多，数个陶罐摆放在一起，有的还呈倒扣状态。这些房址的中央大多是由石条围合而成方形火塘（灶），居住面抹有细泥，离半地穴的坑壁一米左右的地方起一道土棱，把抹有细泥的居住面与生土居住面分开。靠墙的

图 0.2 内蒙古林西白音长汗遗址全貌

地方摆放有陶罐、石器、动物骨料。白音长汗的兴隆洼文化时期的居民挺注意室内空间布置的，比同一时期其他地方的房址都要精致一点，就像是家里装修过一样。这里的陶器也是如此，通体施加纹饰，通常是分为三段，靠近口沿的三分之一部分施加弦纹，其下是窄窄的一条凸起的附加堆纹，再下一般都是"之"字纹。如此讲究的装饰，意味着什么呢？我当时没有考虑过这个问题，我不知道同一时期其他遗址的情况，更不知道世界其他地方的情况。后来才知道这种情况可能与女性主导生活空间相关。

说这个遗址适合本科生实习，是因为这里有房址、灰坑、墓葬、壕沟等常见的考古遗迹，且是不同时期的，空间上有叠压关系，比如后来的半地穴式房子破坏了更早期房子的一角。更妙的是，这样的打破关系不是很多。不同时期的房址形状、大小、深浅、包含物并不一致，所以判断早晚关系并不那么困难。部分房址里的出土物很丰富，还很完整，这是我们很喜欢的，谁也不愿意发掘多日，两手空空。地层关系的复杂程度适中，遗物丰富多样，不同时期器物风格鲜明，当然是非常理想的实习地点。最大的可能是土质土色容易区分，黄土地带，生土与人工干扰过的土壤颜色差异明显。相比而言，如果是在东北黑土地带发掘，到处都是黑乎乎的，真的好难区分。同样，在南方潮湿的水网地带，也不是很好区分，由于地下水很浅，需要不断排水，总是在泥泞中工作。白音长汗这里干燥，下雨的时候不多，往往是急骤而短暂，发掘工作受天气的影响比较小。在考古学界，通常认为吉林大学的毕业生田野考古发掘的功底比较好。其中有个重要的原因，就是本科实习的遗址选得比较好。过于简单的遗址，或重复度特别高的遗址如汉墓，再就是时间紧张的抢救性发掘，都不适合本科生实习。过于复杂的遗址，比如有的遗址叠压关系非常复杂，而且深度超过三四米，几个月实习期内都不能挖到生土，这会让学生非常崩溃，这个地区夏家店下层文化（相当于夏商阶段）的遗址就是如此。学术训练需要循序渐进，需要培养兴趣，难度适中的遗址就是一个循循善诱的老师。

白音长汗遗址以完整的双生聚落而著名，每个聚落中有三四排房子，每一排中有一座面积较大，两个聚落中又各有一座超大的房子，面积超过 150 平方米。我记得发掘其中一座的时候，一开始勘探时并没有意识到这是一座超大的房子，而认为是两座房子，所以安排探方进行发掘的时候，挖出来的土都堆在探方附近。等到我们意识到这个错误的时候，就需要把堆在边上的土运走。这是一个颇大的工作量，当时调了十多名民工来帮忙。这座大房子里的火塘也大，显然是个公共场所。为什么会有这样的布局呢？我在写学年论文的时候做过一点研究，找了一些民族志的材料，试图帮助自己理解这种布局的意义，但我缺乏对原始农业社会空间布局在时间与空间两个维度上较为全面的了解，结果自然不大理想。还有一个有趣的现象：聚落之中有的房址保存有特别丰富的遗物，有的几乎一无所有。在赵宝沟文化时期的一处房址居住面上发现一溜保存完好的石铲，都是实用器物；而在一处红山文化的房址中发现了一具人骨架，像是室内葬，房内没有物品，但火塘的红烧土很厚，比兴隆洼文化与赵宝沟文化的要厚得多。为什么会这样呢？当时我还没有意识到这个问题，觉得发现什么都是理所当然的，自然不会去质疑。后来我才知道这与考古材料的废弃过程相关。

我们就像乘坐时间机器来到了 8000 多年前的史前村落，对这里的一切都感到好奇。白音长汗双生聚落的布局非常奇特，它位于一个山坡的北坡，因此房屋的门道朝向东北。这有点不合常理，现在当地农村的房屋朝向基本都是朝东或朝南。为什么会这样布局呢？我那个时候没有景观考古的知识，只是觉得奇怪而已。许多年后，重新研究这个遗址，注意到两个聚落实际上都对着河对岸一处酷似蛤蟆的天然风化石，想必古人觉得这是一处神迹——即便现在仍然有人崇拜。山顶上积石冢中是石板墓，随葬有玉器。兴隆洼文化是中国较早使用玉器的新石器时代文化（更早的是黑龙江饶河小南山遗址），时隔 20 年我再次访问这处遗址的时候，发现还有人在此翻找。

白音长汗留给我的印象非常深刻，我对田野考古的第一印象主要来源于此。从这里高远的天空到玫瑰色的晚霞，还有金秋的西拉木伦河谷，都成了我难忘的美好回忆。毫无疑问，野外生活条件是比较艰苦的，我们住在老乡家，刚住下来，问房东厕所在哪里，结果是一阵尴尬的沉默，自己想办法吧。没有洗澡的地方，只能自己想办法。用水也有点困难，需要自己去打水，水井深 27 米，用辘轳提，但需要自己挑回去。没有用过扁担的城市学生，肩膀受不了。我小时候在农村长大，挑过水，没觉得有什么困难。尽管白天的劳动量不小，我早上还会出去跑步，漫山遍野地跑，几个月下来，把遗址周围的山头跑遍了。

时隔 20 年重返，我在内蒙古文物考古研究所宁城工作站的库房中又看到白音长汗遗址的出土物，其中还有我写的标签，还有我亲手发掘出来的石器，我就其中的一把三角形石刀还写过文章、做过报告，我发现它是一把成年男性用的砍砸器，有手握的痕迹与使用痕迹。我之所以能够得出这样的认识是因为我在过去 20 年里在石器考古上有较为系统的研究。

白音长汗遗址 [1]

该遗址位于内蒙古赤峰市林西县双井店乡白音长汗村南，西拉木伦河北岸阶地上。白音长汗遗址包含兴隆洼文化、赵宝沟文化、红山文化、小河沿文化等不同时期的考古学文化遗存，以兴隆洼文化时期的乙类遗存最为丰富。2013 年白音长汗遗址被国务院公布为第七批全国重点文物保护单位。截止到目前，白音长汗遗址在 1988—1991 年经过了三次发掘。白音长汗遗址分为南北两个聚居区，各有一个环壕，环壕内为聚落居住区，有成排房址分布，房址平面呈方形或长方形，

---

[1] 内蒙古自治区文物考古研究所：《白音长汗——新石器时代遗址发掘报告》，北京：科学出版社，2004 年。

半地穴式建筑，部分房址内有方形石板坑灶，环壕东南方向有俩山包，为聚落积石冢所在地，白音长汗遗址中兴隆洼文化的房址面积在二三十平方米至七八十平方米之间，在 F19 居住面中央，立一尊圆雕半身石人像，可能与某种原始宗教有关。白音长汗遗址的墓葬分布在山顶上，墓葬分为石板墓和土坑墓两种，随葬品多为随身饰物，还随葬玉玦、玉蝉以及石雕刻小熊头，其中 M5 占据山顶中心位置，地表环绕直径约 10 米的石头圈。

在白音长汗遗址出土有陶器、石器、骨器、人面石饰和人面蚌饰等，其中陶器分为夹砂和泥质两种，陶色大多呈褐色，纹饰主要有之字纹、几何纹、指甲纹等，兴隆洼文化时期以之字纹、勾连纹最具代表性，以平底器为主，主要的器形为筒形罐、盆、碗、盘等，石器分为磨制和打制，种类有铲、斧、锛、磨盘、磨棒、石叶等，骨器有骨梗石刃刀、镰形器等。兴隆洼文化石器以扁平长方形石铲数量较多，刃部经过精磨，边缘保留打制痕迹。对遗址中出土的兴隆洼文化石铲的功能进行研究，确定刃部呈偏锋的打制石铲用于锄平地、勾草、耙土等，刃口正锋的磨制石铲用来挖掘，但石器整体专业化程度不高，加之石磨盘石磨棒的使用可以看出该遗址在这一时期原始农业的发展。白音长汗遗址中还发现镶嵌细石器石刃工具以及鱼鳔和网坠，说明狩猎经济和渔业经济占据重要地位。从出土的动物遗存来看，白音长汗遗址中兴隆洼文化时期的先民以成年马鹿为主要捕获对象，其次为斑鹿、狍、野牛和野猪，以野生动物作为肉食的主要来源。

硕士阶段

　　我的硕士阶段到北大跟随吕遵谔先生学习旧石器考古。我在本科阶段学得不错，考研究生自然是顺理成章。我曾经想学商周考古，还想过学古文字学、秦汉考古。吉林大学的古文字很强，有传统。本科阶段有古文字学的课程，古籍研究所老师还轮流来给学生开讲座，这对拓宽学生的视野还是很有帮助的。老师是学生的榜样，我也觉得学古文字学很有学问，但是权衡再三，这门学问太费钱，需要大量买书，而这不是我的家庭能够支持的。不像现在，那个时候没有电子版。不能学古文字，自然学商周考古也不大理想了。研究商周时期，不懂古文字，我当时认为像是跛腿了。后来才知道，其实考古与古文字研究走的是两条路，学有所长就可以了，能都通固然好。学习秦汉考古因为受到汉简研究、长城研究以及汉代冶铁成就的吸引，我曾经与俞伟超老师联系，他告诉我他已经离开北大到中国历史博物馆（现在的国家博物馆）工作，不再招生了。到大三之后，学了体质人类学、古人类学，感受到自然科学的魅力，觉得学习旧石器考古应该不错。

　　旧石器考古是考古学的三大分支之一（另外两个分支是古典－历史考古与新石器－原史考古），通常与古人类学联系在一起，研究人类的起源与进化，属于自然科学的范畴。这个分支的开创者许多都是地质学家，专门从事旧石器考古－古人类学研究的中国科学院古脊椎动物与古人类研究所培养的学生获得的学位专业仍然是地学的。研究生一年级我在地质系、城环系（原地理系）、生物系选修了四五门课程，还跟他们的学生一起去野外实习，其中跟地理系到大同盆地的实习时间有十余天。虽然已是七月，大同盆地的油菜花才刚刚盛开，碧草蓝天的映衬下，有夺人心魄的美。大同盆地多火山，还有非常厚的第四纪堆积，上百万年前，这里曾经有个古湖泊，古人也在周围生活过。大同盆地的下游是阳原盆地，又叫作泥河湾盆地，也曾经有个大湖。这里发现了极为丰富的旧石器时代遗存，从旧石器时代早期一直持续到旧新石器时代过渡时期。我在泥河湾盆地做过调查，参加过发掘，整理研究过这里的石器考古材料。这里的确是旧石器考古的圣地，因为是滨湖环境，沉积物非常细腻，所以石器材料都保存得非常好。从汉中、商洛、关中、运城一直到泥河湾、怀来，穿过黄土高原的一系列盆地，都有非常厚的第四纪堆积。旧石器时代的狩猎采集者似乎偏好这样的生存环境，而到了新石器时代，人们选择居址的偏好发生了很大的改变，越来越考虑农业的需要，这里的遗址就比较少了。

旧石器考古的另一个重要地理对象就是洞穴，我参加了辽宁营口金牛山遗址的最后一次发掘。金牛山遗址曾经是个洞穴，后来坍塌了，这个遗址出土极为丰富的动物化石，有"小龙骨山"之称（周口店遗址的所在就是龙骨山），尤其重要的是这里曾经发现了人骨化石，从头骨到肢骨都有保存，十分难得，铀系法测年结果为距今28万年左右。从人骨的特征来看，或认为属于直立人，或认为属于早期智人。与人相关的遗迹与遗物也不少，先后发现了数个保存完好的火塘，还有石器与人类加工过的动物骨骼。火塘的结构保存完整，由一堆石块覆盖。我的师兄顾玉才当时做了相关的实验，发现烧到将尽的火塘用石块盖住保存火种，时间可以持续好几个小时。只要手伸进去，灰烬还有一点余温，就可以重新点燃。金牛山遗址位于一个滨海的孤立山丘上（如今离海边已有数公里远了），蛇非常多，上工的时候经常能够看到，曾经还发生过从洞穴顶棚（为了保护洞穴复建的）上落下来蛇的情况，一次砸在民工的头顶上，另一处落在顾玉才师兄的脚边，都是毒蛇，还是有点惊心动魄的。

就在去金牛山遗址发掘前，我还参加了河北临漳的抢救性发掘工作，前后二十多天，我经历了有生以来最为酷热的夏天。我是湖北嘉鱼人，邻近武汉，其实夏季也是火炉一般，但是跟那年的华北平原相比，似乎还要逊色一点。田野上都是玉米地，高高的玉米茎叶挡住本来就微弱的风，我们就像待在蒸笼里。早上刚上工地，尽管只是在探方边指挥民工干活，不到九点已经是汗流浃背，十点就不得不下工，然后下午五点大家上工，还是要顶着烈日。中午时间漫长，租住的民房也很热，那个时候还没有空调这回事，我躲到村头的树林里，看书、背英语单词，我的 GRE 单词就是在那个时候开始背的。酷热之时，心浮气躁，正适合背单词这种简单的活动。我们在这里发掘的是三国时期的墓葬，因为要修高速公路，工期紧，不得不在盛夏做发掘工作。墓葬的保存状况大多很糟，可能在历史上就遭到了破坏。我发掘到半截颜色十分鲜艳的陶案，放在探方边，不到半小时就变得十分灰暗了，很可惜。文物保护的成本很高，只能针对非常罕见与珍贵的器物。抢救性发掘是考古工作的常见内容，许多地方考古所都负责此事，如今部分高校与公司也参与进来。

博士阶段

旧石器考古国际化程度比较高，硕士毕业后选择出国深造也就是不二的选择。当时新东方学校刚成立不久，英语考试的问题基本解决了，否则以我的水平，短时间内通过 GRE 考试是不可能的。我联系了几所大学，最终在 SMU（Southern Methodist University，译为南方卫理公会大学）拿到了全奖。这是一所位于达拉斯的私立大学，曾经有"南方的哈佛"之称，全美排名在五六十名左右。我联系的导师弗雷德·温道夫（Fred Wendorf）主要从事北非尤其是埃及的旧石器考古研究，也研究早期农业社会，我跟他的兴趣较为一致。他当时是美国科学院的院士，美国考古学会的主席，名望很高。当时我没敢联系另外一位学术威望更高的老师，路易斯·宾福德（Lewis Binford），听说他的要求严格，学生很难毕业。但是学了两年之后，由于课程冲突，我不能去埃及发掘，做不了埃及的旧石器考古。宾福德对中国有研究，于是我就转到了他的名下。名义上我还是温道夫的学生，博士论文的指导其实是宾福德负责的。

宾福德以考古学理论、民族考古、动物考古见长，是美国新考古学的主要奠基人，是学界里程碑式的人物。我能跻身他的门下，纯属幸运。

路易斯·宾福德[1]

宾福德（1930—2011）是一位世界级的考古学家，对考古学理论思想和实践产生了重要影响。他在从事考古学研究前，有着丰富的人生经历。他曾当过建筑工人，学过野生动物生物学，还参过军，当过日语翻译。宾福德先后获得北卡罗来纳大学人类学学士和硕士、密歇根大学人类学博士学位。短暂执教于芝加哥大学、加州大学后，于1968—1991年长期执教于新墨西哥大学，后在南方卫理工会大学担任杰出教授直至2003年退休。宾福德一生充满争议，但最终荣誉加身，其中包括美国考古学会终身成就奖、大不列颠及爱尔兰皇家人类学研究所的赫胥黎纪念奖，并当选为英国科学院和美国国家科学院院士。

作为"新考古学"或"过程考古学"的开拓者，宾福德呼吁考古学变得更人类学、更科学。他十分注重考古记录的形成过程研究，认为遗存是考古学研究的核心，只有通过对其进行客观严谨的分析，才

---

[1] https://www.oxfordbibliographies.com/display/document/obo-9780199766567/obo-9780199766567—0102.xml

能够找到关键的研究问题来。与此同时，他认为考古学家又不应被考古材料所束缚。考古学家研究的，不只是材料本身，还有考古学理论和方法。他思考如何才能从静态的考古遗存中了解动态的过去社会。为此他提出"中程理论"的主张，通过民族考古学研究，将民族学记载中的动态社会作为一种类比的参照，从而建立起连接考古学记录和真实人类社会之间的中间桥梁。

在学术旨趣上，宾福德对解释文化变迁的原因和机制具有浓厚兴趣。他将文化看作一个系统，是对环境的一种适应。他考古生涯晚期的大部分精力，都用在理解狩猎采集者的文化适应机制上。他对阿拉斯加爱斯基摩人的研究，以及在此基础上完成的巨著《构建参考的框架》，都极大地增进了我们对狩猎采集行为、动物考古、民族考古学、考古记录形成过程等的理解。宾福德留给我们的遗产是多方面的，不仅有理论还有实践。他善于提出尖锐问题，常能启发考古研究者的思考，进而推动考古学的发展。他本人也作为被后过程考古学批判的靶子，常被推上考古学理论思潮转变的风口浪尖，这或许是对他学术和为人所秉持的"激发思考"（provocative）风格的最好注脚。

我在美国读博士的时候也参加过一次发掘工作，也算是感受到了中美不同的田野考古工作与生活。发掘地点是导师帮我联系的，是位于蒙大拿州的麦卡非（MacAfee）遗址【图 0.3】，由洛基山博物馆馆长负责。遗址位于一处农场内，农场是私人的，面积至少

图 0.3　美国蒙大拿州麦卡非遗址发掘队伍，最右侧为作者

有上千亩，只养着两匹马。馆长并不经常在，来了也是考察一番就
走了，由两名工作人员并数名研究生负责具体的发掘工作。没有民
工，只有一些志愿者，多是家庭主妇。此次发掘更像是在试掘，在
不同地方开了若干探方，但是出土物比较少。有点开眼界的是，他
们把所有的出土堆积都放在不同孔径的筛子中冲洗 / 浮选，挑出其
中的动物骨骼、石器残片以及植物遗存。水是从附近水井中抽上来
的，用得相当奢侈。洗堆积是一项很费力的工作，水很凉，戴着手
套都嫌凉，稍不小心，就会溅湿衣服。有些志愿者干了两天，受不
了，只好放弃。考古工作好玩，但是也辛苦。冲洗堆积的确是发现
一些微小遗存的好办法，前提是用水要足够方便。

我们发掘的地方似乎位于一座金矿附近，水洗后的堆积上面闪烁着片片金光，好事的志愿者拿来淘金的工具，还真的操作了一次。他有淘金工具，说明附近可能确实有这项营生。志愿者是附近的居民，他们有时会给我们带些饮料与小食过来。考古工地也准备了一些，上下午各休息 15 分钟，吃点东西，比如麦芬蛋糕、曲奇等，相当于一天吃了五顿。后来有学生也到美国留学，去阿拉斯加实习，以为也会像我这样，没料到那里人烟稀少，后勤工作很差，结果饿惨了。

我们吃住都在考古工地，厨房是一间大帐篷，自己住小帐篷，弄个防潮垫与睡袋，就睡草地上。蒙大拿州的纬度跟中国东北差不多，夏天的晚上还是挺冷的，有时候会冻醒。其实遗址附近就有个汽车旅馆，我们在那里租了一间房，晚上过去洗澡，条件相当不错，只是每晚还必须露宿在营地。我不知道发掘方是为了省钱，还是喜欢野外露营的生活。刚到考古工地不久，年龄比较大的泰德（Ted）给我普及了一下美国的露营传统，大意是露营期间青年男女的生活是自由的，回到正常生活工作状态之后是不能这样的。晚上大家基本都是去镇上的酒吧聊天，酒吧是小镇的社交中心。老实说，这种生活挺不健康的，晚餐已经吃饱了，再跑出去喝酒，有点撑得慌。而且喝酒的时候，什么都不吃，很容易上头。酒后话多，话多必有失。偶一为之，不为过，天天如此，好像真是为了打发时间（kill time）。

发掘期间，有一天当地商会的成员要来参观，他们很忙，定在黄昏的时候来。商会是金主，是需要努力争取的对象，博物馆的重要资金来源就是商会的捐款。欢迎的方式比较另类，大家去二手物品商店采购了一些颜色、款式比较怪异的正装，安全帽上绑上手电筒。当商会的人看到一群穿着衬衣，打着颜色鲜艳领带的人，戴着奇怪的安全帽，忙着挖土的时候，都笑了。哄到金主们开心，欢迎仪式的效果就实现了。没有大张旗鼓，张灯结彩，反其道而行，也是一种办法，这的确也反映了中美文化的差别。中美的社会结构也有很大的区别，美国总体而言是个民间社会，政府的力量比较弱，老百姓不信任政府，成天拿政治人物开玩笑。中国正相反，政治是很严肃的事情。在美国一般人之间，大家其实很好相处，早饭时大家喝着咖啡，谈天说地，普普通通的人情世故，全世界似乎都是一样的。美国的空气并不特别香甜，发掘期间，蒙大拿州的森林大火一直都烧着，甚至扩散到了其他州，空气中总是弥漫着一股烟尘的味道。

博士后

博士毕业后，我回国到中国科学院古脊椎动物与古人类研究所做博士后。之所以选择博士后，直接原因是还没有想好去哪里工作，另外的原因是希望熟悉一下不同的研究环境，这也是一种学习。国内发展速度非常快，1998 年我出国留学时，国内用手机的人还不那么多，六年后，大城市中几乎是人人都有了。我首先参加的野外工作是在宁夏灵武的水洞沟遗址【图 0.4】，那一年，考古队住在一个停业的度假村中，条件还是蛮不错的，伙食尤其好。宁夏的羊肉非常有名，吃过之后，感觉真是名不虚传。我当时想，时隔六年，野外工作条件改善可真大。次年，又去水洞沟遗址发掘，这次租用了宁东镇的一家小宾馆，伙食差了许多，看来是跟地方相关。水洞沟遗址是中国旧石器考古的发源地，1919 年比利时传教士肯特路过这里采集到动物化石与石器，其后法国传教士兼古生物学家桑志华与德日进就在这里做过发掘，发现了 300 多公斤的石器与动物化石，部分还能在今天的天津自然博物馆（其前身是北疆研究院）看到。水洞沟遗址的发掘采用国际通行的旧石器考古的发掘

图 0.4　宁夏灵武水洞沟遗址的发掘现场

方法，都是 1 米见方的小探方，以 5 厘米或 10 厘米一个水平层向下发掘，遇到出土物就留一个小土台子，发掘完毕后测量出土物相对于基点（预先设置好的）的三维坐标。发掘工具用手铲，遇到器物或化石，就得用削尖的筷子与毛刷。可以想象，这样的发掘速度不会太快。由于发掘面积有限，一群人挤在一起，自然也是聊天的好机会，发掘的过程挺快乐的。

水洞沟缺水，不可能如在美国那样冲洗所有的出土堆积。而且水洗的方法很可能并不适合这里，因为这里干燥，堆积以黄土、泥沙为主，堆积经过冲洗，可能什么都留不下来。这并不是猜测，而是有先例的。我在美国留学时导师之一弗雷德·温道夫（Fred Wendorf）曾在埃及西部沙漠中发掘，他尝试过水洗的方法，什么有价值的东西都没有找到。后来尝试用干筛的方法，结果发现许多植物遗存。干燥的植物遗存一遇到水就溶解了。水洞沟的发掘采用的就是干筛法。筛土是最累人、最单调的工作，大家只能轮流做。黄土松软、细腻，偏碱性，是对古代遗存比较友好的堆积，不像南方的酸性红土，很难保存下来动物化石。我们在第二地点的发掘中揭露出来数个火塘，火塘的红烧土都比较薄，用手铲多刮了几下，发现下面已经没有了。我们注意到一个有趣的现象，骨骼碎片与石器碎片的分布都偏在火塘的西北方向，骨骼很细碎，石片同样又小又薄。这意味着什么呢？我读过宾福德的名著《追寻人类的过去》（2009 年我将其翻译成中文出版了），了解到狩猎采集者在火塘边的生活习惯，知道火塘的下风向有烟，通常不坐人，正好用来扔垃圾。这也就是说，古人用这些火塘的时候吹的是东南方。水洞沟遗址位于季风区的边缘，夏季多东南风，冬季多西北风。水洞沟遗址是一个旷野遗址，适合夏季利用。作为一个用于过夜的临时营地，人们在火塘边聊天，同时会修理工具；早上起来，不可能马上去打猎，早饭往往是前一天吃剩下的东西，因此，我们看到的石片都是轻薄细小的，动物骨骼也很细碎。宾福德在阿拉斯加州努那缪提人（Nunamiut）的临时营地中就看到过这类遗存特征。现在是了解过去的钥匙，这是古生物学的观点，对于考古学来说，其实也是适用的。

以上是我在求学阶段体验考古的片段，就考古体验而言，其实可以单独写一本书。我选择了考古，按存在主义的说法：人除了自我塑造以外什么也不是。的确，在我的童年时代，有过许多的梦想，但肯定没有成为考古学家这一项，因为那个时候我根本就不知道还有考古这样一个职业。中学时代逐渐有了一点了解，混着文物鉴宝、探秘冒险以及年轻人对潮流的逆反，经过十余年的专业训练，我成了职业考古人。其间无疑需要努力学好基础课程，突破英语障碍，还有广泛的阅读、深入的思考等，这与成为其他学科的专业研究者并没有什么区别。我们做一件事情，无疑都会追问它的意义，包括我所理解事情本身的意义与事情之于我自身的意义。不过，在我这里，两种意义混合在一起，有些难以区分。

于我而言，考古学早已变成了一种修养，一种视角，一种具有我自身特点的考察世界的方式。不同学科的人有不同的体验与考察世界的方式，文学、哲学、经济学、政治学，都有自己的方式，深入进去，都能获得乐趣，并不存在唯一正确的方式。人类历史大约 600 万年，有文字记载的不超过 5000 年（较为详细的历史记载也就 3000 多年），也就是说，人类历史的绝大部分都是史前史，都是考古学研究的范畴。因为研究的历史如此久远，所以考古学自带长时段的视角。从人的基本特征形成到现在能够遨游太空，数百亿人曾经存在过，如今都已成为过去。从长时段历史视角来看，我们更可能有效地判断一件事物的意义，这或许可以算是考古学的第一个特殊之处。第二，考古学是一门追根溯源的学科，对专业研究者来说，这已经是一种习惯。每当看到某件物品或是遗迹现象，总会想到它的源头，为什么会有这样的东西。哲学家福柯正是借用这个概念，写成了《知识考古学》，虽然与考古学本身没有什么关系。其三，考古学研究物质遗存，是从物的角度来研究人，它由此自带一个了解事实真相的角度，不管有什么传闻或是记载，我们都需要看实物遗存，相比而言，实物遗存更不可能撒谎。物质遗存是有意义的，在或不在，如何存在，都可以揭示许多重要的信息。

也正因为如此，我把司马迁视为考古学的先驱，"究天人之际，通古今之变，成一家之言"，这不正是考古学的宗旨么！考古学是历史学的延伸，完全有资格采用这个宗旨。宋人张载的"为天地立心，为生民立命，为往圣继绝学，为万世开太平"，进一步拓展了考古学的意义，物质遗存作为古人生活的直接遗留，是文化传统的主要承载方式。然而，物质遗存不会自己讲话，需要考古研究者不断地进行阐释，在阐释与实践的过程中实现文化的传承与弘扬。从这个角度来说，考古学的意义是极为重要的，它关乎我们存在于世的意义，确定什么是好的、美的、真实的。当然，这些重要的问题并不只有考古学在研究，但是考古学是其中不可或缺的重要部分。学习考古学，从事考古工作，我感受到它的意义，也在其中创造属于我自己的人生意义。

第一部分

考古学是怎么来的?

　　学术是时代的产物,如宋明的理学、清朝的朴学及清末民初的新学。时代是学术的基础,也给予学术以相应的任务。为什么会有考古学这门学科呢? 通常的回答方式是回顾历史过程,即采用历史叙事的方法(historical-narrative approach),通过梳理事情来龙去脉来回答问题。这样的方法符合常识,自然也是必不可少的。但是,从逻辑上说,先发生的事情并不必然就是后发生的事情的原因,也就是说,除了历史叙事的方法,我们还需要从更多的维度上进行考察。"横看成岭侧成峰,远近高低各不同。"多维的视角才能够帮助我们较为全面地了解事情。

　　过去十多年,我一直开一门叫"考古学思想史"的本科生课程,有的时候叫作"考古学史",同时还讲授"考古学理论"(有时候叫"考古学理论与方法")的研究生课程。在学习与研究考古学发展史的过程中,我提炼出来一个考察学术史的方法,叫作分层-关联的方法。它分为外部关联与内部关联两个角度,外部关联又分为时代背景、社会思潮与相关学科发展三个部分,内部关联则分为理论、方法与实践(有时称材料)三个部分。外部关联可以分开来看,也可以整合起来看。整合的看法类似福柯所说的"知识型",为了便于理解,我通常称之为"时代精神"。抗日战争时期的时代精神无疑是民族救亡,此时大谈风花雪月肯定是不合适的。内部关联同样可以整合起来看,科学哲学家库恩所提的"范式"的概念就是非常合适的一个。在考古学中,范式是指一定时期里学科以核心概念为纲领,以相关的支撑理论与方法为基础形成了实践体系,我们把这种具有整体性的学科形态叫作一个范式(通常也说成是研究范式)。分层-关联方法还需要从纵横的时空维度加以考察,包括沿着时间轴考察发展的阶段性,以及对不同地区的考古学发展进行比较。这个方法既有分也有合,既考虑时间也考虑空间,既注意历史叙事,也注意逻辑上分析,较为系统。其实不少研究者实际上已经部分用到了,只是没有将其提炼出来而已。

除此之外,我注意到在更高层面上,还存在限制我们认知的东西。许多人都看过电影《黑客帝国》,它的英文名是 *Matrix*,在地质学中它指的是基质。这里说的更多是哲学层面上的意思,更接近于认知体系。中世纪基督教垄断了当时欧洲人的认知,教士们争论一个针尖上能够站多少个天使这样玄远的问题，也争论马嘴里有多少颗牙齿，但就是不去掰开马嘴看一看。清朝的金石学大家们梳理文献，考订文字，就是不去野外进行实地考察，亲手发掘一下，看看遗物的出土位置。古今中西是过去百多年来中国学术的一个根本问题，它就涉及 Matrix，换句话说就是现代性的问题——中国需要现代化。现代化是中国发展的必由之路，这一点并没有争议，矛盾之处在于现代化本身源自西方，带有非常强的西方文化背景。我们在走向现代化的过程中是否同时要西方化呢？过去一百多年的实践证明，这个想法实在太天真了，这样中国最终只能变成西方主导体系的附庸，永远不可能实现真正的中华民族伟大复兴。现代性作为一种 Matrix 具有全范围的渗透力，它不仅让我们以科学为圭臬，同时也以西方文化及其产品为高端（高等或高级）的追求。从 Matrix 的角度进行思考，是我们考察百年中国现代考古学发展史的必然选择。

这个部分将用三章的内容来简要回顾中西考古学的发展历程。因为现代考古学首先诞生在西方，当代考古学的主要流派也是以西方考古学的发展为基础划分的，所以拟以两章分别讨论考古学的前世与今生，然后再以一章内容讨论百年中国现代考古学的发展历程。

第1章
现代考古学的形成

公元79年8月24日，位于意大利那不勒斯附近的维苏威火山大爆发，倾泻而下的火山灰覆盖了整座城市，还包括邻近的另一座城市赫克勒内姆，不断沉积的火山灰将整个城市埋在五六米深的地下。后世也逐渐遗忘了这里曾经有过一座城市，上面陆续又有了新的人群在此生活，利用这里肥沃的火山土壤。16世纪末，当地人修建引水渠时发掘到带有"庞贝"铭文的石头，但是并没有人太在意。18世纪初，人们在打井时发现三座衣饰华丽的女性雕像，尚认为可能属于那不勒斯沿岸古代遗址的遗存。直到1748年，人们挖掘出被火山灰包裹着的人体遗骸痕迹，这才意识到，在他们的脚下是公元79年维苏威火山爆发所掩埋的一座城市。庞贝古城作为一个保存极为完好的灾难性遗址，揭开了现代考古学的面纱。由于有历史文献记载，又因为出土物中本身有铭文，遗址的埋藏又是在非常短的时间里完成的，就是时间凝固在了某个时刻，庞贝由此也就成了考古学的一个隐喻——完整的过去。考古学希望重建过去，具体可以参考的目标就是庞贝古城。与此同时，考古学家梦寐以求的目标就是发现庞贝古城这样的遗迹，庞贝古城也就成了考古发现的天花板，成为重建过去的最佳材料。考古学家迈克尔·谢弗（Michael Schiffer）曾提出"庞贝前提"的说法[1]，即考古学家要想有效地重建过去，需要庞贝这样的材料（第 5 章、第 11 章还有相关的讨论）。

一、现代考古学兴起的历史背景

现代考古学形成于 19 世纪中后期，但是其兴起的过程则可以追溯到历史悠久的古物学，甚至还可以进一步往前追溯，追溯到人开始欣赏物的时代，也就是旧石器时代晚期（Upper Paleolithic），在非洲则是石器时代中期（Middle Stone Age，简称 MSA）[2]，时代更早。其标志就是艺术品的出现，南非的布隆伯斯（Blombos）洞穴中发现距今 7 万多年的带有刻、划痕迹的赭石，大约同一时期还有可能用作个人装饰品的穿孔贝壳[3]【图 1.1】。艺术品的出现意味着人类开始赋予外物以某种意义，这种意义不是物质所固有

---

[1] M. B. Schiffer, *Behavioral Archaeology* (New York: Academic Press, 1976), pp.10-14.

[2] 非洲旧石器时代的年代序列不同于欧亚大陆，作为解剖学上现代人的故乡，非洲出现现代人的行为特征更早。

[3] 穿孔贝壳用作个人装饰品的说法有争议，因为人们在吸食螺壳的时候也可能会砸破螺壳，而刻、划赭石的证据没有争议，交叉刻、划的线条显然是人类有意识去做的。

图 1.1 南非布隆伯斯洞穴出土穿孔螺壳与带刻划纹的赭石，图片来自网络

的，人类赋予物质以意义的目的是表达某种信息，比如说好看或是记录信息。这对于人类演化来说具有里程碑式的意义，它意味着人类可以用外物来储存信息，表达信息，通过传递外物就可以传递信息。人们无须面对面，就可以实现部分信息的传递。这些信息可能是来自周围的人，当然，也可能是古人。古物中带有古人的信息，这些信息是后人所需要的，这是后人收集与收藏古物的前提。

庞贝古城 [1]

庞贝古城始建于公元前 6 世纪，为希腊移民城邦库美治下的小镇，前 3 世纪归属罗马，位于意大利那不勒斯湾维苏威火山脚下，坐落在亚平宁半岛的坎佩尼亚地区，1997 年被列入《世界遗产名录》。公元 79 年 8 月，维苏威火山爆发，庞贝城被掩埋在火山灰下，被罗马作家小普林尼形容为一次灾难性事件。1748 年发现庞贝城，1763 年由所得铭文确知为古城庞贝。1860 年菲奥勒利（Fiorelli）负责庞贝城的发掘工作，开始做详细的记录。1864 年菲奥勒利创造了一个方法来处理火山灰中遗骸形成的空腔：将石膏注入到遗骸中，石膏形成尸体的逼真形状，现在较新的一种技术是注入透明的玻璃纤维，可以看到器物和骨头。

---

〔1〕中国大百科全书总编辑委员会《考古学》编辑委员会、中国大百科全书出版社编辑部编：《中国大百科全书·考古学》，北京：中国大百科全书出版社，2004年，第 525 页。

庞贝古城址略呈长方形，周围建有城墙，已发掘出数座城门。由于埋藏的特殊环境，庞贝古城保存的完整度很高，发现了1000多具遇难者尸体，房屋、作坊、浴场、运动场、神庙、剧院、法庭等都保存下来了，还保留了一批珍贵的艺术品等，比如人头形的灯、印度象牙雕像等，像是一个"在时空中冻结"了的罗马城市。庞贝城的壁画遗存十分丰富，在公元前2世纪—79年的两百余年间，庞贝壁画各有特色。庞贝古城中目前发现的最大的房屋为"农牧神之家"，约3000平方米，其内有"农牧神"青铜塑像，还有"亚历山大镶嵌画"，展现了亚历山大大帝打败波斯王大流士的场景。

自18世纪以来，庞贝为我们提供了解1世纪罗马市镇生活的珍贵史料，为了解一些家具、家庭用品和食品的用途提供了重要材料，有些壁画被存放到了那不勒斯博物馆。正是因为庞贝古城保存完整，使我们可以重建2000年前罗马人的生活场景，还可以通过一些生物技术分析家庭关系、族源以及一些病理现象。

历史时期有收藏古物的记载，如古巴比伦人就曾在神庙中展示古物，这些古物往往都有神性，成为人们祭祀崇拜的对象。不过，总体而言，在文艺复兴之前，欧亚大陆的社会对于古物的兴趣是非常有限的。基督教社会里，按照教义，人类是不断堕落的，活着的人终生都在努力寻求救赎，中世纪的西方，宗教氛围浓厚，除了教士阶层，一般人都不识字。教会的主要目标是维系自己的利益，建立异端裁判所惩治异端邪说，在这样的氛围中，除了与宗教相关的圣物之外，古物学还没有存在的土壤。伊斯兰教的社会也类似。文艺复兴打着复兴古希腊罗马文化的旗号，让古物收藏尤其是古代艺术品的收藏逐渐成为社会风尚。意大利新兴的城市国家中出现了一个富裕的社会阶层，其中部分人爱好古物收藏，杰出的代表是安科拉的塞里亚科[1]（Cyriac of Ancona），曾经到过地中海周围的许多地方，他关注古希腊与罗马的遗存，拓印了上千幅古希腊与拉丁文的铭文，他的日记与书信记录了有关碑铭、雕塑、建筑等方面的内容，其中许多如今已经消失了。

　　这样的兴趣与记录并不仅见于西方社会，中国早在北宋时期就已形成宗旨明确的金石学（参见第 4 章），但真正值得注意的是此时西方社会的整体变迁。在文艺复兴运动的推动下，西方社会逐渐开始了"现代化"的转型，从地理大发现到宗教革命，从科学革命到启蒙运动，从工业革命到民族国家的建立，一波又一波的社会发展浪潮深刻地改变了西方社会，为考古学的诞生提供了必要的生长土壤。以地理大发现为例，西方殖民者在探险过程中遇到非洲、美洲、大洋洲的土著居民，有些群体还在使用石器，包括磨制石器与打制石器。有殖民者曾经把印第安人的石器作为礼品敬献给教皇，这就让欧洲人对石器这种石质工具有了初步认识，虽然后

---

〔1〕安科拉的塞里亚科（1391—1452），商人与梵蒂冈的外交代表，1412 以来，他在意大利、希腊、爱琴海与小亚细亚地区广泛旅行。

来在确认欧洲旧石器时代的石器过程中还是有许多争议，但其争议的焦点是古老性问题，而不是石器的人工属性。探险过程同时关注到不同地方不同人群使用不同特征的物质，有不同的生活习惯，为后来人类学的诞生奠定了材料基础。人类学研究现生族群的实际生活，这就为以实物遗存为研究对象的考古学提供了有意义的参考，它的理论发展启迪了考古学，是现代考古学形成的重要推手（参见第8章）。

西方社会的现代化进程，通常也称为资本主义的发展，其间的小资产阶级（布尔乔亚）的形成也是现代考古学形成的重要因素。布尔乔亚是一个数量远比贵族更庞大的群体，近代资本主义社会的基本特征之一就是逐渐壮大的布尔乔亚阶层，考古学家布鲁斯·特里格（Bruce Trigger）称之为中产阶级。布尔乔亚不仅仅是一个社会阶层，而且也是一种生活方式，它关注生活情趣，从室内装潢到花园建设，收藏古物是其中一项重要的内容。布尔乔亚往往是职业阶层，有一定的经济实力与余暇，同时还受过教育，有些人还爱钻研一些问题。这种现象在中产阶层迅速发展的当代中国也可以看到。特里格特别强调中产阶级对于现代考古学形成的意义。按我的理解，一方面中产阶级是考古学家的来源群体，考古学是考古学家研究的一门学问，从考古学家成长的角度来理解考古学的形成，也是合理的；另一方面，中产阶级是考古学进入社会实践的主要参与者，没有人参与，考古学也是不可能发展起来的。学术发展的关键还是人的问题，中产阶级就是其中关键的人。1586年英国古物与古物学家协会成立，大约半个世纪之前，英国国王有了古物保管的官员。古物收藏与研究日益民间化，为考古学的兴起不断提供社会动力。

与现代考古学兴起关系密切的社会思潮是启蒙主义，启蒙主义带来了一种前所未有的文化氛围，那就是开始对外部的世界产生兴趣。启蒙主义还带来理性、进步的世界观，改变了基督教的人类在不断堕落的观念。这一思潮影响到包括考古学在内的众多学科领域。也是在这个时期，英国社会的富裕阶层开始送子女到欧洲大陆去旅行，由仆人陪同，先到巴黎，然后翻越阿尔卑斯到意大利，前往佛罗伦萨、威尼斯、罗马等城市，旅行的时间持续一到三年，史称"大旅行"（Grand Tour，1670—1780 年之间）。这是体验西方古典文化的旅行，让年轻人在旅行体验中感受西方文化，成为文化上的西方人。其中蕴含着考古学的重要现实意义，能够为文化传承提供潜移默化的教育。这与启蒙主义强调艺术作品的教育意义并同时给观赏者带来欢愉的主张是一致的。西方何以成为西方人？这不仅仅由出生地决定，还需要文化上的熏陶与洗礼，而欣赏优秀的古代文化遗产就是直接的教育途径。

现代考古学又称为科学考古学，这里所谓的"科学"是从一般意义上讲的，在这个意义上我们还讲社会科学与人文科学。由此理解科学的含义就变得十分重要，它首先包括对外部世界的兴趣，人们不再沉浸于宗教生活或是性命的思考中，而是愿意去探索包括自然界在内的外部世界，并且尊重外部世界的客观性。在科学诞生之

图 1.2　红衣主教乌舍尔，图片来自网络

前，人们都是从神话、传说来了解世界与人类的来源，外部世界是与人类融为一体的，人们很难理解没有人类之前还有世界。17世纪时，"自然"从"人文"中剥离出来，有了主、客观之分，逐渐知道客观世界是有其规律的，而这正是科学的哲学基础。其次，科学意味着求真。1658年，爱尔兰都柏林的红衣主教詹姆斯·乌舍尔（1581—1665）【图1.2】出版了一部著作，推断出上帝创造世界的时间是公元前4004年10月22日下午6点，那天是个星期六。我们现在读到这个觉得很荒唐，是个笑话。但是回到考古学史上去，就会发现这并不是一个笑话。乌舍尔认真收集了当时所能够收集到的所有文献资料，并进行比对，基于已有的材料建立起一个时间序列，公元前4004年是他能够得到的最早年代。他认真地采用编年史学的方法，以文献资料为基础，并不是简单臆想得出结论的[1]。求真，意味着世界存在真实的面目，而人通过不懈

[1]　[英]马丁·拉德威克：《深解地球》，史先涛译，北京：生活·读书·新知三联书店，2020年，第9—15页，本书译为"厄谢尔"。

的努力，是可以去认识的。再者，科学还意味着精确数量化，这一点同样重要，不论是时间、空间，还是属性都是可以精确衡量的，而且应该去测量。在我们中国文化中，模糊是一种习惯，即便在现在的考古报告中，"少许""很多"之类模糊表达还是不少，不熟悉情况的人很难了解实际情况。最后，科学强调逻辑，即得到的知识应该是合乎逻辑的，推理具有足够的说服力。对研究者而言，应该发展充分的理论、方法与材料，从而建立尽可能可靠的论断。

除了一般意义上科学精神的影响，相关学科的发展同样至关重要，其中地质学的发展尤为重要。考古学与地质学的关系是相辅相成的，地质学的形成与研究人类的由来是密切相关的，17 世纪时，当时人还不能识别化石、水晶是否是人为的，把研究它们的人称为"自然文物研究者"，某种意义上说，考古学哺育了地质学。18 世纪，地层学逐渐形成，为考古学判定年代、堆积形成过程、古环境等提供了重要支撑。1807 年英国地质学会建立。与此同时或稍晚，各种进化论的思想逐步形成，人们认识到物种从简单到复杂不断演进的基本趋势，在人文社会领域，则是人类社会在不断进步的思想。表现在器物层面上，也会有从原始到精致的发展趋势，这样的认识对于"三代论"（石器、青铜、铁器）的形成是必不可少的。此外，对考古学的形成有重要影响的学科还有人类学，人类学研究世界不同地区发展水平各异的人群，从狩猎采集到农业群体，从体质、语言到文化，囊括各个方面。由于人类学研究的是现生人群，可以直接观察社会，可以得到具体的人类社会信息，所以其学科理论的成熟要比考古学早。尤为重要的是，人类学研究狩猎采集群体与从事简单农业群体，为考古学家理解早期人类社会提供了一个可以参考的模板。19 世纪末到 20 世纪初，考古学从人类学中引进了"文化"的概念，发展出"考古学文化"的概念，考古学终于有了自己的理论体系。

从时代背景、社会思潮、相关学科的发展三个方面，我们可以看到现代考古学的诞生有其深刻的历史背景，这里只是讨论了部分重要的因素，实际还有许多因素参与到这一历史进程之中。作为一种时代精神，人们开始相信过去不如现在，我们可以将其提炼为"现代化"或"现代性"。中世纪时，人们极度相信宗教的教义，认为人类是走向堕落的，仿佛矫枉必须过正一般，在走向现代化之后，又十分轻视过去，造成过去与现在之间的断裂。考古学就诞生在这种有些矛盾的社会发展中，一方面努力研究过去，另一方面又把过去与现在隔离开来。将过去外部化、客观化，这是采用科学方法来研究过去的需要，然而，我们知道，人类社会现在与过去并不是割裂的，物质世界是人类生活的组成部分，并不是外在的。考古学界直到 20 世纪 80 年代之后，才认识到现代性垄断下考古学研究所存在的问题。

二、考古学三大分支的形成

1768 年 6 月 8 日普鲁士的艺术史家温克尔曼（Winkelmann）在的里雅斯特一家旅馆被刺杀，杀人犯是这里的厨子，温克尔曼举手投足之间所展示出来的修养，让他认为遇上富豪，值得铤而走险，而并未意识到自己杀死的乃是一位了不起的考古学家和艺术史家。温克尔曼 1717 年生于普鲁士，是修鞋匠的儿子，早年学过神学，又涉足过医学，到 26 岁时仍不名一文。其后五年他当了文法学校的老师，这是他称之为"做牛做马的五年"。但在此期间他学习了许多语言，英、法、意、拉丁、希腊语等，还有古典文学与艺术。其后，他离开普鲁士，一直担任图书管理员，这让他有不少时间进行古典艺术的研究，并出版了两部著作。当时，庞贝与赫克勒内姆古城正在进行发掘，甚至用到了炸药，温克尔曼很关注两座古城的发现，但是他无法接触到材料，只能通过贿赂工头了解一点发掘的情况。直到 1762 年他第二次到意大利的时候，才得到比较好的接待，看到第一手的发掘材料【图 1.3】。

温克尔曼主张采用更好的方式发掘遗址，要注意获取出土物的空间关系，他发现雕像的位置可能说明其功能，有的雕像可能是家神，这在当时是了不起的见识。温克尔曼之所以名垂考古学史，在于他超越文献研究，开始研究物质遗存，结合文献背景去揭示物质遗存所代表的历史。他开辟了一条新的获取历史信息的道路。温克尔曼还发现可以根据器物的风格进行断代，比如他先找到既有明确

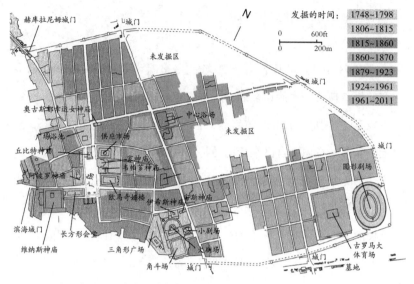

图 1.3　庞贝古城，图片来自《考古学理论、方法与实践》第八版第 6 页

纪年的雕塑，然后根据风格从原始、高级、改良再到衰落的趋势，建立其他没有纪年的雕塑的年代。从考古学史上来看温克尔曼，不仅在于他开辟了艺术史研究领域，更在于他的研究影响到了现代考古学的第一个分支，那就是古典－历史考古。

　　古典－历史考古是古典考古与历史考古的合称，古典考古主要研究古希腊－罗马的艺术品，包括雕塑、建筑、花瓶以及其他的艺术品。西方把古希腊、罗马视为西方文化的根源，是西方文化特质的代表。古典考古在西方考古学中一直享有非常特殊的地位，比如在美国，通常把考古学归属于人类学，但是这不包括古典考古在内，有些大学将其独立成系。历史考古，顾名思义，就是研究有历史文献记载时期的物质遗存的考古学。古典考古与历史考古都依赖文献，都是研究西方文化自身的历史，共享相似的理论、方法，所以将两者合称。

后来古典－历史考古研究范围扩展，并不再限于研究西方，更进一步扩展到西亚与埃及，这也就是通常所说的古典学的范畴。西方考古学家之所以研究这些区域，原因有许多，其中包括追根溯源的需要：按照《圣经》的记载，基督教的起源地是巴勒斯坦，古希腊的文化深受两河与古埃及的影响。19 世纪中后期，西方率先完成了工业革命，开始大规模的殖民扩张，考古学家充当了探险者的角色，有的本身就是间谍，为殖民扩张与文化掠夺服务。从考古学上看，这也是一个充满传奇色彩的时期，有关古文明的发现不断涌现，并随着新兴的电报、新闻、铁路迅速扩散开来，引发公众的关注。考古学家成为明星式的人物，有些考古学家则善于利用当时的"新媒体"扩充自身工作的影响力。其中先驱式的人物就是谢里曼，他的经历本身已成为传奇，成为各种考古书籍重点渲染的故事[1]。谢里曼笃信甚至是迷信《荷马史诗》—— 一部带有许多神话色彩的文学作品。谢里曼早年艰辛，刻苦学习，掌握了许多种语言，经商成功之后已是人到中年，但他急流勇退，转而从事自己梦想的考古工作。这是一个运气好到不可思议的人，他顽固地坚持相

---

[1] 有关的故事可以参看［德］C.W. 策拉姆：《神祇、陵墓与学者》，张芸、孟薇译，北京：生活・读书・新知三联书店，2012 年；［美］埃里克・H. 克莱因：《考古的故事》，林华译，北京：中信出版社，2018 年；［英］布莱恩・费根编：《伟大的考古学家》，李志鹏、李凡译，北京：商务印书馆，2022 年。

图 1.4　特洛伊古城考古遗址

信《荷马史诗》，按照泉水线索以及离海的距离，结果还真的找到
了特洛伊古城的位置【图 1.4】。有点的遗憾的是，他的发掘能力实
在有限，未能找到正确的考古层位。他想找位于迈锡尼的阿加门农
的陵墓，并且固执地认为应该在城墙内，结果他还真的找到了一座
带有黄金面具与许多珍宝的墓葬，其实是一座还要早 400 年的酋邦
首领的陵墓。他还差一点找到克里特岛的克诺索斯王宫遗址，仅仅
因为他发现上面少了 1612 棵已经赔付的橄榄树，怒而毁约，所以
失之交臂，后来该遗址为英国考古学家伊文思发现。

　　与古典 - 历史考古浓厚的传奇色彩不同的是，新石器 - 原史
考古要显得平淡得多。作为考古学领域兴起的第二个分支，它率先

出现在北欧地区。为什么会是在北欧而不是更发达的英法呢？主要原因是北欧地区有文献记载的历史要晚到罗马时期，之前的历史都是史前史；次之，当时北欧的丹麦受到拿破仑的入侵，丹麦的民族主义觉醒，寻求民族认同的意识显著增强，而找到共同的祖先无疑是促进认同的重要途径；再者，北欧是率先完成宗教与社会改革的地区，社会发展速度更快，新兴中产阶级力量更强。新石器－原史考古是新石器时代考古与原史时期考古的合称，所谓"原史"就是文献还非常薄弱的历史阶段，有一些传说，但没有系统的文献记载，而新石器时代往往指有农业的时代，农业能够支持定居，人群流动小，能够形成较为稳定的族群。这也就是为什么新石器－原史考古的一项重要目标是探索族源的重要原因。

　　这个分支的主要开创者是丹麦人汤姆森（Thomsen），考古学界很少有人像他这样影响深远，虽然他只出版了《北方古物指南》（1848 年译成英文出版）一本书。汤姆森生于哥本哈根，富商之子，从小就非常喜欢收集与研究古代钱币，后来扩展到其他方面，在圈子里颇有名气。1806 年丹麦古代遗存委员会成立，由哥本哈根大学的尼耶纳普（Nyerup）任主管，汤姆森负责整理皇家博物馆的收藏，没有薪水。当时博物馆的收藏储存在一家教堂里，无人照顾，遭到盗窃，迫切需要合适的人来整理，汤姆森正是这个合适的人。他是商人，善于分类造册，有条理，又懂古钱币。数月之后，500 多件文物过手，他找到了感觉。他整理的材料中有一部分是墓葬材料，尼耶纳普收集时原封不动地把它们包裹在一起。这一点非常重要，也就是说一个包裹中的所有东西曾经是同时存在的，尽管其中可能有更早时代的东西，但可以保证没有更晚时代的东西。正是基于这些有共存关系的重要材料，并根据器物风格的变化，汤姆森提出了著名的"三代论"——从早到晚有石器、青铜、铁器三个时代。新博物馆建成之后，他就按照三代论进行陈列，并亲自讲解。这个观点迅速传播开来，他的著作也被译成英文。如果只是说认识到历史上存在过石器、青铜、铁器三个时代，汤姆森并不是最早的，东汉袁康在其《越绝书》、古罗马卢克莱修在其《物性论》中早已提到过【图1.5】。但是，汤姆森的重要贡献在于他是基于实物遗存的分析建立，并运用到了"共存关系"、基于风格分期排队等关键概念与方法，因此考古学史上把三代论视为现代考古学的第一个理论。

图 1.5 《越绝书》与《物性论》书影

汤姆森只做过一次发掘，那是青铜时代的墓葬，他的工作非常细致，队伍中包括一名解剖学家，帮助鉴定火化后的人骨。发掘工作方面的主要开拓者是他的助手与志愿者沃尔塞（1821—1885），沃尔塞后来任丹麦国家博物馆馆长、丹麦首位考古学教师，他的主要贡献就在于通过考古发掘与地层观察印证了三代论，把丹麦史前史与维京海盗同近代丹麦史连接起来。他著有《丹麦原始古物》一书，1849 年译成英文，他在书的开篇就写道："没有关注独立与自身存在的国家会忽视其所立足的过去"，带有明确的民族主义的主张。相比于汤姆森只是业余从事考古，沃尔塞已经是一名职业考古学家，1847 年，他被任命为国王的古代遗存保护检查官，他甚至给自己做了一套制服。

在汤姆森之后，瑞典人蒙特留斯进一步细化三代论，那时候欧洲已经兴建了不少博物馆，并拥有便利的铁路交通，因此，他可以对整个欧洲大陆范围进行调查。蒙特留斯沿用了汤姆森的方法，同时参考南欧地区的历史年代，结合当时已有的分类演化思想，提出石器时代还可以分为四期，青铜时代分为六期，铁器时代分为十期。他还注意到欧洲文明来自近东地区，这个说法与《圣经》暗合，也合乎当时流行的传播论。从汤姆森到蒙特留斯，考古类型学的方法日渐成熟。对这种考古学方法有重要贡献的还有英国人皮特里（Peterie），他曾经从埃及三个遗址中挑选出 900 座出土陶器的墓葬，然后对陶器进行观察与分类，他相信陶器有其生命史，都会经历从少到多再到被取代或消失的过程，由此，他建立起一个完全基于器物的年代框架，他甚至用到统计方法。后来他把埃及的年代框架扩展到其他地区，通过交叉断代，用埃及年代表去明确其他地区遗存的年代。

皮特里还是一位发掘大师，发掘了众多的遗址。皮特里的人生堪称传奇，他出生于民用工程师家庭，从小跟随父亲学会了测绘，没有正规的教育经历。他阅读广泛，酷爱野外生活，青少年时就走遍了英国乡村。27岁他去了埃及，当时几乎身无分文，住在吉萨附近一座废弃的古墓中。他准确测量古埃及的建筑，后来成为发掘的主持者，还成了伦敦大学首位埃及学教授，培养了几代考古发掘者。他的教学方法简单粗暴，就是把学生派到最艰苦的地方去。在考古发掘方面，另一位英国人皮特·里弗斯（Pitt Rivers）将军更加出色。因为一系列家庭悲剧，他成了巨大地产的最终继承人，面积达到120平方公里，并拥有数万英镑的年金。有充足的财政支持与广阔的地产，他就在自己的庄园里进行发掘，自然凡事务求尽善尽美，他的发掘甚至有乐队伴奏，并用上了当时刚刚出现不久的摄影技术。他的发掘十分精细，精细程度远超他所在时代的需要，考古报告的出版也十分精美，以至于百年后，考古学家还可以根据他的报告复原当时发掘物品的空间关系。

考古学的第三个分支是旧石器－古人类考古，它是旧石器时代考古与古人类考古的合称，简称为旧石器考古，这个分支主要关注的问题是人类的起源与演化。从所关注的问题也可以看出来，这个研究分支更接近自然科学。世界各地不同文化都有关于人类由来的解释，基本都是神话传说。在基督教的世界中，唯一权威的说法来自《圣经》，前面所说乌舍尔主教所提出的准确年表就是其中的代表。随着科学的进步，不仅包括一般意义上的科学思想与方法，还包括各个具体的科学分支，尤其是地质学与生物学，为旧石器－古人类考古提供了重要的支持，并催生了这个研究领域。在考古学史上，通常把 1859 年视为旧石器考古诞生的元年，这一年，数位英国的学术大咖如地质学家赖尔（Lyell）、考古学家伊文思（Evans）等先后到访法国的索姆河谷，考察了法国海关官员德佩斯（de Perthes）的发现，肯定了他的认识，即他所发现的石器与灭绝动物化石是同时代的，年代非常古老。这一年之所以被记住，更因为达尔文的《物种起源》同年出版，进化论的思想打破创世论的观念，人类不是上帝创造的，而是逐渐进化而来。

相对前两个分支而言，旧石器考古的出现更晚，不仅仅因为相关学科此时刚刚成熟，更因为此时才有相关材料的发现。工业革命带来开矿、挖掘运河、修建城市下水道等方面的需要，而且挖掘的深度是前所未有的，于是人们有机会遇到深埋在地下的动物化石与古老石器。旧石器考古创立之初主要涉及三个问题，而且都与真实性相关。首先是石器，认识磨制石器与加工精致的打制石器相对容易，当时的世界上还有一些族群在使用石器，但是对于那些只有初步加工痕迹的石器而言，并不是那么容易识别的，即便是现在，研究者仍就部分石器材料具有人工性质而争论不休。很幸运的是，英法两国发现的旧石器中有制作相当规整的手斧

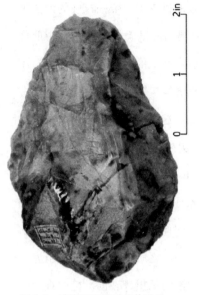

图 1.6 欧洲旧石器时代的手斧，图片来自网络

【图 1.6】，这类石器以当地出产的燧石结核为原料，两面加工，形制对称，其人工痕迹较为明显，也相对较容易识别。在建立欧洲旧石器时代序列的研究中，法国学者的贡献最为突出，德佩斯之后，还有拉尔泰（Lartet）、莫尔蒂耶（Mortillet）等。法国西南部、西班牙北部一带有许多石灰岩洞穴，保存有众多旧石器时代遗址，为研究提供了丰富的材料。拉尔泰根据石器伴生动物群来建立年代，莫尔蒂耶更进一步，直接利用石器本身的形态。第二个方面的问题是有关人类化石，1856 年发现尼安德特人（简称"尼人"）化石，并不断有其他人类化石发现；关于尼人的地位，也曾争论不休，刚开始将其视为得了关节炎的患者。1868 年发现了克罗马农人的化石，这属于解剖学意义上的现代人。第三个问题是关于史前艺术，1878 年发现西班牙阿尔塔米拉洞穴壁画，但是一直不能获得承认。1897 年，步日耶重新研究，发现图像中有灭绝的动物。

手斧[1]

手斧（Handaxe）是流行于旧石器早中期的一类石质工具，主要分布于欧洲、北非、西亚等地，通常从砾石或大石片上两面剥片而成，一端窄薄，一端宽厚，呈椭圆或水滴形，两面对称，故又被称作两面器（Biface）。这种特定石器形态的广泛出现，意味着它们的制造者可能已拥有相应的设计意图，手斧因此被史前考古学家们所重视。

手斧最初于19世纪被发现，其中法国北部的阿舍利遗址中出土了明确的包含手斧的器物组合，由此确立了旧石器早期的"阿舍利（Acheulian）文化"。根据现有研究，最早的手斧出现于约170万年前的非洲，该技术在约100万年前扩散至欧洲与西亚，并最晚延续至约10万年前。如此宽广的时空分布范围意味着手斧的制作与利用可能与多支早期人类有关。

尽管名称中带有"斧"字，但目前并未发现手斧具有劈砍的功能。实验考古表明，切割肉类应是其主要功能之一，但据微痕观察，大多数手斧都可能是多功能的。在被归为手斧的石器中，高度对称、制作精良的典型手斧实际上并不多，也有一些学者据此认为它们的出现更可能是随机剥片中产生的意外，而并不具有特定的制作意图。

根据手斧的有无为标准，莫维斯（Movius）在20世纪曾提出著名的"莫维斯线"理论，认为东亚缺失以手斧为代表的阿舍利传统，可能反映

〔1〕高星：《中国旧石器时代手斧的特点与意义》，《人类学学报》2012年第2期。

了该区域人类演化的边缘地位或优质石料的缺乏。在此背景下，中国旧石器时代遗存中是否存在手斧及其意义成为长期争论的问题。目前来看，中国存在广义上符合"手斧"形态定义的器物，但其在形态、技术、组合关系、数量等方面都与旧大陆西侧有很大区别。东西方旧石器传统确实存在差异，但这更多是针对不同自然与社会情境适应的结果。中国的手斧主要分布于广西的百色盆地和陕西东南部－湖北西北部这两个区域，整体形态不规整，加工不彻底，器身厚重。这些手斧实际上在制作技术与形态上更接近于"手镐"，其主要功能也应不是切割，而是挖掘。它们制作简，属于中国南方砾石石器体系，是对该体系中主要发挥砍、劈、切功能的砍砸器的补充，能够有效适应南方地区挖掘可食用根茎作物等的特殊需求。这类器物在渊源上立足本土，但也有可能受到小规模人群迁徙和文化交流的影响，表现了早期人类演化与适应的多样性与复杂性。

从考古学三个分支的发展来看，它们分别有不同的起源、不同的相关理论与方法，甚至是不同的研究目标。古典－历史考古侧重研究艺术品，着重讨论的是精神文化，属于人文科学的研究。新石器－原史考古关心的是族属问题，再就是史前时代人们的生活与社会组织形态，其研究属于社会科学的范畴。相比而言，旧石器－古人类考古探索人类起源与演化，倚重达尔文的进化论，其研究更近似于自然科学。这样的分野一直保持到现在，也许有人由此会质疑：究竟有没有考古学这么一门学科？当然有！考古学通过实物遗存来研究人类过去，统一的研究对象把三个分支统一起来。考古学研究人类过去，人类活动极为丰富，本身就具有生物与文化两方面的属性，而在文化上，又表现出超强的社会性与符号性。简言之，是人类本身的属性决定了考古学研究存在三大分支。换句话说，每个人都可能对考古学产生兴趣，因为它涉及人类的所有方面。

拓展阅读

1. ［德］C. W. 策拉姆：《神祇、陵墓与学者》，张芸、孟薇译，北京：生活·读书·新知三联书店，2012 年。

2. ［英］格林·丹尼尔：《考古学一百五十年》，黄其煦译，北京：文物出版社，2009 年。

3. ［加］布鲁斯·特里格：《考古学思想史》，陈淳译，北京：中国人民大学出版社，2011 年。

第 2 章
现代考古学的发展

19 世纪中后期，考古学作为一门学科已经在大学中讲授，1855 年沃尔塞（Worsaae）成为哥本哈根大学教授，他也是丹麦首位考古学教师。1894 年，美国有了首位考古学的博士。此时，我们可以说现代考古学已经完全建立起来。在过去一百多年里，考古学经历了怎样的发展呢？为什么会有这样的发展呢？当前的发展趋势如何？这些问题对于想了解考古学的人来说，无疑是重要的。这一章拟讨论这些问题，但是，要用一章的内容覆盖一百多年考古学的成就，显然是非常困难的。我想用"研究范式"这个概念来概括不同考古学的发展阶段。需要特别指出的是，在考古学中，研究范式变迁并不是简单的替代关系，而是拓展。即前一个范式的研究进入内卷状态，投入增加但进展有限时，新的范式应运而生，开辟出新的研究领域，产生一系列丰硕的成果。如此类推，范式不断更替，学科不断发展。

一、文化历史考古

1903 年蒙特留斯（Montelius）出版《类型学方法》一书，奠定了他作为考古类型学大师的地位。这本书先后两次译成中文，成为中国现代考古学理论方法的奠基之作[1]。尽管蒙特留斯在器物的分期排队上颇有成就，但他仍然面临一个难以解决的问题，那就是分类分期之后，考古学还可以做什么呢？我们现在都知道，考古学要通过研究实物遗存去了解过去，蒙特留斯不可能没有这样的想法，问题的核心是如何去实现。还有一个可能更关键的问题，为什么要研究过去呢？这跟考古学家所在的时代有什么关系呢？ 1865年，达尔文的邻居卢博克（Lubbock）就出版了《史前时代》一书，正是他把史前时代分为旧石器与新石器两个时代，但是他写这本书的材料基础并不是考古材料，而是民族志。他按照所谓的进化序列，其实是种族主义，来排列人类社会，认为自然是欧洲人，尤其是盎萨人居于进化的顶点。时值帝国主义瓜分世界的高潮，卢博克的著作不过是其时代的缩影。不过，从考古学史的角度来看，卢博克的工作实际上将考古学的研究目标提前展示出来，那就是要为了现实去了解过去，只不过所立足的材料基础不是实物遗存。归纳来说，此时的考古学需要有效的途径，通过考古材料去重建过去，帮助回答当时的社会现实问题。

---

[1]［瑞典］蒙德留斯：《先史考古学方法论》，滕固译，上海：商务印书馆，1937 年。

　　19世纪中后期是西方历史上非常肮脏的一页，对外是殖民主义、种族主义，到处掠夺土地、文化遗产，屠戮原住民。对于现代考古学来说也不那么光彩，卢博克的综合只是缩影而已；对内是民族国家兴起，在四分五裂的神圣罗马帝国基础上形成了新兴的民族国家，为了摆脱宗教与封建势力的控制，促进新兴国家民众的认同，民族主义兴起。考古学是推动民族主义的具体形式，反过来说，民族主义也刺激了考古学的发展。考古学如何推动社会群体的文化认同呢？那就是证明大家有共同的祖先，实物遗存是直接而具体的证据。丹麦率先提出的三代论就服务于这一目的，这是丹麦人对拿破仑的入侵在文化上的反应。有压迫就有反抗，这里民族主义是针对帝国主义而存在的。但是脱离了理性的民族主义也可能走向自己的反面，以理性著名的德国人就是如此，这不能不说是历史讽刺的一面。1871年，德意志帝国建立，并且在工业革命的浪潮中后来居上，赶超英国。统一德国的基础是数百个大大小小的公国，迫切需要强化民族认同。但是，很不幸的是，德国考古学家走向了极端，成为考古学史上的教训。

　　蒙特留斯同时代的丹麦史前学家穆勒（Muller）进一步发展考古类型学的方法，同时关注器物组合与建筑的特征，他首先用到"文化"这个术语，随后被德国考古学家科西纳（Kossina）所采用。考古学文化概念的建立是现代考古学发展的一个里程碑，它标志着考古学有了研究古代社会群体的理论。此前的考古地层学与类型学也是考古学的基础理论方法，但它们都是以物质遗存为中心，与古代社会群体并不直接相关。文化的概念来自人类学，按照"人类学之父"爱德华·泰勒（Edward Tylor）的说法，文化是一个包罗万象的综合体，它是人类后天习得的，包括习俗、制度、宗教等非物质性的内容在内，是不同群体的标志。但是，考古学家借用这个概念之后，用以描述一定时空范围内具有相似特征的物质遗存的总和，也用来指代社会群体。虽然两者所说的内容并不一致，但是有了它，考古学家就有了研究古代社会的群体的中介概念。我们暂且不考虑"考古学文化"代表什么意义上的社会群体，但它无疑可以指示社会群体（某种意义上的）。否则，如蒙特留斯那样更加精细的分期，对于了解古代社会还是无能为力的。

考古学文化只是一个中介概念，也就是考古学家用以描述古代社会群体的理论模型，社会群体的划分可以按照经济生产方式、语言、宗教等标准来做，考古学家并不能证明自己所说的社会群体是什么意义上的。至于说族属，这是一个涉及主观认同的社会群体概念，即一个人属于哪一个族群，一方面取决于生活环境与经历，另一方面还与当事人的愿望与努力相关。从民族志研究中，人类学家发现族群身份带有工具属性，即在需要的时候，人们有可能会改变自己的族属。因此，把考古学文化与族属等同，在理论上是不成立的。但是，德国考古学家不仅直接等同，而且把古代族群与现代族群直接等同。科西纳把具有特色的考古发现组合在一起，确定其边界，然后将其视为一个族群存在的证明。他专注于日耳曼人的发现，将凡是有日耳曼人出土物的地方都视为日耳曼人的领地，并视为"领土权"的证据。他还宣扬人种优越论。当然，不是所有的德国考古学家如此，另一位考古学家舒哈特（Schuchardt）认为日耳曼人是由许多民族组合而成，他创立"德国考古协会"与科西纳论战。科西纳于1931年去世，他的学生不少在纳粹政权中任要职，纳粹考古已成为考古学史上的专有名词，成为滥用考古学的典型。

德国人大张旗鼓的研究启发了柴尔德（Childe）【图2.1】，他注意到考古学文化概念的理论价值，此前的研究者把史前史变成了考古遗存的简单排序，而忽视了制作者，太简单化了，而考古学文化研究可以弥补这个缺陷。柴尔德是20世纪前半叶最受读者关注的考古学家，他生于教会家庭，1915年从悉尼大学毕业，后

到牛津大学攻读古典研究。柴尔德很有语言天分，熟悉欧洲的主要语言；同时，他拥有非常好的视觉记忆能力，能够很准确地记住从一个地方看到的器物形态。这两项才能对于考古学家来说，是非常有用的。1920年代，他在欧洲广泛游历，考察不同地区的考古材料，这为他构建欧洲史前史的框架奠定了良好的基础。1923年他

图2.1 柴尔德

出版《欧洲文明的曙光》一书，标志着他成为顶尖的考古学家。在这部著作中，他就运用考古学文化理论，建立了欧洲史前史的基本轮廓。在此之前，虽然有一些时代上的划分，但是大家还是不知道史前时代（柴尔德的讨论没有包括旧石器时代）的欧洲是什么样子。柴尔德的重建包括生产方式、社会组织、意识形态等许多方面[1]。这个时期柴尔德另外著有《雅利安人》《第聂伯河史前史》，前者表明他还是受到种族主义影响的，后来他放弃了这种观念。1927 年柴尔德任爱丁堡大学讲座教授，但他不是一个好老师，很少有学生，他把大量时间都用于旅行与写作。他的研究从器物向社会经济研究转移，提出了农业革命与城市革命两个关键的考古学概念。1935 年他访问苏联，全面转向马克思主义。青年时代柴尔德就是个政治积极分子，倾向于马克思主义。当然也有人认为他并不是真正的马克思主义者，他常常同时看两份报纸，上面那份是左派的，下面那份则是右派的。在他学术生涯的后期，他的研究越来越趋于理论化。1957 年，他在澳大利亚坠崖身亡，80 年代公开的遗书显示，他对考古学的局限性深感失望，又无能为力。

柴尔德的一生非常好地体现了文化历史考古的发展过程，包括其优势与不足。它的优势无疑在于构建史前史的时空框架，把

---

[1]［英］戈登·柴尔德：《欧洲文明的曙光》，陈淳、陈洪波译，上海：上海三联书店，2008 年。

一片历史空白变成有时空经纬的天地，并且有了初步的内容。它的不足也很明显，那就是晚年柴尔德所感觉到的，考古材料总是那么零碎，不是所有的人类活动都会留下物质遗存，不是所有的物质遗存都能保存下来，保存下来的又不可能都被考古学家发现并揭示出来，揭示出来的还不一定能够正确地认识。因此，即便得到了考古材料，也不过是古人生活信息的九牛一毛，就凭借这一点点信息，如何能够重建过去呢？柴尔德感到绝望，的确是可以理解的。不过，回顾考古学史，从温克尔曼开创艺术史，提出要从物质遗存中了解过去，到北欧的新石器－原史考古（有时也称为科学古物学），再到旧石器－古人类考古，最后柴尔德的文化历史考古，考古学的发展从已知（古典－历史考古）逐步深入到未知（史前考古），考古学的学科体系真正形成。考古学不仅有材料、方法，还有了理论。与此同时，当时的博物馆普遍建立起来，考古学从只能由贵族把持的癖好，发展成为能够让更广大民众参与的文化生活。学科的创立过程并不完美，其中混合着殖民主义与帝国主义的掠夺，还有种族主义的偏见，以及走向极端的民族主义。很少有学科的形成期如考古学这般曲折，可能因为考古学最终研究的是人，虽然它的关注点在过去，但不可避免地要参与到现实生活中来。它的不完美只不过是更不完美的社会现实的反映而已。

二、过程考古学

考古学的发展如同浪潮，从文化历史考古学到过程考古学，再到后过程考古，至少经历三波浪潮。有趣的是，这每一波浪潮都是从已知走向未知领域的，文化历史考古学如此，过程考古学也是如此。文化历史考古学面临的难题是难以从零碎的物质遗存重建过去。为什么它对此无能为力呢？过程考古学是如何解决这个问题的呢？

过程考古学首先兴起于美国，英国考古学也有所参与，这里有位考古学家，路易斯·宾福德，如同柴尔德一样，他很好地体现了20 世纪后半叶西方考古学的发展，他的学术主张也正是在这个时期影响最为广泛。宾福德1930年生于美国弗吉尼亚州，他大学时所学的专业是野生动物生物学【图 2.2】。那个时候的生物学还比较传统，生态学才刚出现，主流的生物学还是以分类为中心的。宾福德曾经就其未来的前途与老师探讨过，老师说：你学得不错，但是现在几乎所有的重要物种都已经找到了，也许你将来可以考虑洞

图 2.2　宾福德

穴研究，那里可能有一些没有眼睛的鱼虾可以以你的名字来命名。既然生物学如此没有前途，那换个学科好了。宾福德转而学习人类学，他在北卡罗来纳大学完成硕士学位之后，到密歇根大学人类学系攻读博士学位。人类学是密歇根大学的优势学科，长期在美国大学中排名第一。密歇根大学人类学拥有人类学博物馆，也有考古研究室，分别位于不同的建筑中。宾福德回忆，每次从考古研究室出来，看到对面的人类学博物馆，就会产生一种若有所失的感觉。人类学博物馆展示的印第安人的生活物品，非常鲜活、具体，很容易理解。相反，考古研究室里多是一些破碎的陶片与石器，虽然可以不断去分类、测量、统计，但距离古人真实的生活实在太遥远了，如何才能跨越从静态的物质遗存到动态的人类生活这条鸿沟呢？

这是宾福德的中心问题，但是如何解决这个问题呢？他进入到考古学领域的时候，对考古学得出结论的方式深感震惊，看到两个地方的器物有相似性，就说有文化交流，就要去寻找传播的路径。他认为这样的研究范式太不科学，考古学研究的发展方向应该是走向科学，只有采用科学的方法，才有可能得到如人类学那样对人们生活的了解。简言之，就是"更科学，更人类学"。宾福德是理科出身，有些迷信自然科学的手段。1968年前后，他获得了一个与法国著名旧石器考古学家博尔德（Bordes）合作的机会，研究康贝·格林纳尔（Combe Grenal）遗址的石器材料。这个遗址的材料非常丰富，法国学者的工作也十分细致，每一件出土石制品都有详细的三维坐标，博尔德本身就是石器技术类型学的大师，他能够把石器分为多达六十类，无比详细。但是，当宾福德带着满满两大铁箱的资料离开法国的时候，他深感挫折。行李超重，他不得不坐船回美国，好处是他有足够多的时间反思自己的研究。他原来的目的是想利用自己的数理优势，采用统计分析的方法，挖掘古人活动的信息。实际情况是，尽管他掌握了无比详细的材料信息，能够进行各种各样的统计，但是所有的结论都是围绕石器材料发生的，而不是古人，对于古人的生活他的认识完全没有实质性进展。考古学家又没有时间机器，不能回到过去亲自看看古人的生活，但是有没有类似的生活方式可以参考呢？宾福德灵光一闪：阿拉斯加！[1]

阿拉斯加就很合适，这里与莫斯特时期的康贝·格林纳尔遗址一样，都是冰缘环境，阿拉斯加的因纽特人更与莫斯特时期的人群一样，也是狩猎采集群体。只要是狩猎采集经济，就意味着只能从大自然中寻找食物，而不是自己种植，其生活的组织就要受制于自然资源的供给，不论是旧石器时代还是晚近时代的狩猎采集者。正是基于这样的考虑，宾福德去了阿拉斯加，前后三年，取得了丰硕的成果。1984 年，他到英国南安普顿大学讲学，遇到英国著名考古学家科林·伦福儒（Colin Renfrew），这是一名后来获得英国国王授勋的学者，他们彻夜长谈，伦福儒感到十分惊奇：考古学研究

---

〔1〕〔美〕路易斯·宾福德：《追寻人类的过去：解释考古材料》，陈胜前译，上海：上海三联书店，2009 年。

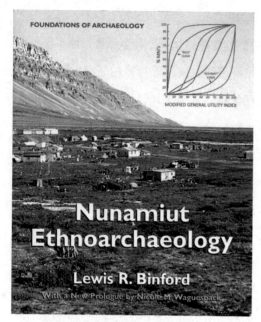

FOUNDATIONS OF ARCHAEOLOGY

MODIFIED GENERAL UTILITY INDEX

Nunamiut
Ethnoarchaeology

Lewis R. Binford

With a New Prologue by Nicole M. Waguespack

图 2.3　宾福德的阿拉斯加考察成果

还可以这么做？三年的阿拉斯加考察让宾福德深切意识到，要想理解考古材料，就必须有理论模型【图 2.3】。这就像刑侦专家破案一样，考察现场，提取原始信息（现场物品的分布、形态等），提取标本送实验室分析，然后提出假说。刑侦专家是如何提出假说的呢？他们不会见到一个凶杀案现场，就说全世界人都有嫌疑，他们有可以参考的理论模型，如劫财、仇杀、斗殴等。每一种模型都会对应一定的物质遗存形态。如果他们没有相应的理论模型，比如变态杀人，那么破案的时候就会出现没有头绪的情况，案件只能长期搁置。对考古学家来说，情况非常相似，我们同样需要合理的理论模型，没有它，同样难以解读材料。但是，理论模型来自哪里呢？

这样的理论模型就是跨越从静态物质遗存到动态人类行为这条鸿沟的桥梁，宾福德称之为"中程理论"。其中包括宾福德所从事的民族考古——除了去阿拉斯加考察因纽特人之外，他还去澳大利亚考察土著如何制作石器、如何捕猎，还去非洲考察鬣狗与人类对动物骨骼的不同影响，他的学生不少到世界各地去研究狩猎采集人群，考察狩猎采集者的行为是如何导致遗址形成的。中程理论还包括实验考古、直接历史法、当代物质遗存研究等。其中当代物质遗存研究可能会改变读者

图 2.4 《垃圾之歌》

对于考古学的印象，20 世纪 70 年代，美国亚利桑那大学的考古学家拉什杰（Rathje）率先开展一项研究，调查当地物质遗存——垃圾【图 2.4】。他发现垃圾比社会调查所得的结论更加可靠，因为人们在回答调查问卷的时候对自己的认知并不准确。他还发现在资源紧张的时期反而会导致更大的浪费，因为人们考虑到未来的不确定性，往往都会过量储备[1]。垃圾考古后来发展成为社会发展可持续研究的组成部分，考古学不仅研究过去，也开始研究未来。拉什杰

---

[1][美]威廉·拉什杰、库伦·默菲：《垃圾之歌：垃圾的考古学研究》，周文萍、连惠幸译，北京：中国社会科学出版社，1999 年。

从垃圾考古中提炼出一条根本性的认识，那就是考古学凭借物质遗存研究能够获取一个维度上的真实，其可靠性甚至超过社会调查。

过程考古学的核心是科学，为此宾福德特别强调假说－演绎的研究方法。传统上，考古学研究都是从具体的物质遗存出发，简言之，就是要让考古材料（即物质遗存）牵着鼻子走，有一分材料说一分话。但是，一个根本问题就在于，考古材料不会自己讲话，是考古学家在讲话，他们需要揭示材料背后所代表的人类行为信息。假说－演绎的方法就是要先构建出理论模型，然后根据理论模型推导出可以通过考古材料检验的假说。宾福德的阿拉斯加考察成果之一就是提出了采食者－集食者（foragers-collectors）模型。他发现狩猎采集者并非只是采用一种方式来组织自己的生活活动，采食者是"让食物来就人"，集食者则正相反，因此集食者会有更多储备设施，会有更多的劳动分工、更小的流动性【图 2.5】。与之相应，集食者就需要更加耐用的工具、更经久的居所、更多更集中的人口，如此等等。通过这个模型可以推断出上述结论（假说），然后就可以在考古材料中进行检验[1]。到目前为止，还有一些研究者不能接受这种方法，他们认为这是把材料强行套在既定的模式中。显然，这是一种误解，就像是在刑侦过程中，没有理论模型是万万不能的。发展理论模型能够有效提高推理的效率，没有它，再多的考古材料也不可能与古人生活联系起来。

---

[1] L. R. Binford, "Willow smoke and dog's tails: hunter-gatherer settlement systems and archaeological site formation", *American Antiquity* 45: 4-20, 1980.

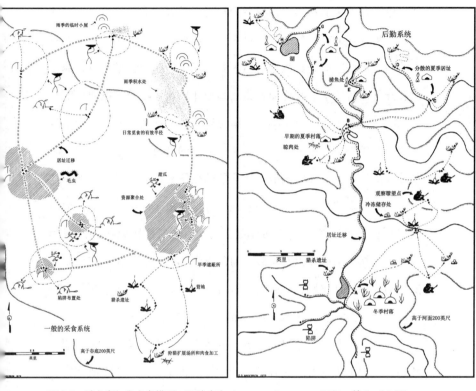

图 2.5 采食者与集食者模型，图片来自 *American Antiquity*，1980，第 6、11 页

　　回顾考古学史，仅仅就宾福德个人的经历而言，还是相当曲折的。他在 60 年代初提出过程考古学的基本主张，主要是通过两篇文章《作为人类学的考古学》《分类学与文化过程研究》[1]，受

〔1〕L. R. Binford, "Archaeology as anthropology", *American Antiquity* 28: 217-225; "Archaeological systematics and the study of cultural process", *American Antiquity* 31: 203-210, 1965.

到青年学者的普遍欢迎，也得到少数资深学者的支持，当时不少优秀学子来到宾福德任教的芝加哥大学，这批学生后来成了过程考古学的中流砥柱。但是宾福德的新主张惹怒了当时的学术权威，他被迫离开芝加哥大学。相比而言，宾福德还算是幸运的，在他之前，瓦尔特·泰勒（Walter Taylor）作为第一个吃螃蟹的人，在十多年前就开始挑战传统考古学。他是哈佛大学的高材生，二战中加入海军陆战队，是少数在欧洲战场作战的陆战队员，在战场上被德军俘虏，遭到残酷的对待，这可能对他的性格造成了影响。战后，他出版了自己的博士论文《考古学研究》[1]，毫不留情地批评前辈学者，一个初出茅庐还没有实践经验的学者如此大胆，显然容易犯众怒。的确，非常遗憾，泰勒自己也没有建立起来合适的方法，它所谓的"缀合的方法"并不具有革命性，最后郁郁而终。

　　研究者总是希望自己的研究具有革命性，但是学术发展是累积性的。过程考古学有时又称为功能主义考古学，即它希望研究古人活动、社会或文化是如何运作的（function）。但是功能主义考古学的范围要比过程考古学更广，出现的时间也要早得多。早在20世纪30年代，至少有两个地方的考古学呈现出功能化的迹象：一个是苏联考古学，另一个是英国考古学。苏联考古学受马克思主义指导，马克思主义本身就是研究社会如何运作的，强调经济基础对上

---

〔1〕W. W. Taylor, *A Study of Archaeology*, "Memoirs of the American Anthropological Association", No.69. Menasha, 1948.

层建筑的决定性影响。也正是因为有马克思主义的指导，30 年代苏联考古学就出现了若干非常超前的研究，如谢苗诺夫（Simonov）开创的微痕分析，通过观察石器的微痕来确定石器工具的功能，50 年代他的著作被译成英文[1]，一时间成为引用率最高的考古学文献。再比如苏联考古学关注陶器制作者的性别、新石器时代社会的组织状况等。作为英国考古学领军人物的柴尔德也受到马克思主义的影响，同一时期他的研究也趋向功能化，他发展了自己的"古经济学"方法，这方面的研究通过剑桥大学的格拉汉姆·克拉克（Graham Clark）及其学生发扬光大，形成了剑桥大学的"古经济学派"。克拉克还是生态考古学的主要开创者，他参与到剑桥大学一个研究湿地环境的多学科团队中。他在剑桥大学建立了一系列的考古实验室，促进了考古学多学科方法的发展。他著作等身，在考古学的教育方面成绩斐然。

　　功能主义考古学的探索是广泛的，50 年代，美国学者戈登·威利（Gordon Willey）发展出来"聚落考古学"的方法，他通过广泛的调查与一定的发掘研究秘鲁的维鲁河谷古代聚落的分布状况，在准确分期的基础上确定不同时期聚落的等级结构，进而了解那个时

---

[1] S. A. Semenov, *Prehistoric Technology: an Experimental Study of the Oldest Tools and Artifacts from Traces of Manufacture and Wear*, translated by M. W. Thompson (Bath: Adams and Dart, 1964).

代社会复杂化的程度[1]。相比瓦尔特·泰勒，他的研究更有可操作性，所以很快就普及开来。华人考古学者张光直在这个时期也参与到聚落考古学的理论探讨中来，成为这一理论方法的主要开拓者之一。正是因为有前期较为充分的探索，所以宾福德才会提出过程考古学，学术界才可能接受过程考古学。瓦尔特·泰勒不太幸运，他的观念过于超前，又缺乏可操作的方法，只能算是前期的探索。

三、后过程考古学

转眼来到 20 世纪 80 年代，过程考古学开始遇到挑战了。挑战来自两个方面：一方面是研究自身存在难以突破的障碍、难以实现的目标以及无法克服的缺陷；另一方面，新的学科生长点产生，为考古学的发展提供新的可能性，有取代过程考古学的趋势。形势就是如此逼人，这可能是宾福德未曾想到的，但是有位英国考古学家想到了，他就是伊恩·霍德（Ian Hodder）。霍德是戴维·克拉克（David Clarke）的学生，克拉克与宾福德同属过程考古学的开创者，可惜英年早逝，没有机会系统地发展自己的理论主张。他的代表作《分析考古学》晦涩难读，也拖累了他的影响力。克拉克在书

---

[1]［美］戈登·威利：《聚落与历史重建——秘鲁维鲁河谷的史前聚落形态》，谢银玲等译，上海：上海古籍出版社，2018 年。

中提出了让考古学更科学的方法，那就是分析，不仅要充分开展多学科的分析，还需要采用诸如统计、模拟等量化的方法来挖掘考古材料中的信息。为了保证考古学研究的科学性，他注意到必须关注考古材料的形成过程。不过，宾福德批评他是最后一名文化历史考古学家，因为他的概念纲领，即文化观，还是文化历史考古学的。他没有像宾福德那样把文化看作人适应环境的手段，还没有采用诸如文化系统、文化生态等支撑理论。但开风气不为先，克拉克作为过程考古学的主要开创者之一，这个学术史上的定位是没有问题的。

霍德是从过程考古学的土壤中成长起来的，他曾经是很好的过程考古学家，主编过《考古学的模拟研究》这样的著作[1]，他遵循过程考古学的教导，要去开展民族考古学的工作，发展中程理论。然而，正是在东非的民族考古学研究中，他认识到过程考古学存在显著的不足。按照常规的田野调查的操作，他需要客观记录当地居民是如何使用空间与器物的，然后从中提炼出来具有普遍意义的理论模型。他注意到一个令人迷惑不解的现象，那就是当地女性明明知道传统习俗，比如说女性不能在某类空间活动、不能使用某些器物等，但是部分女性会有意打破这样的规则。[2] 从过程考古学来看，这是"正常的"反常现象，人总有不一样的地方，研究

---

〔1〕 I. Hodder ed., *Simulation Studies in Archeology* (Cambridge: Cambridge University Press, 1978).

〔2〕 I. Hodder, *Symbols in Action: Ethnoarchaeological Studies in Material Culture* (Cambridge: Cambridge University Press, 1982).

者应该注意提取不同行为的共性，而不是反常的差异性。霍德没有这么想，他认为人的根本属性还是能动性，人能够赋予物以特定的文化意义，又反过来为这样的文化意义所影响。人能够利用物来表达、塑造与改变社会关系，如此这般，作为考古材料的物质遗存并不是外在于人的客观存在。更进一步说，把考古学发展成为一门如地质学一样的科学是不可能的，考古学归根结底还是一门人文学科。

霍德之所以有这样的认识也不奇怪，我们从时代背景、思想基础与相关学科发展等学科外部关联因素来看，就会发现时代精神已经改变了。西方社会经过两三百年的现代化进程，取得人类历史上最为繁荣的物质发展，但也带来了一系列的危机，从生态、社会到精神。早在 19 世纪末 20 世纪初，就有思想家开始反思这类问题，如克尔凯郭尔、尼采等，逐渐形成了后现代主义的思想潮流。在科学领域，从爱因斯坦的相对论到海森堡的"测不准定理"再到复杂性科学的诞生，传统的确定性科学瓦解，不确定性成为新的研究对象。在这一系列具有广泛影响的思潮推动下，考古学不可能置身于外，霍德就明确承认后现代主义潮流的影响。这与过程考古学的崛起是有区别的，虽然对考古学史的回顾认为，如威利与菲利普斯（Philips）在《美洲考古学史》上归纳了过程考古学存在多样的思想来源，其中包括美国亨普尔的实证主义哲学[1]，不过对宾

---

[1] G. R. Willey, J. A. Sabloff, *A History of American Archaeology,* 2nd edition (San Francisco: Freeman, 1980).

福德的访谈表明，至少他没有直接接受这样的思想影响。后过程考古学则显著不同，其倡导者明确地提出了考古学在本体论、认识论与价值论上的新主张。后现代思想是许多混杂思想的集合，后过程考古学也是如此，其中包括后过程、性别、能动性、景观、物质性等流派。

对于许多读者而言，过程考古学大体可以接受，毕竟它以科学为目标，虽然有一点理想主义，但目标是具体的，即便难以实现，努力也有方向。但是，后过程考古学把考古学变成了有点如同哲学研究一般，提出了许多主张，不知道有什么意义。我们不妨从一个简单的例子开始：人为什么要穿衣服呢？道理好像很清楚，为了保暖。然而，只要我们稍稍留意一下周围，为什么我们的服装如此多样呢？为什么穿衣服还有如此多的规则？为什么女孩可以穿男孩的衣服而男孩却不能穿女孩的？如此等等的问题都表明，穿衣服绝不仅仅是为了保暖，而是人们表达自己的方式，从经济地位到审美观念，甚至是心情与精神状态；它还是构建社会关系的手段，比如某些职业在工作场合需要穿西装。作为一种物质，服装是客观的存在么？当然是的，但这种一般意义上的实在论，对于我们认识服装的意义没有什么帮助。相反，服装作为一种物质具有众多的文化意义，或者说早已为意义所渗透，根本就不是客观的东西。对于研究服装的人来说，除了研究保暖性（这是科学层面的研究），绝大部分的精力都需要投入到人文层面的研究中，颜色、面料、款式，如此等等。我们若把物质遗存想象成服装，那么研究应该如何开展呢？

显然，强调走向科学的过程考古学忽视了人类物质遗存的关键意义。过程考古学强调跨文化的普遍性，强调要从纷繁芜杂的文化现象中提炼出文化系统运作、文化演化的原理与机制。但是经过二十多年的研究实践，过程考古学是否获得了这些东西呢？令人有些遗憾的是，结果并不理想，考古学家好像获得了一些认识，但都是干巴巴的、类似于动物学研究的东西，许多时候类似于发现了人是要吃饭的。这当然是真理，但对于认识人本身过于肤浅，也没有现实意义。真实的人的生活是极其丰富多彩的，就像上面说到的服装一样。人之不同于动物的地方，正在于人具有能动性，人运用物质来改造世界、构建世界。如果我们考察一下建筑，就会发现古往今来，人们一直都在利用它塑造社会。建筑是一种物质遗存，是考古学研究的重要对象。能动性考古的主要开创者马修·约翰逊（Mathew Johnson）曾研究过英国中世纪之末的建筑，他注意建筑的位置、布局、形制等都反映了当时正在发生的深刻的社会变迁，牧师阶层为了维护传统的地位，有意识地在建筑上强化他们的身份[1]。回到中国的例子，我们看故宫的设计建造，无处不体现着皇权的特殊性。

---

〔1〕M. H. Johnson, "Conceptions of agency in archaeological interpretation", *Journal of Anthropological Archaeology* 8: 189-211, 1989.

加泰土丘遗址（或恰特尔胡玉珂遗址）[1]

加泰土丘，（土耳其语：Çatalhöyük，çatal 是土耳其语"叉子"的意思，höyük 指"坟堆、高地"），音译作卡塔胡由克或恰特尔胡玉珂遗址。加泰土丘坐落于科尼亚平原，分为东西两部。遗址存在于公元前 7500 年到公元前 5700 年，是安纳托利亚南部巨大的新石器时代和红铜时代完好保留至今的人类定居点遗址，也是已知人类最古老的定居点之一。

1958 年，詹姆斯·梅拉特首次对此遗址进行了发掘，后来在 1961至 1965 年间又进行了四次发掘。1993 年，在伊恩·霍德的带领下开始了重新发掘。据估计，该遗址的东部土丘的平均人口数量大约在 5000到 8000 之间，某个时期甚至可能达到 10000 人。其房屋由胶土黏合而成，门开在屋顶，内部用石灰涂抹，通常在南墙建有炉灶，主屋有高于地面的平台，可能用作家庭活动。在建筑内部的墙壁上发现有动物头部装饰，野牛尤其常见。宏观来看，建筑之间没有街道，因此整个建筑群就像是一个蜂窝状迷宫。在遗址上层，可以明确看出加泰土丘居民已发展出了农业技术，并懂得驯养牛羊，与此同时，狩猎仍然是食物的重要来源之一。

根据灶台和地板下发现的人类遗骨，考古学家初步认为加泰土丘

---

[1] Fred S. Kleiner, Christin J. Mamiya, *Gardner's Art Through the Ages: The Western Perspective: Volume 1 Twelfth* (Belmont, California: Wadsworth Publishing,2005), pp.12-14.

遗址的居民死后就葬在聚落内,并且埋葬前遗体会被放入篮子或卷在草席中。因为没有专门为统治者或祭司修建的屋宇,也没有明显的公共建筑,所以推测该地没有常见的社会阶层。类似于一些旧石器时代文化,这里的男女可能是平等的。在遗址内还发现了生动的壁画和人偶,其中最著名的是加泰土丘女性坐像,描绘了一位坐在狮子扶手椅上的女性形象,她被认为是象征丰收和保护食物的神,但没有充足的证据表明她是母神或该文化是母系氏族。关于该遗址所属文化的宗教信仰、社会组织和意识形态等问题的解释还需要进一步的考古学研究。

我想细心的读者马上会联想到史前阶段,我们是否也能得到这样的认识呢?的确如此,后过程考古学研究之所以能够有效地获取认识,一个重要的前提,就是熟悉文化背景。历史时期的遗存,不论是建筑、墓葬、寺庙,还是器物与图像,因为研究者了解文化背景,所以能够比较容易认识到特征的意义。但是,如果是史前阶段的材料呢?本着这个思路,后过程考古学继续强调文化背景的重要性,它提出"背景关联法"(contextual approach),强调获取高精度的考古材料,与当地的物质文化研究结合起来。伊恩·霍德自己在土耳其的加泰土丘(Catalhoyuk)的研究中就有采用【图2.6】。这是一处人口有数千人的大村庄(镇),年代为新石器时代早期,霍德发现这里没有显著的管理机构,人们似乎是自然而然地生活在一起。霍德注意到当时的居民运用多样的物质形式来强化群体认同

图 2.6 加泰土丘遗址，图片来自
*Gardner's Art Through the Ages:
The Western Perspective:
Volume 1*，2005，第 12—14 页

与社会秩序，比如把祖先就埋在房屋的地面之下，反复粉刷地面，有的地方多达 700 层，还有专门的礼仪空间。通过物质与空间的反复重现塑造稳定的社会关系，从而实现无须管理机构就能够顺畅运行的社会关系。[1]

小结

过去一百多年，考古学的发展至少经历了以上所提及的三次重要变化。这里以三位最有代表性的考古学家为中心简要介绍了三个阶段考古学的发展，其中过程考古学着墨较多，一个主要原因是我自身的学术训练与之关系更密切。我有幸在宾福德门下学习多年，对他个人比较熟悉，对过程考古学的理解更充分。考古学这三个阶段的发展分别代表考古学研究从发现与整理材料到解释材料，再到理解（阐释）材料的学术进程。文化历史考古运用考古学文化理论把考古材料安置在合适的时空框架中，并把它与古代社会群体联系起来。过程考古学者从功能主义的角度揭示人类社会的文化适应变迁，重点回答为什么（why）与如何（how）的问题。到了后过程考古学阶段，研究更进一步深入，强调具有共情能力（empathy）

---

[1] I. Hodder, C. Cessford, "Daily practice and social memory at Çatalhöyük", *American Antiquity* 69: 17-40, 2004.

的理解，而不是仅仅站在外部进行解释。特别需要注意的是，每个阶段都是在前一阶段工作的基础上，进一步拓展考古学研究的范围，而不是取代或颠覆前一阶段的研究。也正是这样累积发展，当代考古学才具有了科学与人文并重的学科面貌。

拓展阅读

1. ［英］戈登·柴尔德：《欧洲文明的曙光》，陈淳、陈洪波译，上海：上海三联书店，2008 年。

2. ［美］路易斯·宾福德：《追寻人类的过去：解释考古材料》，陈胜前译，上海：上海三联书店，2009 年。

3. ［英］伊恩·霍德：《现在的过去：给考古学家的人类学指南》，徐坚译，北京：北京大学出版社，2020 年。

第 3 章
中国现代考古学的起源

2021 年，中国现代考古 100 周年的纪念大会在河南三门峡市召开，习近平总书记专门致信祝贺。中国考古学界通常把 1921 年安特生发掘河南渑池仰韶村（归三门峡市管辖）遗址看作中国现代考古学的开端。安特生是瑞典人，地质学家，1914 年北洋政府聘其为找矿顾问，因为相比于其他列强，瑞典的殖民主义色彩要稍弱一些。安特生在野外工作过程中，经常遇到石器，相比于其他材料，石器是最耐久的，所以更容易被发现。1921 年，安特生的主要工作基本转向了考古学，他的名字也由此留在了中国考古学史上。1920 年深秋，他派助手刘长山到河南渑池仰韶村寻找"龙骨"（动物化石），不料得到 600 余件磨制石器。次年他偕师丹斯基、袁复礼等在此发掘了 10 余条探沟。这是中国考古学史上第一次系统的田野考古工作，揭开了中国石器时代的面纱，具有标志性的意义。

其实在同一年，安特生与师丹斯基在周口店的龙骨山老牛沟地点，发现了大量化石与石英，安特生预感到这可能是一处人类遗址。而在前一年，法国传教士桑志华在甘肃庆阳发现 3 件打制石器，这是中国最早的有关旧石器的发现。1922—1923 年，桑志华与另外一名传教士兼地质学家德日进发掘了宁夏灵武水洞沟遗址与内蒙古乌审旗的萨拉乌苏遗址，发现大量打制石器以及人类牙齿化石。也正是基于这一系列的发现与发掘工作，所以把 1921 年视为中国现代考古学的元年。安特生注意到仰韶彩陶与中亚史前文化彩陶的相似性，认为中国彩陶可能来自中亚（实际仰韶彩陶更古老），于是到甘青地区进行考古调查，试图找到传播路径，他们先后发现朱家寨、卡约、马厂等一批遗址。1923 年安特生公布了调查成果，他的工作与彩陶西来说激发了中国学者，1925 年，人类学家李济也转向考古学，1926 年与袁复礼一起发掘了山西夏县西阴村遗址，这是第一次由中国学者主持的发掘。中国考古学进入了一个新时代。

一、中国考古学的前身

之所以说中国现代考古学，主要是因为在此之前，中国有自己的"考古学"，我们称之为金石学。遗憾的是，金石学没有发展成为现代考古学，究其原因，不难发现，根本在于科学思想的缺失。对考古学来说，科学究竟是什么呢？这是个复杂的问题，已经超出本书所要讨论的内容，但是讨论中国考古学的历史，又不能离开这个问题。科学家对科学有一个非常简要的归纳，那就是崇尚理性、追求真理、尊重客观、符合现实[1]，也许还应该加上一条，合乎逻辑。中国文化中并不乏理性精神，但是在求真方面存在不足，科学精神的核心就是求真。尊重客观同样很重要，前现代社会的文化中，自然的世界与人的世界是融为一体的，欧洲经过一系列思想与社会变迁之后，到笛卡尔的时代，已经能够把自然与人分开。这是科学的哲学基础，而逻辑则为思想的构建提供必要的方法。中国传统思想高度重视社会伦理，在社会整合上取得了巨大的成就，形成了一个超大型的文明体，不仅拥有广袤的疆域、众多的人口，而且具有高度的统一性。但我们相对忽视对外部世界的探索，再加上一些叠加的历史因素，因此错过了发展科学的机会。

金石学形成于北宋时期，其发展得益于北宋社会经济的繁荣与相对宽松的文化氛围，当时墨拓术与印刷术达到一个前所未有的高度，精致的宋版书让书籍本身成为一种艺术品。北宋的士大夫阶层好古成风，尤其喜欢收集三代时期的鼎彝之器，当时就有 20 余种金石著作。按照金石学大家吕大临在《考古图》序言中所讲，金石学收集古器物的目的，是要"探其制作之意，以补经传之阙亡，正诸儒之谬误"[2]【图 3.1】。吕大临对所收集的器物按照形制分类，

〔1〕［美］修·高奇：《科学方法实践》，王义豹译，北京：清华大学出版社，2005年，第 22 页。
〔2〕（宋）吕大临：《泊如斋重修考古图》，北京：北京图书馆出版社，2003 年，第12 页。

测量器物的大小与容量，记录出土地点与收藏处所，绘图，摹写铭文，并附上释文，至最后对器物作一定的考证说明。金石学家们喜欢三代的器物："观其器，诵其言，形容仿佛，以追三代之遗风，如见其人。"他们把三代时期的器物当成老师，好像这些器物上有值得学习的东西。虽说是三代，其实主要是西周时期，北宋

图 3.1　《考古图》

人把西周想象为一个政治上的理想状态，这是对儒家思想的继承。只是金石学家已不满足于传世经典文献的学习，而是直接面对器物。的确，西周时期的青铜器庄重典雅，跟商代青铜器狰狞夸张的风格有明显区别；西周时的墓葬还有清晰的列鼎制度，如天子九鼎八簋，诸侯七鼎六簋，如此类推，秩序井然。把器物直接当成人，这样的主张在当代的后过程考古学中又出现了，这可能出乎很多人意料。

吕大临[1]

吕大临，字与叔，号芸阁，河南汲郡人，出生于官宦之家，是宋代理学以及金石学发展史上的重要人物，曾与兄长吕大防、吕大钧师从关学的创始人张载，潜心钻研"六经"，张载去世后师从洛学的创始人程颐、程颢兄弟，并汇集他们的语录，编著成《东见录》，为后世研究"洛学"提供宝贵材料，他也因成就突出被誉为二程门下"四先生"之一，其余三位先生为谢良佐、游酢、杨时。

丰厚的学识和底蕴也为吕大临投身金石学奠定了坚实的基础，可以更好地理解器物背后蕴藏的文化和精神内涵。吕大临所著的《考古图》和《考古图释文》是北宋时期重要的金石学著作，是年代最早的拥有图文、器物来源和研究性内容的书籍。《考古图》在元祐七年著成，收录私人和皇家收藏的青铜器和玉器，全书分为十卷，按照用途分门别类，将鼎、鬲甗鬶、簋、彝卣尊、爵等、盘等、钟等各写在前七卷，后三卷为玉器、秦汉器，每一卷都列出古器物名称，后面为收藏者，每一件器物都详细记录其收藏来源，然后是绘制图录，经史考证，赋予注释。

2006—2011年考古发掘了位于陕西蓝田县三里镇五里村北的太尉吕氏家族墓地，其中包含了吕大临的墓葬。吕大临在《考古图》后记

---

[1] 王巍主编：《中国考古学大辞典》，上海：上海辞书出版社，2014年，第73页。
  李小旋：《吕大临〈考古图〉研究》，硕士学位论文，中央美术学院，2009年。

中写道："观其器，诵其言，形容仿佛以追三代之遗风，如见其人也。"
这句话点明了吕大临希望通过古代的器物来探究古人的精神内涵，想
要达到"透物见人"的目的，这与我们当代考古学的目标有着异曲同
工之妙。

　　金石学的前提是假定古物中有古人，这个假定与现代考古学
没有本质的区别，而与更早的时代有很大的区别。在金石学诞生之
前，古物通常是被当作圣物或神物供奉的，古物仿佛自带一种神
性，这样的状况在世界各地都普遍存在。如中国与西方都把史前的
磨制石斧称为"雷石"，日本称为"粪石"[1]。美洲的易洛魁人把
几千年前的投射尖状器看作是神灵遗失在森林之中的东西，收集这
样的遗物能够给人带来好运气。古埃及与西亚人对待更古老的物质
遗存时，都带有一种强烈的宗教成分。金石学去掉了古物上的神性
光环，只是将其视为古人精神文化的遗留，通过研究、观摩、鉴赏
来继承其中包含的精神文化【图 3.2】。就这一点而言，金石学又
是非常先进的。有种观点认为宋代文化就是中国的"文艺复兴"，
这种说法是有一定道理的，此时已经出现类似欧洲现代化进程中的
"除魅"——剥离物质世界中人为添加的东西。尤为难得的是，金
石学剔除的是神性，但它并没有排斥物质遗存所包含的精神文化。

---

[1] 蔡凤书：《中日考古学的历程》，济南：齐鲁书社，2005 年，第 5 页。

图 3.2　金石器物何尊，图片来自网络

　　在具体实践中，金石学与现代考古学有什么区别呢？金石学家并非只是死守书斋的群体，他们也注意实地考察。作为先驱的司马迁，就曾实地考察过许多古迹，并且依据当时所有的文献复原了商朝的诸王世系，后来王国维根据安阳出土的甲骨文肯定了他的记载。司马迁对于自己不清楚的"三皇五帝时代"，开篇就明确指明，这是根据有限的古史传说得到的。单就严谨的态度而言，司马迁的做法与一千多年后欧洲新兴的科学精神并无二致。后世的著作如《越绝书》《华阳国志》《水经注》等，无不是实地考察的成果。金石学家也注意整理收集到的古物，还特别侧重古文字的考证，并延伸到典章名物的研究，按照我们现在的说法，就是扩展到文化史的研究领域。这些做法正是当代后过程考古学所主张的。

金石学具有非常强的人文性质，因此，它与主张人文的后过程考古学很契合。它所缺乏的是科学，科学不仅仅是一种精神、一套具有普遍意义的方法（如前面所说的），它还是由许多分支领域组成的学科体系，天文、地质、生物等学科的形成对现代考古学的发展都有非常大的帮助，中国古代的金石学缺乏这样的相关学科支持。金石学与同时代的中国学问一样，关注的还是内在精神境界的提升。按照冯友兰先生的说法，是想达到超乎现实的境界，获得高于道德价值的价值。相比而言，科学是一种向外求的学问，通过研究外在客观世界来更好地解决人类内部的问题，以科学为基础发展起来的技术，后来极大地改变了人类社会的面貌。古代中国学术十分忽视向外求，就像在农业上的内卷一样，学术上也是进入一种内卷状态。从社会层面上说，金石学只是士大夫贵族阶层的爱好，这个阶层与近代欧洲中产阶级在社会各阶层中占比相比，规模是相当有限的。

值得注意的是，金石学达到了前现代古物研究前所未有的高峰，更需要强调的是，金石学并不是一门过时的学问。在中国现代考古学兴起之时，对金石学基本持全面否定的态度，认为它只是证经补史，方法落后，需要被现代考古学彻底取代。随着 20 世纪 80

年代发生的考古学的人文转向，我们开始认识到，现代考古学的
"现代性"是需要反思的。金石学并非一无是处，它把金石古物视
为古代文化的载体，通过金石学的研究，传承我们的文化传统，金
石学在文献之外开辟了一个新的文化领域。现代考古学最大的问题
是它剥夺了物质遗存的文化意义。就像唐代以后的学者研究陕西凤
翔出土的石鼓文，它不仅仅是东周的重要历史文献，更是后世书法
艺术的经典。如果只是将其当作一件历史资料，也就忽视了其中所
包含的文化意义。

　　作为金石学宗师的吕大临留给后人的不只有《考古图》这本
书，还留下一段令人唏嘘的故事。2006 年初陕西蓝田发生了一宗
盗墓案，吕氏宗族墓地被盗，被盗的正是吕大临的墓，盗墓者居
然是吕氏后人吕富军。吕大临的墓位于地下 16 米的深处，上面设
计了两层空墓，但还是没有骗过盗墓的后人。吕富军受到了应有
的惩罚，他被抓捕之后，还狡辩称挖自家的祖坟不犯法。事情的
发展还带来了一个不曾预料的问题：吕氏宗族墓是国家重点文物
保护单位，受到盗掘之后的墓葬经过抢救性发掘，确认了墓主的身
份，当地吕氏宗族开始祭奠先祖，由此带来了文化遗产的所有权
与使用权之争。作为吕氏后人，按照习惯，他们当然可以祭奠先
祖，但这与现代法律又是冲突的。这也算是一代宗师留给后人的思
考吧！

二、转型

金石学的发展到清朝达到了一个前无古人后无来者的高峰，由于政治上高压，清朝的学术走向以训诂考据为主的"朴学"，金石学研究的题材空前扩大，除青铜器、碑刻之外，还有瓦当、泉币、玺印、画像石等。此时期大家云集，有钱大昕、阮元、程瑶田、孙星衍、王昶、吴式芬、陈介祺、吴大澂等。清朝以前近千年，有关金石学的著作也不过 200 余种，而清朝一个朝代就有金石学著作 900 余种，可以想象清朝金石学的繁荣景象。令人遗憾的是，清朝金石学的方法跟北宋相比，没有多少进步，乾隆时成书的《西清古鉴》以北宋《宣和博古图》为目标，收集青铜器 4100 件，但考订不精，伪器不少，制图粗略。清朝的金石学甚至丧失了北宋金石学的"初心"——通过鉴赏器物来获取三代时期优秀的精神文化，变成了为考据而考据，金石学证经补史的角色愈加鲜明。可以说，在清朝金石学繁荣的背后，它已经走入了歧途。

清末民初，随着西方学术进入中国，金石学向现代考古学转型，这主要表现在三大发现上：甲骨文、敦煌文书、汉代简牍。1899 年，国子监祭酒（相当于大学校长）王懿荣身患疟疾，医生开的中药有一味龙骨，本身就是金石学家的王懿荣发现有的龙骨上有契刻的纹路，他认为这应该是古代的文字。于是，他在北京各大药房大量收集有字的龙骨，短时间就收集到 1500 片。经过比照考证，他确信这应该是商代占卜的文字，也就是所谓的甲骨文。从此以后，原本是药材的有字龙骨摇身一变成了炙手可热的古董，据说一个甲骨文字要卖 5 块银元，相当于当时民众一个月的薪资。如此暴利下，古董商们一度刻意隐瞒甲骨的真正出土地点，甚至谎称是在河南汤阴，经过学者的明察暗访，终于确定甲骨出土于河南安阳的小屯村，也就是后来说的"殷墟"。甲骨文研究中有著名的"四堂"，分别是罗振玉（字雪堂）、王国维（字观堂）、董作宾（字彦堂）、郭沫若（字鼎堂）。罗振玉的主要贡献在收集与整理甲骨文，并且考释出不少文字。王国维的影响更加重要，他首先结合甲骨文与历史研究，写出其代表作《殷卜辞中所见先公先王考》以及《续考》，发现《史记》中存在的错误。他提出"以地下出土材料，印证纸上材料"的二重证据法。董作宾的贡献在于甲骨的断代研究。郭沫若则是率先结合马克思主义研究商代的社会状况。甲骨文的发现与研究反击了弥漫于当时学界的疑古思潮，证明《史记》有关商朝的世系大部分没有问题，商代的历史是确凿的。

1900 年，敦煌莫高窟第 16 号石窟开裂，藏经洞暴露，被留守于此的道士王圆箓发现。藏经洞于 11 世纪末封闭，其中收藏了大量的经卷、文书、织绣、画像等。1902 年甘肃学台叶昌炽希望把这些文书运回省城兰州保管，但缺少经费，只好暂时由王道士保管。1905—1915 年之间，沙俄的奥勃鲁切夫与奥登堡、英国的斯坦因、法国的伯希和、日本的橘瑞超，从王道士那里骗走了大量的文书。1923 年美国人华尔纳更是剥走了 26 大块壁画。前前后后流失的文书共计 3 万余卷，后来送到京师图书馆时已经不足一万卷。一般地说，历史文献经过历代的传抄、流失，数量是不断递减的，而敦煌藏经洞的发现为历史与文化研究提供了大量新的资料，尤其是对于研究东西文化交流而言。1930 年陈寅恪先生提出敦煌学的名称。这门新的学问把古代实物研究与历史文献、图像等结合起来，大大丰富了历史研究的内涵。实物遗存成为历史信息的重要来源，而这正是考古学的价值所在。

相比而言，汉简的发现要更早。1890 年瑞典人斯文赫定（1865—1952）到中国西北探险，他先后两次穿越塔克拉玛干沙漠，并进入西藏地区，1900 年 3 月 28 日意外在罗布泊地区发现古楼兰遗址，次年还在此进行了发掘。斯文赫定的西北探险还发现了一系列被流沙掩埋的古代城址。1900 年前后，斯坦因两次到此探险，其他各国也相继跟进，获取了数以万计的珍贵文物。1914 年罗振玉与王国维出版《流沙坠简》，对所出土的汉简重新考释与研究[1]。西方人在中国西北地区探险唤醒了中国人的边界意识与文化遗产意识，那些看起来没用的"破烂"其实是文化珍宝，这些材料记录了古代中国西北地区的文化发展。

转型期的中国考古学产生两个明显的结果：一个是本土学术对西方学术的吸收，如王国维早年学习西方哲学，后来的甲骨文研究

---

〔1〕有关中国考古学早期发展的基本线索可以参考中国大百科全书总编辑委员会《考古学》编辑委员会、中国大百科全书出版社：《考古学年表（1898—1984）》，《中国大百科全书·考古学》，北京：中国大百科全书出版社，1986 年。

者或多或少都受到西方学术的影响。甲骨文研究是中国学者独立发展起来的研究领域，后来又有日本学者的参与，几乎没有西方学者的介入。敦煌与汉简研究中，中国学者也有不同程度的参与，都说明中国固有的学术传统是有生命力的，是有实力的，不像西方学者在世界其他地区基本垄断了学术体系。二是西方探险家们在中国各个地区的考察，肆意掠夺中国文化遗产，这种帝国主义与殖民主义的行径激发了中国学术界的民族主义，为中国现代考古学的崛起提供了精神动力。

把实物遗存研究与文献资料结合起来的方法其实并不是现代考古学所独有的，传统金石学中也用到这个方法。秉承科学精神的现代考古学更强调研究者亲身去获取考古材料，而不是死守书斋，一味地钻故纸堆。从这里我们看到了一种大胆去探索外部世界的精神，在斯文赫定的身上则表现为一种对个人荣誉的追求，当然，还有西方当时具有的政治、经济与技术实力。金石学之所以没有发展成为现代考古学，不仅仅是金石学家的错误，而是当时整个中国学术点错了"科技树"。

三、中国现代考古学的兴起

学术与时代的命运总是休戚相关的。1911 年的辛亥革命标志着中国传统封建王朝统治结束，现代中国开始起步。"现代化"是一个长期的发展历程。按照黄仁宇的说法，辛亥革命解决了现代中国的上层问题，其后的新民主主义革命解决了现代中国的下层问题，即广大的农民阶层得到了解放。我曾经还补充了一个，邓小平开启的改革开放事业，给现代中国带来了世界上最为庞大的中间阶层。这样的变革前后持续了一百多年，某些方面至今还没有完成。"五四运动"明确提出要向"德先生"（民主）与"赛先生"（科学）两位先生学习。这是中国现代考古学兴起的外部环境，考古学是整个时代变迁的组成部分。在这样的背景下，现代大学与研究机构逐渐建立起来。1922 年，北京大学在国学门下成立了以马衡为主任的考古学教研室，外聘罗振玉、伯希和等为考古学通信导师。

从学科内部发展来看，金石学在清末民初的转型，已经为中国现代考古学的诞生做了铺垫。1900 年后的三大文字资料的发现中其实也有一部分实物，某种意义上说，文字资料也是一种实物，但是文字资料可以直接解读，跟真正意义上的物质遗存研究还是有所区别的，所以还不能把它们视为现代考古学。否则历史上从墓葬中发现如竹简这样的古文献，也应该算是考古学了，且斯坦因等人的发掘还非常粗糙，比盗墓者强不了多少。真正意义上的现代考古学需要去发现与研究实物遗存，揭示古史文献所不能提供的历史信息。也正因为如此，考古学界把仰韶村的发掘看作是中国考古现代化诞生的标志。

仰韶遗址的调查与发掘得到不少磨制石斧，中国古人也曾见过这类器物，但都没有与中国史前史联系起来。沈括在《梦溪笔谈》里就曾记载他在湖北随州的见闻：雷电交加的暴风雨之后，一棵大树被连根拔起，在树坑中，他发现了一件磨制石斧。因为是在雷电天气之后发现的，他称之为"雷斧"。他感叹非亲眼所见不敢相信，实际上他的判断完全是错误的。沈括可以说是他所生活时代最有科学精神的人之一，沈括尚且如此，其他人可能完全没有关注。中国古人的世界观是"天人合一"，人的世界与自然的世界不是截然分离的，而在经过科学洗礼的现代人看来，打雷是自然现象，无论如何是不可能留下人工产品的。科学的思想基础就是人与自然区分，在哲学上就是"心物二元论"。西方文化从古希腊开始，就有这一类唯物主义的思想，并且后来发展壮大了。中国古代并非没有类似的唯物主义，但没有成为思想主流，这可能也是中国为什么没有发展出现代科学的一个原因。尽管《易经·系辞》上记载"包牺氏没，神农氏作，斫木为耜，揉木为耒"，《越绝书》中有石、玉、铜、铁四个时代的划分，但是由于不能严格区分自然界与人的世界，容易忽视自然之物与人工制品的区别，也就不可能通过研究如磨制石斧这样的物质遗存去探究史前史。

仰韶遗址[1]

该遗址为一处新石器时代遗址，位于渑池县城北约 5 千米，分布在河南渑池仰韶村村南的台地上。遗址北靠韶山，东西两侧为东沟（饮牛沟）和西沟，地势整体上北高南低，遗址面积 30 余万平方米。仰韶文化以仰韶遗址命名。1920 年地质调查所刘长山在仰韶村采集到 600 多件磨制石器。1921 年，瑞典地质学家和中国地质学家袁复礼等人进行了第一次发掘，首次证实了中国历史上曾存在发达的新石器文化。1951 年，中国科学院考古所夏鼐等进行了第二次考古发掘，对安特生称为仰韶文化的 9 座墓葬进行地层关系考察，认为是遗址废弃后埋葬的，并非仰韶文化。此外还发现了半个灰坑中的陶片具有仰韶和龙山两种元素。1980 年 10 月—1981 年 6 月，河南省文物研究所等对遗址进行第三次考古发掘，基本弄清仰韶遗址文化内涵，将仰韶村遗址分为仰韶文化中期（庙底沟类型）、仰韶文化晚期、龙山文化早期和晚期。2019 年 3 月—5 月。河南省文物考古研究院等单位对仰韶遗址进行系统性的考古勘探工作。2020 年 8 月进行第四次发掘，此次发掘以仰韶文化晚期遗存最丰富。青灰色"混凝土"和涂朱红褐色草茎泥等房屋建筑遗存在仰韶遗址中首次发现。2021 年，仰韶村国家考古遗址公园开园。

---

[1] 李世伟等：《河南渑池仰韶村遗址第四次考古发掘 2020 年度简报》，《华夏考古》2021 年第 4 期。

该遗址仰韶文化时期的出土遗物以陶器为主,另有玉器、石器、骨器和蚌器等。陶器以泥质和夹砂红陶为主,器形主要有深腹罐、小口尖底瓶、敛口钵、敞口碗等,纹饰以线纹、蓝纹、绳纹为主,彩绘以黑彩为主,仰韶文化晚期以红彩为主,纹饰主要为圆点纹、三角花瓣纹等。玉器有玉环、玉钺等。石器有斧、铲、刀、镞、刮削器、砍砸器等。骨器有骨箭头、骨锥、骨针等。龙山文化时期陶器灰陶多,纹饰以绳纹、篮纹和附加堆纹等为主,没有彩绘,鼎的数量增多,主要器形为深腹罐、敞口盆、圈足碗等。仰韶遗址中仰韶文化的房址呈组团状分布,平面形状为近椭圆形、近圆角长方形等,多为半地穴式房屋,大多数屋内发现有夯打处理的硬面,龙山文化时期房屋均为白灰地面,平面形状为长方形和近圆形。仰韶文化晚期遗存丰富,为该遗址的繁盛期,聚落面貌有更大程度发展,发现壕沟 HG1 防御功能突出兼具有排水的功能,与东沟、西沟一起对仰韶文化时期聚落形成合围。龙山文化时期聚落主体移至中北部,由环壕和壕沟合围成环壕聚落,平面形状不规则。

总的来说,仰韶遗址文化内涵丰富,延续时间长,是渑池盆地一处极为重要的大型中心性聚落遗址。在中国考古学发展史上,是我国首次进行考古发掘的史前遗址,是中国现代考古学的开端。

经过转型期的科学洗礼以及海外留学运动,到 20 世纪 20 年代,中国已经有了可以从事现代考古学研究的人才,转向考古学的李济就是其中的代表。李济（1896—1979），湖北钟祥人，1918 年毕业于清华学堂，随即赴美国留学，曾在克拉克大学学习心理学与社会学，1920 年转入哈佛大学学习人类学，获哲学博士学位。1926 年他们在西阴村遗址开启了由中国学者主持的第一次科学发掘，共布置了八个 2 米见方的探方，采用三点测量法，记录主要出土物的探方位置与深度，发掘历时一个半月，共出土陶片 10 余万件，还有不少石器与骨器。根据西阴村的发现，李济认为彩陶西来说是有问题的，因为西阴村出土的彩陶从风格上看更加古老。当时还没有绝对年代，也没有相对年代的证据，只能从风格演变上去推定。当然，这样的推定从逻辑上说，是不足以否定彩陶西来说的，风格可以从简单到复杂，也可以从复杂到简单。1945 年，夏鼐在甘肃广河阳洼湾遗址发现齐家文化的墓葬，填土中有仰韶文化的彩陶，纠正了安特生的错误。其后越来越多的证据表明，史前中国的彩陶是从中原开始的，逐步向西传到甘肃，甚至更远的新疆地区，而不是相反。西阴村的发掘还有一个非常有趣的发现是蚕茧，由于当时发掘技术还不成熟，地层关系的控制可能有问题，所以一直受到质疑。近些年在河南巩义的双槐树遗址发现了蚕的雕塑，证明五千多年前已经开始养蚕。在西阴村发现蚕茧不是完全不可能的，可惜现在已经不能验证了。

小贴士

夏鼐[1]

图3.3　夏鼐先生，图片来自《夏鼐日记》

　　夏鼐，字作铭，中国著名考古学家，新中国考古事业的指导者和组织者，浙江温州人。1930年考入燕京大学社会学系，一年后转入清华大学历史系，1935年赴英国留学，1941年回国后先后任职于中央博物院筹备处、中央研究院历史语言研究所，1950—1982年任中国科学院考古研究所副所长、所长。1982年任中国社会科学院副院长兼考古研究所名誉所长。是中国考古学会第一、第二届理事会理事长，兼中国学部委员和国外七国院士。

　　夏鼐先生重视考古队伍的建设，开办多期全国考古人员培训班，同时与北京大学合作创办北京大学考古专业，成立了图书资料室，主编了《考古学报》和《考古》杂志，在1979年创办了中国考古学会。夏鼐先生还参与了众多考古调查和发掘工作，如1944—1946年与向

---

〔1〕王世民：《夏鼐与新中国考古学——纪念夏鼐先生一百一十周年诞辰》，《考古学报》2020年第1期。袁靖：《夏鼐先生与中国科技考古——读〈夏鼐文集〉有感》，《南方文物》2010年第4期。

达、阎文儒等在西北地区进行考察；1951 年发掘辉县琉璃阁，第一次成功发掘出战国车马坑，对中国田野考古学的发展有重大意义；同年对仰韶村也进行了第二次发掘；1951—1952 年对长沙近郊古墓进行发掘；1956—1958 年指导明定陵的发掘等。夏鼐先生还重视科技考古的发展。20 世纪 50 年代末夏鼐先生引进仇士华和蔡莲珍两位先生建立 14 年代测定实验室，不仅如此，在夏鼐先生的推动下，当时考古研究所的自然科学技术手段在考古学上的应用涉及热释光测定等年代学研究、体质人类学研究、动物考古学研究、器物物质结构和化学成分分析等。[1]

　　夏鼐先生个人的学术成果亦极为亮眼和丰厚，主要研究领域包括中西交通史、新石器时代考古、埃及考古等，主编了《辉县发掘报告》《长沙发掘报告》等，著有《考古学和科技史》《考古学论文集》等。夏鼐先生在甘青地区的考古调查与发掘，从地层学的证据证实了齐家文化晚于甘肃仰韶文化。他也是我国第一位埃及学家，其博士毕业论文《埃及古珠考》，对古代埃及与中华文化之间交流和对话有重要意义，体现了他当时希望借鉴埃及考古的志向。1959 年夏鼐先生发表的《考古学上的文化定名问题》回答了基本的考古学理论问题。目前记载有夏鼐先生生平和学术成果的《夏鼐日记》和《夏鼐文集》都已出版，为研究中国这一伟大的考古学家提供了珍贵的材料。

----

〔1〕袁靖：《夏鼐先生与中国科技考古——读〈夏鼐文集〉有感》，《南方文物》2010年第 4 期.

　　李济是转行从事考古的，相比而言，梁思永是科班出身，被誉为"中国接受西方正规考古学训练之第一人"，在考古地层的识别上率先取得了标志性的认识。梁思永是梁启超的次子，1923年自清华学校留美预备班毕业赴美留学，进入哈佛大学研究院攻读考古学和人类学。1930年毕业后回国，参加中央研究院历史语言研究所考古组工作，先后主持和参加昂昂溪遗址、城子崖遗址、两城镇遗址、安阳殷墟和侯家庄商王陵区，以及后冈遗址等重要发掘。1931年梁思永根据后冈遗址发掘，第一次从地层学上判定仰韶文化、龙山文化和商文化的相对年代关系，这就是中国考古学史上著名的"后冈三叠层"。这一年，他们还发掘了房址和储藏食物的窖穴，在其中发现有字甲骨381片，甲骨散见其中，证明"甲骨原在地显系堆积而非漂移"，从而纠正了第一至第三次发掘所认为的"殷墟为洪水淹没"的观点。考古地层的叠压打破关系是判断相对早晚关系的基本依据，而在发掘过程中，发掘者首先看到的只是平面上的关系，比如土质土色的差别，稍有忽视，可能就会犯错。后冈三叠层发现的重要意义不仅是考古技术方法上的，还在于它明确了中国史前史的年代序列：仰韶要早于龙山，更早于商文化。

　　从1928年到1935年，殷墟前后15次发掘，不仅有重要的考古发现，同时还培养了不少考古人才，可以说是早期中国现代考古学的学校。遗址发掘也是一个逐步学习摸索的过程，刚开始董作宾受傅斯年之托开始发掘，但董主要还是一名甲骨学家，于是李济接手。但是李济也不熟悉，直到 1931 年梁思永加入，工作才进入正轨。梁弄清了夯土与洪水淤积层的区别，对于我们当代的考古研究者而言，这可能是一件很简单的事情，而在学科建立初期，没有参照体系，都需要反复尝试，才能掌握。1949 年之前新石器 - 原史考古的遗址发掘数量有限，另外一处重要的发掘是山东历城的城子崖，这是龙山文化得名之地，1928 年由李济的学生吴金鼎调查发现，1930—1931 年发掘，当时共开探方、探沟上百个。该遗址有两个文化层，上文化层是东周时期的，下文化层是之前未曾见过的，以蛋壳陶为代表，也发现了夯土，1934 年出版《城子崖——山东历城县龙山镇之黑陶文化遗址》，这是第一部中国田野考古报告集，是中国考古学史上标志性的成果[1]。

在旧石器 - 古人类考古方向，特别重要的工作主要有两项：水洞沟与周口店遗址的发现与发掘。1914 年法国传教士桑志华在天津成立北疆研究院，随后在甘肃的黄河、白河流域开展石器与古生物学的调查，然后有了开篇所说的考古发现。相比而言，周口店遗址的工作持续的时间更长，影响也更大。这项工作的背景是人类起源地之争，达尔文曾提出黑猩猩与人更相似，认为人类更可能起源于非洲，而另外一些学者认为生活在苏门答腊的猩猩与人更相似，于是主张人类亚洲起源说，其中还包括热带亚洲与中亚两种不同观

---

〔1〕1949 年前的中国史前考古学发展参考陈星灿：《中国史前考古学史研究（1895—1949）》，北京：生活·读书·新知三联书店，1997 年。

点。支持不同观点的学者奔赴不同的地方开展调查，1877年，荷兰人杜布瓦去了苏门答腊，1889年在爪哇岛的瓦贾克（Wajak）发现晚期智人的化石，1890年找到直立人的化石。然而，由于缺乏系统的发掘工作与多学科的合作研究，等待他的不是鲜花，而是各种质疑。另外的原因，可能是因为爪哇人只有化石，而周口店遗址不仅有丰富的化石，还有石器、用火遗迹等。某种意义上说，周口店遗址北京猿人的发现挽救了爪哇人；与此同时，也进一步肯定了欧洲直立人的发现。

自从安特生与师丹斯基等发现周口店遗址之后，这里丰富的化石引起广泛关注，1927年4月26日开始发掘。1929年12月2日，裴文中发现第一个北京猿人头盖骨，当时兵荒马乱，因为担心夜长梦多，所以当天打好石膏取出来，架起火盆烤干，连夜送进城。人体骨骼材料当时由在协和医院工作的加拿大医生与人类学家步达生研究。之后裴文中又在鸽子堂的发掘中发现石器与用火遗迹。北京猿人的石器原料主要是脉石英，这种原料虽然质地坚硬，但节理众多，人工痕迹不好识别，裴文中通过仔细观察与相应的实验肯定了脉石英是制作石器的重要原料。当然，石器中还有少量其他相对更容易识别人工痕迹的原料，这些发现就肯定了周口店遗址是人类生活的场所。用火遗迹的发现当时有记录，很可惜用火遗迹本身没有保留下来，以至于后来争议不断。1933年，裴文中继续发掘了山顶洞人遗址，发现三个人头骨，这属于现代人，同时发现了穿孔的贝壳、兽牙等装饰品，还发现了赤铁矿粉，可能与埋葬仪式相关。

山顶洞人最新测定年代为距今 3 万多年。1935 年，裴文中赴法国随步日耶学习旧石器考古，发掘工作由贾兰坡主持，贾先生 1929 年从北京汇文中学毕业，1931 年加入中国地质调查所新生代研究所，从练习生开始做起。1936 年 11 月贾兰坡连续发现了三个北京猿人的头盖骨，运气好到爆棚。[1] 很可惜，1941 年，太平洋战争爆发，当时多方协商后想把这些化石送到美国保管，结果在运送途中遭到日军袭击，化石不知所终。其后虽然多次寻找，但还是没有找到，这件事还拍成了电影。

　　1949 年之前的周口店考古是一个半封建半殖民地国家学术发展的缩影，由于社会动荡，经济困难，发掘经费主要依赖美国的洛克菲勒基金会，当时的中国也缺乏古人类学方面的研究人才。李济先生所学与之相近，但他不能染指，人类化石研究只能由欧美学者负责。人类化石长期存放在协和医学院的地下室，这是教会的地方，战事爆发之后，首先想到的居然是送到海外，也就是说，当时我们对自己国家出土的珍贵文物并没有自主权。从另一个方面说，周口店又是一所学校，培养了中国第一代旧石器考古的研究者，除了裴文中、贾兰坡，还有不少技术精良的工人。周口店的发掘与研究工作有多个国家的人员参与。这样的国际合作是值得肯定的，贾兰坡正是在这样的环境中，通过努力学习，后来成了中国科学院的

---

〔1〕周口店的发现参考黄慰文：《北京原人：周口店北京人遗址考古大发现》，杭州：
　　浙江文艺出版社，2005 年。

学部委员（院士）。与此同时，还有一点经验，那就是对一个重要遗址长期的、持续的研究，能够形成更加深入的认识。周口店遗址如今已发展成为国家考古公园，同时还是世界文化遗产，仍然是一个重要的旧石器考古与古人类学的研究中心。

回首中国现代考古学的兴起，我想在不同时代的感受是很不一样的。对于第一代中国考古学家而言，他们感到的更多是传统中国学术的束缚，感受到与西方考古学的差距。而今站在21世纪的20年代，看到中国过去一百年考古学的发展，心态可能会更加平和一点。相比于非西方世界的考古学而言，中国不仅有自身的古物学体系，而且有悠久、连续、丰富的历史传统。但是，跟西方考古学相比，中国传统的金石学没有走上科学的发展道路。科学作为一种考察世界的方法、观念与价值观，在封建时代的中国没有得到充分的发展，研究总是处在亚科学的状态，似是而非。过去百年，中国考古学一直都在追赶，在科技方法的学习上甚至有赶超的趋势，而在一般科学方法（理性、真理、客观、逻辑等）的理解上还有颇大的成长空间。也许因为落后太刺痛，过去百年中国学术界对自身的传统持否定态度的居多，把金石学视为落后的象征而弃置一旁，殊不知考古学的发展存在两个维度：科学与人文。金石学作为传统文化的物质载体有不可替代的意义。当我们抛弃金石学时，我们也就忘记了自身的文化传统；当我们没有了自己的文化传统时，我们也就忘记了自己是谁。过去十余年，种种精神外国人的舆情其实正是传统文化虚无化的产物。发展中国现代考古学肯定是要走的路，但走这条路并不一定非得否定自身的学术传统。百年之后回首，我们对此可能会有新的认识。

拓展阅读

1. 陈星灿：《中国史前考古学史研究 1895—1949》，北京：生活·读书·新知三联书店，1997 年。

2. 马衡：《中国金石学概论》，长春：时代文艺出版社，2009 年。

3. ［英］斯坦因：《西域考古记》，向达译，北京：商务印书馆，2013 年。

第二部分

考古学何以可能？

在许多人眼里，考古学就是挖墓淘宝的行当，经过影视小说的渲染，又蒙上了几许神秘的色彩。曾经就有人问我是否真的存在"法老的魔咒"——那些挖掘埃及法老陵墓的考古学家都早早死掉了。这完全是无稽之谈，法老的陵墓在历史上就被反复盗掘过，真正应该受到诅咒的应该是盗墓者（如果真有用的话）。考古学家的工作是发现、研究与保护文化遗产，并让广大的公众有机会欣赏到这些文化遗产，是服务于公众的利益的。近些年来，随着国家的迅速发展，民众生活水平的提高，考古从一个冷僻的领域逐渐走上受人关注的舞台。在电视节目里，观众逐渐认识到考古工作更加丰富的面貌，如三星堆遗址祭祀坑的发掘，大量的相关学科参与其中，发掘工作在有空调恒温恒湿的考古方舱中进行，考古工作变得宛如航天一般高端。2022 年湖北郧县的学堂梁子遗址又发现新的 80 万年前的人骨化石，保存较从前发现的更加完好，当地政府十分重视，就地建设了一个比三星堆更大的方舱，发掘者们可以风雨无阻地开展工作。然而，这些都只是考古工作的一个片段，也就是发掘。考古学作为一门学科，何以能够成立呢？仅仅依靠发掘工作是不足以支撑一门学科的。这个部分着重想讨论这个问题：考古学成为一门学科的基本要素是什么？

我曾经把考古学研究分为微观与宏观两个层面。从微观上说，考古学研究非常类似于刑侦破案，都是要基于现场的遗物、遗迹来重建曾经发生过的活动，正因为如此，考古学家与刑侦专家一样，到达现场的第一个要求就是保护现场，不要随便挪动东西，在发掘中尽可能让遗物处在原来的位置上，物品位置与倾覆的形态可能透露某些关键的信息。然后是提起标本送实验室分析，这一点两者仍然是相同的，器物上的残留物、现场发现的动物、植物、土壤等都是重要的分析对象。第三步是基于已有的信息提出假说，这个过程比较复杂，我会在第7章有关考古学理论的章节进一步讨论。有了假说，再到考古材料中进行检验。微观上的考古学研究比刑侦更加困难，因为我们研究的材料经过几千乃至上百万年的自然与文化改造，能够保存下来的遗存已经十分稀少，还因为我们作为现代研究者已经远离过去的时代，对古人的生活完全不熟悉。所幸考古学家能够了解遗存形成之后的历史，就好比我们不了解一件事情本身的经过，但知道结果一样，历史的长时段特征与文化进化的模式一定程度上可以帮助我们了解物质遗存的意义。从宏观上说，考古学研究有演绎、归纳与类比三个途径，演绎是从一般到特殊，通常称为从上而下的研究；归纳正好相反，是从下而上的研究；类比则是平行的推理，是提供参考的框架或跨越的桥梁。

考古学的核心任务是"透物见人"，即通过研究过去遗留下来的物质遗存来了解过去及其意义。解析一下这个核心任务，就会发现其中至少应该包括以下几个环节：

（1）获取过去遗留下来的物质遗存。当然，这里面还有个问题值得思考，我们应该研究哪些物质遗存呢？为什么我们要关注这些而不是那些物质遗存呢？哪些遗存才是关键的遗存呢？我们是如何确定其重要性的？

（2）我们还应该了解物质遗存是怎么形成的。我们看到的物质遗存就是古人活动的直接遗留吗？这些遗存经过了哪些改造过程？

（3）核心任务中的核心环节还是从物质遗存到古代社会，从静态的物质特征到动态的人类行为，这一步是飞跃性的，上面所说微观与宏观的研究都是围绕这个核心环节展开的。

（4）然后，结合历史发展与文化演化的背景来解读物质遗存所代表古代社会信息的意义。没有前面的基础工作，这一步是无法实施的。而没有这一步，我们又很难把握物质遗存的价值，就不知道该投入多少人力物力去保护它，也不知道如何去展示利用它。

当然，在具体实践过程中，这些环节还会分解成众多更小的工作，这里我采用材料、方法与理论三个维度来分析。绝大多数学科都有这样的划分（哲学、数学或许例外），采用这样的划分可能更便于读者的理解。

第4章
什么是考古材料？

　　究竟什么是考古材料，并不是一个可以简单回答的问题，基于常识进行思考的人，会根据直觉认为，考古材料不就是物质遗存么？就是古人生活遗留下来的东西。然而，常识是不够的，我们需要更深入的思考。一般地说，世界上既有的存在都是过去的遗留，包括你我这样的生命体，然而，考古学所研究的物质遗存只是其中很少的一个部分，基本不会考虑活体生命。即便是静态的物质遗存，也只是在经过严格的程序之后，也才会被称为考古材料。换句话说，当我们把物质遗存叫作考古材料的时候，就意味着这是在考古学的体系中，按照考古学的规范获取的科学研究资料。也就是说，考古材料是在一定认知体系中形成的，而任何认知体系又都是历史的产物，即只能代表一个时期的认识。如果认知体系出现了变革，那么考古材料的内涵自然也会随之改变。因此，我们首先必须考虑认知体系的问题。的确，在不同认知体系中，我们对考古材料的认识迥然不同，甚至可能是针锋相对的。其次，还需要承认，考古材料作为客观之物，有其本来的形成过程，如古人制作了一件陶器，这件器物曾用来熬粥、盛放某些实物，最后破碎了，部分陶片变身为掺合料，成为地面或墙体的建筑材料……实际过程可能要复杂得多，复杂到让人望而生畏，但不能由此就认为这个过程就是个黑箱，我们仍然需要对其进行探索。

一、考古材料是怎么来的？

2008 年前后，我曾经三次到大兴安岭去考察鄂伦春人的遗址，这是一个民族考古的尝试。鄂伦春人离开狩猎采集的生活方式的时间不是太长，还有些老人记得从前的生活。我和当地博物馆的同仁合作，我们的运气不错，还真找到了一位已经八十多岁的老猎人。他告诉我们，他们家就位于温库图河边，那是一处"靠山河"，他们家在这里过了好几个冬天。这片区域的地形为低山丘陵，河谷宽阔，温库图河就在宽谷中蜿蜒东流。从卫星照片上看，温库图河在靠近温库图林场一带只有一处背靠山河的地形。之所以会选择这里作为常年的居所，到过这里才明白，只有在靠山河的地方取水才方便，在其他地方，河流可能偏在河谷中的不同位置。整个河谷有一两公里宽，夏季泥泞难行。找到了这个位置，我们开始寻找这个六七十年前鄂伦春人曾经居住过的地方，结果非常令人失望。这片区域如今全都是树木，林下则是层层朽木与落叶，刚进树林的时候，我还看到过一处有暴露的石头，回头再想找到这个地方已不可能。六七十年前，鄂伦春人已使用铁制工具与炊具，他们不可能把这些东西扔掉，可能废弃的东西只可能是无用的动物骨骼、用坏的桦皮容器、坚果的果壳等。动物骨骼有可能保存下来，桦皮容器、坚果果壳就不一定了。当然，有个东西是肯定会留下来的，那就是位于仙人柱（鄂伦春人的帐篷）中央的火塘。鄂伦春人的火塘一般都是用三块大石头围合而成，三块石头就是容器的支脚。大石头显然是不会腐烂的，也不容易挪动，最有可能保存下来。

在考察过程中，我们还真的找到一处仙人柱遗迹【图 4.1】，可惜是非常晚近时期的。仙人柱的木骨架仍然保留在原地，还有位

图 4.1　鄂伦春人的仙人柱遗迹

于中间的三块石头与木炭，我们对这里做了一下简单的发掘，发现了易拉罐，根据易拉罐上所印的商品名称、生产与保质期，可以推测出准确的年份与人们来这里的目的——七八年前清明祭祖时留下的。那个时候我们想，如果鄂伦春人使用石器，那么我们的确更有可能找到那处遗址，很可惜，能够保存下来的东西实在是太少了。有机质都会被细菌吃掉，一茬又一茬生长的树木就像挖掘机一样，会把整片土地反复地翻起、搅拌。火灾则会焚毁树木，光秃秃的土地雨后容易产生水土流失。大兴安岭还有其特殊的自然因素，那就是融冻，冬季地表土壤会冰冻，含水的地层会膨胀，春季冰雪消融，地层又会收缩。所有这些自然过程都会影响到遗物的分布状况，影响的过程是累积的，假以时日，原始的空间关系可能被改造得面目全非。鄂伦春人围合火塘的三块石头就是天然的石块，即便是在野外考古调查中，我们又会有多大的可能关注天然石块呢？除非看到了边上的木炭与其他人工废弃物。从鄂伦春人遗址考察这个例子，我想说明的是，很多东西是无法保存下来的，保存下来的东西仍然会经历众多的改造过程。古代物质遗存之所以能够被后人看到，其中的重要原因就是因为这些东西能够经得起各种过程的破坏。

对于考古学家而言，真正重要的不是知道哪些东西能够保存下来，这方面物理学家、化学家可能更有发言权。考古学家希望了解的是，这些材料与古人有着怎样的联系，或者说，这些材料中保存着怎样的古代社会信息。一本书所包含的信息是由文字记录的，类似之，一批考古材料所记录的信息是物质遗存本身所记录的，但是前者可以直接阅读，后者需要一系列的解读过程。物质遗存就像密码一样，需要多样的手段才能破解。如果考古学家知道物质遗存是如何编码的，那么解码过程就会容易得多。编码的过程可以分为无意与有意两个部分，无意的过程不掺杂人的主观能动性，如人的生理过程；有意的过程正相反，人是有意识的，不论是制作、使用还是废弃某些物件可能都有某些特定的考虑，比如墓葬，与死亡相关的礼仪过程，服务的对象并不是死者，而是活着的人群，执行者之所以采用这样的仪式过程，自然是有目的的。当然，执行者之所以如此行动未必有清晰的意图，他们之所以这么做，只是习惯使然，整个社会都需要这么做。我们通常把这样的行为称为文化的产物。文化是一个非常宽泛的概念，几乎囊括了人类生活的所有内容。文化的核心还是人类的能动性，文化的产生与变化更能体现能动性，因此，这也是研究的重点。然而，单就文化作为一种客观存在的现象而言，它可以反映人类的生活状态。

　　考古材料是文化的体现。与文化的性质相对应，考古材料也具有两种鲜明的属性：一种属性是反映论式的，即将其视为人类活动的遗留，它可以反映古人的生活面貌；另一种强调表现论式的，强调人的能动性，人运用物质材料来创造世界，考古材料表现了人的能动性。两种观点无疑都是合理的，具体在研究过程中，由于所强调的方面不同，采用的理论方法会有较大的差异，由此形成了不同的研究范式。一般地说，过程考古学支持反映论，而后过程考古学支持表现论。需要注意的是，这种主客观二元对立的观念本身是现代学术的产物，而古代人类社会基本不具有这样的观念。我们如今如此看待考古材料，与我们所依赖的学术体系密不可分。从这个意义上说，考古材料的属性是由学术体系决定的。考古材料怎么来的？这个问题需要双向理解：一个方向是从人类活动属性的角度去进行，包括反映论与表现论两个方面；另一个方向从现代学术体系的角度进行。两个方向相向而行，相互渗透，由此构成了考古材料的基本内容。

二、考古材料的形成过程

20 世纪 60 年代中期，谢弗（Schiffer）曾考虑跟随宾福德攻读博士，但由于当时宾福德自己的职位也不稳定，数年之间换了好几所大学，所以谢弗放弃了这个念头，而是选择了位于美国西南部的亚利桑那大学。这所大学的考古学专业长期在北美的大学排名中居于前列，一个主要原因是美国西南部气候干燥，有不少保存良好的印第安人遗址。加之，这里还是树轮年代断代开始的地方，通过树木年轮可以把该地区的年代序列推到数千年前。根据房梁的树木年轮，可以准确地推断树木砍伐的年份，结合房屋中其他木料（如橡木）的年份，可以进一步推断房屋建筑的年代。由于有高精度的年表以及保存条件良好的其他材料，考古学者由此可以思考一些更加深入的问题。谢弗在西南地区学习与工作的过程中，开始意识到一个前人未曾系统研究的问题，那就是考古材料的形成过程。对许多人来说，他们的脑海中有关考古材料形成过程的想法，都有些类似于庞贝——突然爆发的火山带来巨厚的火山灰迅速掩埋了古人的生活场所，时间就凝固在过去的某一时间节点上。事实上，庞贝古城是一个极为罕见的案例，绝大多数遗址并不是这么保存下来的。谢弗注意到有的遗址出土物非常丰富，保存也很完整，而有的遗址正相反，为什么会存在这样的差别呢？

　　考古材料的形成过程无疑是一个熵增的过程，即原来的秩序不断瓦解，时间越久远，原有的联系就会越少，这是不争的事实。还有一个不得不承认的事实：由于时间久远，中间可能发生过许多事情，而这些是很难知道的。因此，考古材料的形成过程更像是一个黑箱。对于考古学家来说，我们似乎不需要考虑这个黑箱，只需要知道物质遗存现有的特征，就可以推断古人的活动，黑箱似乎不影响推理的过程。谢弗不相信这样的假设，这个黑箱应该是可以研究的，他将之命名为"改造过程"（transformation）。他认为这个过程可以分为文化改造与自然改造两个部分，他侧重研究前者，并在 1987 年出版了《考古记录的形成过程》一书[1]。他把文化形成

<hr>

[1] M. B. Schiffer, *Formation Processes of Archaeological Record* (Salt Lake City: University of Utah Press, 1987).

过程继续分成四个环节：（1）从行为层面到行为层面（S→S），比如循环使用、改作其他用途等；（2）从行为层面到考古层面（S→A），这也就是废弃的过程；（3）从考古层面到行为层面（A→S），这是再生利用的过程，就像盗墓，某些古老的物品由此重新进入到现实生活中；（4）从考古层面到考古层面（A→A），这是扰动的过程。四个环节的划分让考古材料形成过程研究有了一个完整的理论框架。20世纪七八十年代，考古材料形成过程逐渐发展成为考古学的一个专门研究领域。

1982年史蒂文森（Stevenson）发表了一项很有趣的研究，研究对象是阿拉斯加淘金者营地的废弃模式。19世纪，许多淘金者涌入阿拉斯加，建立了许多小营地，有关哪里有金矿的消息满天飞，真真假假。淘金者有时听信了消息，于是突然拔寨冲向下一个地点，行李几乎都来不及收拾；有时是半信半疑，打算先去看看，如果情况不好的话就再回来；还有一些情况，就是本地金矿越来越少，人们逐渐离去。淘金者离开之后，这些营地基本保持了原来的模样，为后来研究废弃模式提供了有利条件。史蒂文森注意到废弃的快慢、是否预期返回成为两个关键的影响因素。当然，其他影响因素也非常多，地形、气候、运输手段等都有影响，但就阿拉斯加淘金者的营地而言，上述的两个因素尤为重要。如果淘金者预期要返回，那么他离开的时候会大概地收拾一下自己的营地，以备回来的时候重新使用。后来，他发现新的营地状况很好，没有回来，老营地于是就废弃了，会留下来许多东西，这些东西并不是用坏后废弃的,而是还可以使用的东西。尽管还可以使用,但是事实上还是废弃了,在遗址形成过程研究中称其为"事实废弃物"(de facto refuse)。如果他预期不返回,而且营地废弃过程较为缓慢,那么营地基本会清空,很少还会发现有用的东西。人们在离开营地时,可能还会破坏营地,很少有东西会保留在原来使用的位置上。对考古学家来说,理想的废弃状况是突然发生的,根本没有计划性,但是这样的情况十分少见,通常只见于灾难性的情况。

废弃过程研究是遗址形成过程研究中的重要组成部分,史蒂文森对影响废弃过程关键因素的探索对于我们理解一些史前的考古材料是很有帮助的。20 世纪 70 年代末发掘的河北武安磁山遗址,发现了大量的储藏坑,其中出土了成套的石磨盘、石磨棒、陶容器,甚至还有粮食。石磨盘带四个小足,十分精致,需要投入大量劳动才能制作出来,这些工具都是完整的,完全是可以使用的。为什么古人会把这些花费大量劳动制作的精致工具废弃掉呢? 甚至还把粮食也扔掉了,难道食物真的多得吃不完? 研究者认为可能是为了祭祀。祭祀这个理由是个万金油,无法证实,也无法否证。为什么后来更晚的遗址没有这样的现象了呢? 如果我们考虑到废弃过程,就会发现这个问题并不难解释。磁山阶段史前农业建立不久,还不成熟,是所谓的游耕农业阶段,还需要保持一定的流动性。人们完全依赖农业还不足以谋生,同时还需要去狩猎采集季节性的资源,也就是说,人们有时需要暂时离开自己定居的村落,去往某个资源丰富的地方。由于只是短时间离开，所以会出现收拾整理行为。

磁山遗址[1]

1972年，河北省武安县磁山村的村民在兴修水利时发现了大量完整的石磨盘棒和陶器，从此"磁山"被载入考古学的史册。1976—1998年，磁山遗址先后进行过三次考古发掘，发掘面积共7142平方米，其所代表的磁山文化是第一处以河北地名命名的考古学文化。2021年河北武安磁山遗址被评为"百年百大考古发现"。磁山遗址房屋主要为圆形半地穴式的，其长方形深窖穴里发现了丰富的粟和黍，且可能是人工栽培的。磁山遗址的发现将人工培育、种植粟和黍的时间大大提前，磁山遗址也被确立为"世界粟的发祥地"。除此之外，该遗址还发现了包括家鸡、家猪、家犬等在内的丰富的动物骨骼，并且有学者认为该遗址出土的家鸡骨骼是已知世界上最早的家鸡。磁山遗址的出土遗物中，陶器以陶盂和支脚、石器以石磨盘棒最具特色。【图4.2】除此之外，该遗址的发现确认了这是一支早于仰韶文化的考古学文化，自此揭开了黄河流域早期新石器文化探索的序幕。

---

[1] 河北文物管理处、邯郸市文物保管所：《河北武安磁山遗址》，《考古学报》1981年第3期。

图 4.2 河北武安磁山遗址的器物，图片来自 http://kaogu.cssn.cn/zwb/kgyd/kgsb/201712/t20171214_3943934.shtml

如果磁山遗址只是个案现象，大概还不那么有说服力。同一时期辽西的兴隆洼文化、山东的后李文化、陇东的大地湾文化等都有类似的现象，近几年发现的浙江义乌桥头遗址，年代也距今八千多年，遗址中也有不少的储物坑。有些不是坑，就是把器物堆放在地面上，当时地表可能有覆盖物【图4.3】。我考察过这些遗址，并就此写过一篇文章[1]。山东后李文化的情况更复杂一些，那些滨水的遗址保存的遗物较少，相比而言，内陆地区的遗址遗物较多。之

---

[1]陈胜前：《应从遗址废弃过程来考察遗物的集中保存现象》，《中国文物报》2019年11月29日第7版。

图4.3　浙江义乌桥头遗址保存的器物堆

所以形成这样的情况，可能与滨水环境资源更丰富有关，人们的定居能力更强，因此不需要周期性地离开。定居不稳定或半定居的生活最容易出现类似的废弃模式，河北尚义的四台遗址就是如此，一座房屋中可以发现若干套石磨盘、石磨棒，还有若干件完整石铲。如果居址流动性进一步提高，以四台遗址以北上百公里的裕民文化为例，其定居性更弱，居址存在明显的季节性，我们在这里就很少看到有意识的收拾整理行为。居址流动性太高（还没有定居）或太低（完全定居）都会影响到废弃策略的选择，而不同的废弃策略很大程度上会影响到遗物的数量、完整程度、位置。

要理解这一点，我们其实不妨看看正处于废弃过程中的中国乡村，由于越来越多的年轻人去城里打工，刚开始时，他们每年都会回老家两三次，还会盖新房子。随着留在村子里的人越来越少，年轻人不少是在县城买房，于是老家的房子成了鸡肋一样的存在。有些人家会定期做些维护，有的人家已经钉死门窗，还有的人家是彻底放弃了。走在这样的村落里，你可以看到处在各个废弃阶段的房子，里面所剩的东西各不相同。如果我的预测没有错的话，这些废弃后的村落会成为未来中国考古学的研究对象的，废弃过程显然是其中一项必不可少的内容。我们现在研究这一过程有许多有利条件，背景谙熟，村落还没有被彻底推平，我一直希望有学生能够深入研究中国乡村的废弃进程，这个问题不仅仅具有考古学上的意义，而且也可以为研究中国社会变迁开辟新的研究路径。从现在去研究过去，也是我们建立废弃过程普遍原理的基本方法。

当然，更好的方法应该是研究发展水平相似的社会，这方面民族考古能够提供更好的机会。如宾福德曾经去研究阿拉斯加的努那缪提人（因纽特人的分支）。要理解史前狩猎采集者的材料形成过程，看看晚近时期的狩猎采集者是如何留下物质遗存的，显然是不错的选择。非洲卡拉哈里的布须曼人是经典的案例，类似的例子还有澳大利亚的土著。他们的生活都有显著的季节性，不同季节利用不同的资源，进而可能留下形态迥异的遗存。这对考古学家来说是一个很大的挑战，因为我们通常都是根据遗存的相似性来划分群体的，其中暗含的前提是，同一群体使用类似的物质材料。如果同一群体使用差异明显的材料，那么就有可能导致认为这个地区同时存在不同的群体。法国著名旧石器考古学者博尔德与宾福德之间曾经有个著名的争论：博尔德把法国的莫斯特工业根据其组成特征划分为四个类型，认为可以代表四个不同的群体，而宾福德则认为可能与不同季节或不同类型的活动相关。这个著名的争论因为无法验证而搁置。这也让我们看到，不同的前提预设可能会导致对考古材料的理解明显不同。博尔德假定不同人群使用的石器组合会有所不同，

图 4.4 《史前考古埋藏学概论》书影

而宾福德依赖的前提是，不同季节或不同类型的活动会导致不同的石器组合特征。

上面所说的基本都是考古材料的文化形成过程，在有关自然形成过程研究中，一个突出的研究领域就是埋藏学（taphnomy）【图 4.4】。这个概念本身来自古生物学，用于研究化石的形成与古生态重建，后来用于考古学，侧重分析考古材料形成过程中由于自然因素所致的扰动与破坏。

一个热点问题就是旧石器时代遗址中动物骨骼的来源，它们都是人类狩猎的产物吗？我还记得自己读博士期间写的一篇有关中国旧石器时代晚期遗址的作业，我把辽宁大连的古龙山遗址也列入其中，这个遗址发现了十分丰富的动物化石，共计有近 70 种，但是石器极少，只有屈指可数的几件，典型的标本更少。因为已经有报告出版，我也就很自然地将其列入讨论名单中。宾福德在读到我的作业之后指出，这些动物化石不可能都与人类相关，狩猎采集者群体通常在一个地方停留的时间只有数天，不可能利用如此多样的动物资源，与此同时，石器又如此之少。这是我第一次深刻意识到，遗址中的动物骨骼来源可能并不是因为人类，而是由于自然原因。

　　的确，自然状态下也可能形成动物骨骼富集。我曾经到山西保德考察过上新世的化石地层，那个时候中国还没有人类，但是保德一带发现非常丰富的哺乳动物化石。20 世纪初，当地人甚至将挖掘化石（龙骨）发展成了副业。食腐动物有收集动物骨骼的习性，聚集性的动物死亡，都会留下来大量动物骨骼化石【图 4.5 】。从狩猎采集者的民族志来看，他们很少会把大型动物带回营地，往往只是带某些部位回来，有的甚至只带回肉条，而不考虑携带沉重的动物骨骼。这些动物骨骼更可能会被敲骨吸髓，就地消费。对于狩猎采集者而言，营地中如果有许多动物骨骼，可能会吸引食肉类动物，反而让自己不安全。因此，当我们在遗址中发现了大量动物骨骼的时候，

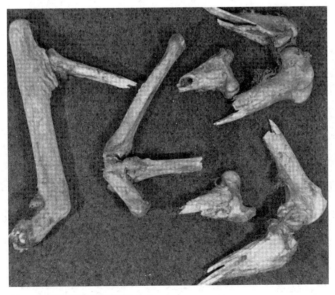

图 4.5　出土动物骨骼化石

很有必要思考一个问题，这些骨骼是怎么来的？如果是人类经常在这个地方猎杀并处理动物，的确可能会形成较为丰富的动物骨骼富集，不过，这样的地方往往是比较特殊的，如有水源、盐碱，能够吸引动物。

周口店遗址就出土了大量的动物化石，由于这里还发现大量的石器，于是人类就理所当然地成为动物化石富集的动因，即便不是所有的动物化石，至少研究者是把食草类看作人类狩猎的结果。但周口店遗址的动物骨骼中有不少鬣狗化石，鬣狗有收集动物骨骼的习性，显然，它比人类更可能是这些动物化石遗留下来的原因。周口店遗址出土数量较多的动物之一是大角鹿，我们今天还可以在博物馆展厅中看到较为完整的骨架，硕大的鹿角伸展开来，将近两米。古人有没有可能把这么沉重的鹿头搬进洞穴呢？曾有研究者结合昂贵信号理论，认为是有可能的，因为对狩猎者而言，捕猎到大型动物能够显著提高自己的威望，提高自身在婚配过程中的有利地位，因此，即便辛苦与危险，他们也是有动力这么做的。这个说法貌似有一定的道理，目前还得不到民族志材料的支持。旧石器时代晚期的遗址保存更完好，此时，人类狩猎能力达到前所未有的巅峰，但是也没有出现类似周口店遗址的情况，如河北阳原许家窑遗址、山西朔县峙峪遗址、河南许昌灵井遗址等也都发现不少动物化石，但其组合都是以一种动物为主，反映古人存在显著的狩猎偏好。因此，当我们看到洞穴中有大量动物骨骼的时候，恐怕更应该产生怀疑。

小贴士

周口店遗址人工用火的争论[1]

周口店遗址位于中国北京西南约 50 公里处,自 20 世纪 20 年代以来因发现大量北京猿人化石和数千件石器而闻名。此外,还发现了一些烧焦的物品,如木炭、石头和骨头,这些曾被认为是世界上最早的人类使用和维护火的证据。火的使用发现是人类进化研究的重要里程碑,提供了早期人类控制和操纵环境的能力的证据。使用火让早期人类能够烹饪食物、保暖和提供照明,这反过来促进了社会结构和文化实践的发展。

然而,自 80 年代以来,路易斯·宾福德围绕周口店 1 号地点用火证据的可靠性,挑起了巨大争论。宾福德经过实地考察,从埋藏学、动物考古角度,提出第 1 地点上层有明确用火证据,但下层由于骨骼被污染,且烧骨可能是自然火导致,因此明确的人工控制用火证据并不可靠,需要进一步分析。随后,维纳、古德伯格等学者,从地质学、埋藏学和地球化学分析的角度,认为下层曾是火塘的地方曾受过流水扰动,且上层和下层都缺失植硅体、钾元素等火塘原地埋藏物质的直接证据,因此无法确定上层和下层是否是原地用火。

争议推动了新的科学研究进展。2004 年,中国研究者从"元素碳"的角度,提出下层(第 10 层)的碳元素浓度比其他底层样本高出一个数量级,应该存在火塘,很可能是人为用火造成的。2009 年以来,在1 号地点上层(第 4 层)又出土了烧毁的沉积物和约 100 块烧骨,并

---

[1] 高星等:《关于北京猿人用火的证据:研究历史、争议与新进展》,《人类学学报》2016 年第 4 期。

在灰烬堆中发现了植硅体、钾元素，反驳了维纳等人认为上层没有古人类用火直接证据的结论。此外，研究者发现火塘附近沉积物具有异常高的磁化率和红度数值，以此作为周口店上层人工用火的进一步证据。2022 年，研究员使用 X 射线衍射技术和宏观观察来识别烧毁的骨头，表明周口店 1 号地点第 4 层出土的骨骼被不同程度地加热。从目前的进展来看，周口店上层用火的证据是比较明确的，但下层用火的情况，还有待新证据和研究来判定。

围绕周口店遗址的另一个热点争议就是用火证据，由于周口店遗址发掘年代比较早，当时没有充分记录与保存人类用火遗存，只是说这里发现有灰烬、烧过的朴树籽、烧过的动物骨骼等。但是，我们并不能因此就认为就是人工用火，自然状态下火灾十分频繁。如何区分自然火与人工火也就成了争论的关键，最好的证据就是火塘，如辽宁营口金牛山遗址就发现过，火塘由石头围合，中间是红烧土。研究者还做过相关的实验研究，证明围合的石头有保存火种的作用。很可惜，周口店遗址没有保存下来这样的证据，后来的研究者于是利用现代技术，重建地表所经历过的燃烧温度，由此确定火塘的位置【图 4.6】。自然火燃烧分散，温度相对较低，很少能够达到 600 摄氏度[1]。当然，判断的证据很多，最好的证据还是如火塘这

---

[1] S. R. James, "Hominid use of fire in the Lower and Middle Pleistocene: A review of the evidence", *Current Anthropology* 30: 1-26, 1989.

图 4.6　周口店遗址的火塘，通过科学分析可以重建地表的温度分布，从而确定火塘的位置

样的直接证据，至于说烧骨、烧石、烧土等都是间接的证据，相比而言，直接证据的可靠性要高得多，这也就是为什么考古学研究高度强调原始的空间关系的重要原因，要尽可能获取第一手的直接证据。

三、考古材料的范畴

考古学之外的人谈及考古对象的时候，最常见的询问是，这件东西值多少钱？或是询问，能不能鉴定某件东西的真假，总之是把考古学与古董买卖联系在一起。我跟他们解释说，考古不是文物鉴定，考古者其实不懂文物鉴定。考古与文物鉴定是两个不同的领域，有相关性（文物鉴定者基本都需要有考古学的基础），但考古者完全可能不懂文物，更不熟悉文物市场。当代考古学早已超越了研究古董的范畴。考古学的前身金石学关注的材料范围基本限于所谓的古董，虽然清朝的金石学达到了前无古人后无来者的程度，但所涉及的范围仍然不过是商周青铜器、秦砖汉瓦、书法碑刻、古代钱币等，也就是局限在器物层面上，而且是有一定艺术价值的器物。西方的古物学以及 18 世纪的古典考古学所关注的材料也差不多，尤其强调研究古希腊罗马的雕塑艺术品。显然，能够称得上艺术品的器物并不多。器物研究的目的只是为了弥补文献研究的不足，还远不足以形成一个独立的研究领域。

现代考古学兴起过程中，研究者开始关注地下出土文物，开始自己去调查与发掘这些物品，金石、古物学家没有想到研究居然还可以这么去做。在野外工作中，发现的内容可能是多种多样的，未经盗掘且保存良好的墓葬中能够见到完整的物品，在此之外，发掘者遇到的更多是碎陶片、残石片、零散的动物骨骼等。早期的研究者强调完整器物，不知道该怎么处理这些残碎的古代物质遗存。而今，这些东西都成了重要的考古材料。它们更多是古人日常生活的遗留，这样的日常废弃物正好能够反映古人的日常生活，而古史文献往往不会记录这些内容，由此，考古材料中囊括了越来越多的普通物品。在现代考古学兴起的过程中，考古学的宗旨也在发生改变，考古学成为了解真实过去的科学手段，以重建真实的过去为目的。过去社会生活的内容是无比丰富的，在这一宗旨指引下，举凡过去社会的一切物质遗留都可能成为考古材料了。

比较现在与一百年前考古学家获取的考古材料，就会发现两个时期的差别可谓巨大。今天所说的考古材料包罗万象，从陶器内壁的残留物到土壤中残留的古 DNA 片段，从石器上的微痕到宏观空间的景观，甚至是发掘者本身的体验，都进入到考古材料之中。以至于我们现在说到什么是考古材料的时候，已经不如从前那么自信，不知道如何准确界定考古材料的范围。可以推想，随着技术的进步，从前很少利用的材料，也可能进入到考古材料的范围之中。如果大家有兴趣看看中国的田野考古报告的话，也许可以发现，越早出版的报告，其中报告的器物内容越多，对器物的描述也越细致。近些年来，中国考古学研究越来越注重研究古代社会的生活内容，所以科技分类的内容也就越来越多。对器物的报道，也大多放在遗迹单位中进行，空间关系成为重要的考古材料信息。从这里可以看到，随着学科的发展，考古材料的范围在不断扩大。

我们的脑洞或许可以开得更大一点，当代的废弃物是否可以成为考古材料呢？垃圾考古的开创者拉什杰研究的就是当代的废弃物，为当代社会研究开辟了新的信息来源。20 世纪 70 年代，拉什杰率先在美国亚利桑那的图森市开展这个项目，他就所研究的社区先做了社会问卷调查，了解到当地居民的消费习惯；此外，他研究当地的垃圾，发现社会问卷调查结果是有问题的，当地居民对自身消费习惯的评估并不准确。垃圾考古成为了解当地社会的独立的、更加可靠的维度。近些年，越来越多的工业遗存成为文化遗产，如沈阳修建了中国工业博物馆，北京把首钢园区改造成了遗址公园，这些晚近时代的物质遗存也成了考古材料的组成部分。拓展而言，所有过去的物质遗存都是可以成为考古材料的。关键点在于我们是否能够慧眼识珠，能否把物质遗存中的意义与价值揭示出来。对物质遗存价值的评估，需要多学科的合作，这方面我们还有许多工作要做。

谢弗与其同事甚至一起就古今人与物的关系构建起一个新的学术体系，它由四个维度组成：古代的人与古代的物（考古学）、古代的人与现代的物（民族考古）、现代的人与古代的物（博物馆陈列）、现代的人与现代的物（当代物质遗存研究）[1]。扩展而言，考古学的研究对象的确就是物，考古学拓展成了研究人与物关系的大学问。

拓展阅读

1. M. B. Schiffer, *Formation Processes of Archaeological Record* (Salt Lake City: University of Utah Press, 1987).

2. 曲彤丽：《旧石器时代埋藏学》，北京：北京大学出版社，2022 年。

3. ［美］威廉·拉什杰、库伦·默菲：《垃圾之歌：垃圾的考古学研究》，周文萍、连惠幸译，北京：中国社会科学出版社，1999 年。

---

[1] J. J. Reid, M. B. Schiffer, W. L. Rathje, "Behavioral archaeology: four strategies", *American Anthropologist* 77: 864-869, 1975.

第 5 章
考古学的方法

　　1949 年，碳 14 测年技术出现，这种方法是芝加哥大学化学家威拉得·利比（Willard Libby）的发明，为此他获得了 1960 年诺贝尔化学奖。碳 14，又称放射性碳素，它是由宇宙射线同地球大气发生作用而产生的中子与大气中氮发生核反应产生的放射性碳素。碳 14 通过光合作用被植物吸收为养料进入植物体内，然后继续为动物消费，因此所有生物体内都带有碳 14。生物活着的时候，身体内的碳 14 浓度与外界保持一致。生物死亡之后就停止与大气进行交换，碳 14 的浓度经放射而不断减少。根据测定，约经 5730 ± 40 或 5568 ± 30 年碳 14 的浓度因放射衰变而减半。因此只要测定出死亡生物体内碳 14 减少的程度就可以推算出它的死亡年代。碳 14 测年技术的出现对于考古学的影响是革命性的，在此之前，考古学家要花费大量的精力通过器物的比对去建立年代序列。即便如此，也仅适用于如古埃及这种有较长历史年表的地方，而且器物相似并不等于年代就一定相近，器物风格从中心向边缘传播的过程需要时间，速度可能很快，也可能很慢。一旦年代超出了古埃及的历史年表，就无法确定绝对年代了。因为没有绝对的时间尺度，考古学家能做的只能是推测，由此可能存在较大的误差，中国考古学家曾经估计的仰韶文化年代要比实际年代年轻得多。在碳14测年技术出现之前，美国西南地区还采用过树轮断代，通过古树年轮的比对，建立起这个区域的年代序列。但是，这种方法十分局限，需要有树木年轮材料，而且只能用于特定的区域。在碳14测年技术之后，其他测年技术也相继出现，如钾氩法测年技术、铀系法测年技术等。绝对年代测年技术的应用带来一个重要的影响，那就是全球史前史的材料可以比较了，正是在这样的技术基础上，20世纪60年代格拉汉姆·克拉克（Graham Clark）书写了第一部世界史前史[1]。

一、考古学方法有哪些?

当代考古学的方法丰富多样，不好把握，尤其是在学科相互交叉渗透日益增加的情况下。于是，采用什么途径来区分或把握考古学方法也就成了一个问题。一般介绍考古学的著作会在具体讨论中提及许多考古学方法，但很少会把考古学方法单独拿出来讨论。所

---

[1] G. Clark, *World Prehistory*: *A New Outline* (Cambridge: Cambridge University Press, 1969).

谓方法，就是解决问题的手段。考古学的方法应该是围绕考古学的中心问题产生的。考古学的中心问题是"透物见人"，由于这个任务过于艰巨，所以它又分为若干环节，每个环节都有相应的方法。因此，通过考古学透物见人的流程来把握考古学方法是一个较为合理的途径，这里就以这个流程为线索展开。

考古学透物见人的第一步从野外开始，首先要去获取物质遗存，将其变为可以进一步研究的考古材料。获取方法包括调查与发掘，考古学经过一百多年的发展，不论是调查与发掘都有了许多进步，同时也意味着方法已经开始分化。以调查来说，从普通的调查发展到区域系统调查，调查与发掘之间的界限也趋于模糊。以辽西地区开展的红山文化区域系统调查为例，调查者就像发掘一样，也会布置探方，但是他们只取地表 5 厘米左右厚度的堆积，全面筛选，然后统计所发现器物的类型、数量与比例，由此探索遗址的使用状况，是祭祀遗址、专业手工业加工遗址，还是一般生活遗址，乃至于一个区域的遗址密度（人口规模）都是可以区分出来的。开展工作的范围越大，所得的认识也就越可靠。20 世纪初，飞机刚发明不久就开始用于考古调查，从高空俯瞰，在有的区域，史前的房屋、壕沟痕迹清晰可见。如今还用到探地雷达技术、电阻探测技术，尤其是在古代墓葬的调查中相当实用，旧石器时代的洞穴考古中也有利用，如周口店遗址由此又发现一些裂隙与洞穴。考古发掘中用到的方法就更多了（参见第 8 章），如今考古发掘强调多学科合作，强调科技考古方法提前进入到野外工作中。在野外获取材料过程中，考古地层学与考古类型学是其中重要的基本方法，下一节会专门展开讨论。

科技考古的方法通常又称为实验室考古方法，也就是当考古材料已经获取完毕，开始展开实验室分析时应用的方法。这是考古工作的第二步。实际上，科技考古工作者前期也会到野外去获得材料，只不过他们工作的主体或者特色是在实验室分析当中，并非他们不需要去野外工作。当代考古学的实验室方法十分丰富，考古学几乎与所有的自然科学分支都有交叉，由此形成让人眼花缭乱的交叉学科领域。与物理、化学交叉形成诸如放射性碳测年、特性成分分析（其中又有众多的方法）、同位素考古等。与地质学交叉形成了地质考古这个专门的分支学科，研究沉积物的来源、所代表的环境以及人工制品的原料来源等，如今还扩展到文物古迹的保护中。与生物学的交叉产生的分支更多，有人骨考古（体质人类学）、动物考古、植物考古、古DNA考古（分子考古）等。还有些交叉领域涉及多个学科的合作，如环境考古、生态考古等。早期的实验室考古往往是自然科学家从事的，是他们研究的拓展，但是自然科学家由于不掌握考古学研究的问题，所以总是存在"两张皮"的情况，即自然科学分析手段与考古学的目标没有融合，自然科学家提供的往往只是一纸鉴定报告。后来，在考古学中越来越多的科技考古学者训练出来，他们首先是考古学家，然后才是自然科学家。这样的训练更有利于自然科学与考古学的合作。

　　再下一步是要研究常见的物质遗存，如石器、陶器、墓葬、聚落、城址、古代建筑（如石窟寺）等。在我们通常所说的考古学方法中，主要就是指常见物质遗存类型的专门研究。旧石器考古主要的材料就是石器，而新石器考古是陶器、墓葬与聚落，历史考古中则是城址、墓葬、古代建筑等。每一类遗存都已形成专门的研究领域，并形成了专门的方法论。以我自己为例，我在硕士阶段学习的方向就是旧石器考古，专攻的分析方法是石器考古，后来我所研究的石器已经不局限于旧石器时代的石器，也包括新石器与青铜时代的石器。在此研究过程中，我形成了一套分层－关联的方法论，这一方法尤其适用于新石器时代的石器研究。陶器考古、墓葬考古、聚落考古、城市考古、石窟寺考古等跟石器考古一样，并不是一套单纯的方法，通常是融入了许多方法在内的方法论体系，这里面包括参考科技考古的成果，比如在石器考古过程中残留物分析、微痕分析对于了解石器的功能都很有帮助。石器考古中还有一些专属基本方法，如技术类型学，这是在石器考古中最早形成的方法，用于建立石器分布的时空特征。

　　在石器考古中，我们会用到诸如实验考古、民族考古的方法，这样的方法并不直接研究考古材料，而是从晚近乃至当下的材料出发，由今及古，去透视古代人类的行为。这样的方法通常归于中程理论的范畴。不过，这类研究都存在古今一致性的问题，即古今可能存在不同。反过来说，古今其实也存在具有一致性的方面。如果利用好古今具有一致性的方面，对于我们了解古人行为是很有帮助的。考古推理通常遇到的难题就是古人的生活已经完全消失了，只能通过有限的物质材料去推导，而物质材料又是非常零碎的，此时就特别需要可以参考的模板，即便精度不高，但也比盲目地拼合要有效得多。上述方法虽然也算是理论的组成部分，具体的构成是非常具体的方法。这里的理论与方法（approach）并非截然分开的。

还有一类方法是以考古材料研究为中心的，但是与经典的科技考古方法又有所不同，这里主要包括考古统计、模拟、GIS 方法等，它们都是以量化为特征的。考古学面对的材料有时是巨量的，如大量的陶片、石片，统计的方法有可能挖掘出其中有用的信息。当前在绝对年代数据的分析用到贝叶斯分析，帮助确定考古学文化的年代范围。模拟研究对于缺乏完整信息的考古学来说，同样也是很有用的，比如我们可以基于文化生态学原理模拟一个地区的净地表生产力，即在一定的温度、降水的条件下每年能够生长出来的植物量，进而得到以之为生的动物量，在此基础上，可以去模拟狩猎采集者的人口分布状况。我就曾利用气象站的材料模拟过现代气候条件下中国狩猎采集人口的分布，结果与农业起源的考古材料具有惊人的一致性。[1]农业起源区域是支持狩猎采集人口密度较低的区域，换句话说就是，如果环境发生变化，这些区域的狩猎采集人

---

［1］陈胜前：《史前的现代化：从狩猎采集到农业起源》，北京：生活·读书·新知三联书店，2020 年。

群首先会遇到生存压力。模拟的结果说明，农业起源与环境条件、人口密度是高度相关的。模拟的好处是可以一定程度上摆脱考古材料的限制。GIS 方法是呈现考古材料的地理学方法，它的出现有利于研究者更好地把握地理因素与考古材料特征之间的联系，近些年来，该方法的运用越来越普及，尤其是与聚落考古相结合，成为分析古人活动特点不可或缺的基本方法。[1]

上述的方法基本都来自自然科学领域，或者渊源于自然科学领域，在此之外，还有来自人文社会科学的方法，如后过程考古学所倡导的反身的方法、现象学的方法、结构与象征的方法。这些方法与后过程考古学的理论主张相辅相成。反身的方法是后过程考古学强调多元话语、平权表达实施的途径，在考古材料的阐释上，所有人都有同等的权利，反身的方法意味着表达者知道自身表达的限度，避免垄断表达的话语。后过程考古学偏向人文，反思与批评科学的方法；现象学的方法主张回到人的切身感受，科学描述并不能替代人自身的感受，这种方法在北欧的巨石墓与景观考古研究上有应用。结构与象征的方法同样与文化的表达相关，人生活在意义的世界中，结构与象征深深影响人的行为，把握结构与象征的意义是理解物质遗存的关键。这种方法在艺术品的考古研究中较为常见。人文的方法基本特征都强调人本身的感受、直觉、意义与表达，与科学的方法针锋相对。这对于避免考古学过度科学化无疑是有帮

---

[1] 张海：《GIS 与考古学空间分析实践教程》，北京：北京大学出版社，2018 年。

助的，毕竟考古学最终还是一门研究人本身的学科，尽管它的研究对象是物。需要指出的是，人文考古的方法相对于科技考古的方法要薄弱得多，总体而言，还处于雏形状态，由于人文的方法强调文化特殊性，其应用范围受到限制，需要研究者因地制宜发展自己的方法。

当考古学进入到社会实践领域之后，物质遗存就变为文化遗产，此时考古学的方法涉及文化遗产的保护与展示。上述人文考古的方法就有了用武之地，在具体操作中，还涉及各种传媒手段的运用。现代互联网技术，尤其是在移动互联网时代，各种自媒体兴起，为考古学信息的表达与传播提供了空前多的手段，同时也带来了前所未有的挑战，究竟谁的话语是可靠的？打个比方，就好比新冠病毒大流行的时候，各路专家纷纷发表看法，同时，许多患者也纷纷描述自己的切身体验以及应对新冠的经验，读者此时多莫衷一是，医疗权威可能能够提供一些认识，但过于宽泛，对于个体的帮助有限，一般专家的认识往往是在某个情境中提出来的，可能会带来误解。而且专业的解读往往都存在脱离个体体验的情况，不如患者自身的描述更容易让人产生共情。实际上，所有这些表达都是必需的，多元才有长久的生命力，我们需要避免的是让某种表述垄断表达。考古信息的表达同样如此，这应该是考古学发展的趋势。

从物质遗存到社会实践，考古学的方法涉及的环节众多，这里只是大概做了一些描述，并没有囊括所有的方法。需要强调的是，不同的环节需要不同的方法，所有的方法又服务一个总体的目的，即要从过去的物质遗存获取必要的信息，并最终用于当代社会。正是这样的宗旨决定考古学方法的应用与发展。

格拉汉姆·克拉克[1]

格拉汉姆·克拉克（1907—1995），是 20 世纪英国的考古学家。克拉克的考古学论著对现代考古学的发展起着至关重要的作用，他的著作影响了几代人，并对考古学理论产生了重大影响。克拉克 19 岁时进入剑桥大学学习，1935 年成为助理讲师，1952—1974 年间担任剑桥大学迪尼斯讲席教授，主要进行欧洲北部的中石器研究，他尤其强调探索史前欧洲的经济和环境条件，以"古代经济学"理论和对英国中石器时代遗址斯塔卡尔（Star Carr）的发掘而闻名。从 20 世纪 30 年代开始，克拉克开始通过考古遗存与环境材料研究古人活动，与著名考古学家柴尔德一起尝试古经济学的方法，这一方法不再仅仅依靠传统的考古类型学和地层学来关注考古材料的时空特征，而是代表了一种新的方法和视角——从功能角度探讨古代社会运作的功能主义考古。

克拉克一生发表了大量的学术论文和专著。在克拉克的著作中，具有重要影响的有《北欧中石器时代的聚落》（1936）、《考古学与社会》（1939）、《史前英格兰》（1940）等。除此之外，《史前欧洲：经济基础》

---

[1] B. Fagan, *Grahame Clark: An Intellectual Life of an Archaeologist* (Boulder: Westview Press, 2001).

（1952）采取了以主题为导向的方法，而不是以文化为导向的方法，这本书汇集了他在生态学和经济学方面的全部成果......当然，他的璀璨成果远不止于此。

克拉克的性格以冷漠和严肃著称，进入他的书房对本科生来说是一个令人生畏的经历。费根（Fagan）将他描述为"奥林匹亚人"，并指出克拉克"对他认为低劣的工作进行无情的批评，在他的研究和写作中，他可以自我陶醉到无礼的地步"。1995年《伦敦时报》关于克拉克的讣告中有这样一句令人瞩目的话："他总是在背后夸奖那些他几乎从不以礼相待的人。"然而，他的奥林匹亚式冷漠掩盖了他与生俱来的羞涩，有时会显示出温暖的闪光。

二、经典的考古学方法

在中国考古学研究中，有个说法，几乎每位考研究生的学生都会记得，那就是，于中国考古学而言，考古地层学与考古类型学就好比鸟之双翼、车之两轮。这两个方法对中国考古学的重要性不言而喻，所以把它们单独拿出来说一说是十分必要的，这也是理解中国考古学实践的钥匙。为什么是这两种方法而不是其他的方法成为中国考古学的基础呢？我们如此重视它们是否合理呢？

中国考古学之所以高度强调这两个方法，要追溯到现代考古学的渊源上。考古地层学源自地质学的地层学，17 世纪时，丹麦人斯泰诺率先注意到地层中"舌形石"是鲨鱼的牙齿，不过他仍然相信这是《圣经》所说大洪水灾难的结果。经过一百多年的探索，到地质学者赫顿、赖尔（或译莱伊尔）的时代，古今一致的思想逐渐深入人心，研究者观察正在发生的地质过程，逐渐了解史前地层的形成机制，知晓地层的形成需要漫长的时间，要接受远在人类形成之前还存在世界这一事实，把自然从人文中剥离出来。如前文曾讨论的（参见第 2 章），认识人的古老性很大程度上依赖地层学知识的进步，其中还包括认识到人类是演化而来，经历从原始到现代性状的发展过程。早期的研究者总是怀疑地层中的化石、人工制品可能是后期扰动进入的，这样的怀疑也迫使随后的发掘工作注意地层的扰动迹象。后期的扰动并不是一个神秘莫测的过程，晚期活动对早期地层的干扰是有迹可循的，19 世纪的考古发掘者把地质地层学的基本原理运用到考古学中，在考古学中逐渐发展起来考古地层学。到如今，除旧石器考古领域之外，考古地层学与地质地层学已经有较大的区别。考古地层学首先要关注古人活动的早晚关系。考古学研究的首要问题是时间问题，不仅包括绝对时间长度，也包括相对时间早晚关系。这也是考古地层学重要性首屈一指的关键原因。

考古类型学的核心也关注时间问题，也确定相对早晚关系，只不过是以器物形态变化体现出来的。在缺乏考古地层学证据的地方，这就成了唯一可用的方法。考古类型学还可以用于不同遗址之间的比较，这种优势是考古地层学说不具备的。考古地层学与类型学相互配合，一起帮助揭示考古材料的年代早晚关系。考古类型学源头大体上可以分为两支，一支是古生物学，生物学的分类与变化规则中诞生了达尔文的进化论；另外一支是研究者对现实社会生活的观察，如马车风格的变化。两个分支相互影响，为考古类型学的形成奠定了思想基础。在对现实社会的观察中，启蒙主义者注意到人类社会在不断进步，这种进步观也影响到古生物学的进化论思想。而古生物学的类型变化思想反过来又影响到对人类历史的考察。汤姆森的三代论就是这种影响的产物，本来按照基督教的观念，不应该是石器、青铜、铁器的发展序列，而应该颠倒过来。后来类型学的方法越来越精细，注重分析时间进程中器物形制特征的改变，并由此建立起更细致的分期。

　　考古地层学依赖的第一条原理就是叠压关系法则，即在没有扰动的情况下，下面的地层早，上面的地层晚。这条原理很好理解，如果这条原理不成立的话，地层的早晚关系就没法区分了【图5.1】。第二条原理是水平法则。自然条件下，由于重力的作用，考古地层应该是趋于水平的。我们知道地质地层由于构造运动，会出现褶皱，此时地层看起来就可能是斜的。相对于地质地层，考古地层的年代都非常晚近，很少有固结成岩的现象，更少地质构造运动所引发的褶皱出现。因此，可以假定考古地层是水平的，更准确地说，考古地层是趋于水平的，受重力、水流等营力的作用高处的沉积物会向低处运动【图5.2】。第三条原理是连续法则，考

图 5.1.1　内蒙古赤峰二道井子遗址反复叠压的居住面

图 5.1.2　考古遗址中的叠压打破关系，该处为河南荥阳青台遗址

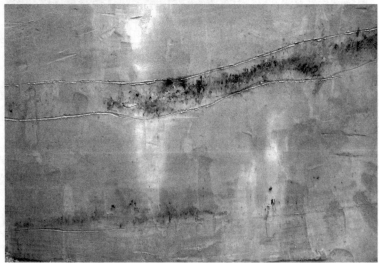

图 5.2 宁夏灵武水洞沟遗址的水平地层

古地层如果没有干扰的话，应该是连续的，应该像透镜体一样，中间厚，边缘薄，逐渐消失。[1] 如果你看到的是很厚的地层，那么就应该考虑一下它的成因，它是否被打破了，比如一条沟壕会把连续的地层切断，让人看到很厚的地层剖面；也可以是一堵墙，把两边同时期的地层分隔开来，这条原理实际就是打破关系原理。

　　归纳起来说，地层的接触关系基本上只有三种，一种是叠压，用上下关系来标识；一种是打破，即从前连续的地层被断开，或是属于同一时期的地层被人为分隔开来；第三种就是没有接触关系的，我们不知道其早晚关系，但总会在哪个地层又联系起来了，进而确定早晚年代范围。通过这样的关系标识，所有的考古地层单位，包括遗迹、地层单位等在内，就都联系起来了。考古地层学的核心除了接触关系，还有关联原则。前者是剖面上的关系，后者是水平上的关系，即同一时期物质遗存的分布。两者为我们提供考古材料的年代和空间背景。解读考古地层是一门艺术，不仅需要详细地记录地层单位及其发现，还需要解释地层与遗存形成的原因。其中的难点是，许多时候我们需要从平面上去判断早晚关系，发掘过程中，揭开扰土层之后，就需要"刮面"，利用手铲这样的工具细致地清理平面，使其平整，然后根据平面的土质土色，判断遗迹现象，比如是

---

〔1〕〔百慕大〕爱德华·塞西尔·哈里斯：《考古地层学原理》，李宁利译，广州：中山大学出版社，2020 年。

否有灰坑、房址、壕沟、墓葬等遗迹，是否有盗洞、水渠、管线沟等后期的扰动。在中原地区，人类活动频繁，新石器时代以来的遗址中往往都有许多叠压打破关系，给发掘者带来不小的困扰。

考古类型学的基础是分类，在考古学中，分类是将考古材料及其相关信息划分为不同类型的过程。分类是研究工作的起点，没有分类，面对纷繁芜杂的现象，我们就无从下手。分类本身就是一种研究的途径，它决定研究者关注的核心内容。几乎所有的学科都关注分类，生物学中有著名的林奈双名分类法，据说林奈的父亲也做过分类学研究，但他是以物种之于人类的用途来划分的，比如划分观花、观叶植物，而林奈建立起来的分类系统与进化论联系起来，现代人类属于脊索动物门、脊椎动物亚门、哺乳动物纲、真兽亚纲、灵长目、人猿超科亚目、人猿超科、人属、智人种，分类中体现出演化过程中的分化（进化）。这样的分类是暗合进化论原理的分类，考古学的分类还达不到这样的程度。考古学家也一直都在探索分类原则背后所包含的原理或原则。

考古学的类型划分通常分为四种类型：一种是描述性类型，这是最基本，仅仅是对物质遗存外部形态进行描述。当然，此时也需要给所要描述的对象一个命名，比如陶盆、陶罐、刮削器、手斧等。由于概念本身往往都带有一定的含义，刮削器虽然是描述性的称谓，给人的直接印象，这是一件用于刮与削的石器工具，实际情况可能并非如此。描述性类型只是为了简化研究提供的名称而已，并不涉及功能的判断。

第二种功能类型，这个比较好理解，那即是遗物或遗迹曾经发挥的实际作用。然而，在没有具体做过功能分析之前，我们并不清楚器物或遗迹的具体功能，尤其是对史前时代的遗存而言。在这样的情况下，往往只能对功能类型进行概略的区分，比如石器、陶器、骨器等，石器或许还可以进一步区分为切割类工具、研磨类工具等。对于历史时期的遗存，功能相对容易确定。确定功能类型是了解古人的活动以及社会状况的基础。

第三种是年代学类型，即类型具有时间意义，这类似于古生物学的标准化石，如三叶虫化石就代表一个独特的时代，恐龙化石同样如此。考古学上也有这样的典型的器物，比如辽西地区的筒形罐，三段式的装饰是兴隆洼文化的典型特征，它的年代范围就是在距今 8000 年前后。新石器时代考古学文化的典型器物基本都具有年代学意义。经过详细类型学分期排队，可以建立更细致的早晚序列。

第四种是风格特征，风格是用来展示的特征，不同社会等级、地域、族群等都可能有自己的风格表现形式。在日常生活中，我们知道服装存在众多的风格，既有个人的意义，还有年龄、性别、教育、阶层等方面的意义。"风格即人"，风格能够较好地反映一个群体、一个时代的偏好，偏好的背后又体现出当时的社会发展状况。遗憾的是，这样的认识都只能基于历史背景清晰的材料，而难以用于史前时代。

以我熟悉的石器考古而言，技术类型学是基本的分类方法，它就属于描述性的类型，其分类的原则是石器加工的基本技术特征，但是由于在命名中用到了功能性的命名，所以不少人以为是功能性的类型，实际并非如此。19世纪中期的研究者如莫尔蒂耶希望石器能够像标准化石一样可以去命名特定的时代，比如以手斧为标志的阿舍利工业。这样的分类现在实际还存在，比阿舍利更早的有以砍砸器为标志的奥杜威工业。后来的研究者注意单类器物使用的时间非常长，如手斧从176万年前就已出现，一直用到10万年前，因此把多种器物同时考虑进来，以石器组合来命名，也就是所谓的"石器工业"。不断细分的石器工业逐渐有了风格的意义，被研究者视为地区人群的标志。从石器考古的研究来看，四种类型都得到了应用。在陶器考古研究中，年代、风格特征更受重视，类型学的主要目的也是为了确定年代早晚以及区域之间风格的相互影响。

考古学首要问题就是年代。具体在研究过程中，工作的开端就是分类。这也是考古地层学与类型学成为考古学左膀右臂的根本原因。在当代考古学研究中，两种方法的发展也日益精细化。不过，所有的方法都存在边际效应递减的问题，即方法刚刚出现的时候，解决的问题是非常适合该方法去解决的，因此效率不错，但随着方法的精细化，开始试图解决一些该方法并不适合去解决的边缘问题时，就会出现效率下降的情况。类型学的方法在建立初步的分期时是可行的，如果将类型等同于人群单位，由此去探讨人群的迁徙与交流，也就超越了类型学方法最适合的范围。随着学科的发展，新方法层出不穷，这些方法都是不同学科的研究者合作开发出来的，因此，对于考古研究者，保持开放的头脑，打破学科藩篱，广泛地学习，是十分必要的。

三、多学科合作的方法

当代考古学研究中，多学科合作已经成为基本操作。很少有学科如考古学这样依赖多学科合作，这反映了考古学作为一门边缘学科的性质，它具有自然、社会与人文三大学科的特征，因此三大学科门类的方法都可以用于考古学研究中。考古学是通过物去研究人，这个主题本身就是十分宽广的，也必然需要众多的方法。与宏大的目标相对应的是，考古学的材料又非常稀少、零碎，困难可想而知，单凭考古学的基本方法肯定是不可能解决问题的，多学科合作也就成为必然的选择，成为当代考古学方法运用的特色。这里我们可以尝试通过介绍一个考古学问题的研究来了解多学科合作的重要性。

我们通常说考古学有三个大问题：人类起源、农业起源、文明起源，这里我们就以其中的农业起源为例加以说明。从基本研究路径上来说，农业起源研究就没有局限于考古学，生物学、地理学等自然科学学科都有相关的研究，当然，研究的主体还是在考古学领域。自然科学学科关注物种与环境条件本身，比如植物学家瓦维洛夫有关植物驯化起源的研究，他提出植物驯化一共有 8 个起源中心，一种作物可能起源于几个中心，而每个中心有自己独特的种；植物驯化上存在初生起源中心和次生起源中心。初生起源中心的作物往往具有大量的遗传上的显性性状，而次生起源中心由于杂交和突变常常出现隐性性状。相比而言，考古学的研究更关注人类社会动因以及物质遗存证据。不同学科所得的认识可能并不相同，此时考古学的实物证据就具有最终检验的资格。如在水稻起源的研究中，植物学家根据物种存在的多样性认为从云南到阿萨姆这片区域是稻作起源中心，因为这里拥有最丰富的水稻多样性。然而，考古材料的证据显示最早的稻作驯化应该出现在长江中下游地区。从一万多年前的湖南道县玉蟾岩、江西万年仙人洞遗址到距今一万年前后的浙江浦江上山【图 5.3】，以及更多距今八千多年的稻作遗址，清晰地显示了稻作起源过程。

小贴士

上山遗址[1]

　　该遗址为一处新石器时代遗址，位于浙江浦江县黄宅镇渠南村、渠北村和三友村之间，在钱塘江一级支流浦阳江上游河谷地带，遗址周围地势相对平坦，上山遗址坐落在一南一北相毗邻、相对高度约 3—5 米的小山丘上，南山俗称上山，故被命名为上山遗址。

---

[1] 浙江省文物考古研究所、浦江博物馆编：《浦江上山》，北京：文物出版社，2016 年。

图 5.3　浙江浦江上山遗址

2000 年秋该遗址被发现，2001 年、2004 年、2005—2006 年、2007—2008 年、2016 年，浙江省文物考古研究所、浦江博物馆对遗址进行五次发掘，2006 年在中国第四届环境考古学大会上，正式将其命名为上山文化（年代距今 11000 到 8500 年）。该遗址的新石器时代被分为上山文化、跨湖桥文化、晚期新石器时代（相当于河姆渡阶段），此外还有商周及更晚的遗存堆积，上山文化是其主体堆积。

陶器主要有夹砂陶和外红内黑的夹炭陶两种，以平底器为主，主要器形是大敞口盆，此外还有双耳罐、平底盘、镂空圈足盘、钵形器等，在上山遗址晚期遗物中还发现有短小柱状足，以素面为主，偶有绳纹、戳印纹，在夹炭陶片中发现有意识羼和的稻壳、稻叶遗存，部分陶器施红陶衣。上山遗址石质的原料多为鹅卵石，石质多为粉砂岩，石器以打制石器为主，数量最多的是石片和石片石器，石片石器以刮削器为主，还有磨盘、磨棒、石球、穿孔石器等。通过研究初步分析得到，上山遗址出土的打制石器部分用于植物收割，包括水稻、莎草和芦苇等植物。遗迹主要为房址、灰坑，一些灰坑中出现数量众多、保存完好的大口盆，且与其他器物组合出现，这类灰坑可能有特殊性质，在上山遗址早期出现了带柱洞结构的遗迹和带沟槽基础的房址 F2。通过对上山遗址出土的植物遗存进行分析，发现了上山文化时期炭化稻，是目前通过浮选法在层位清晰的考古遗址中发现的最早的炭化稻遗存，此外在上山遗址出土的红烧土残块中发现了大量炭化稻壳，在上山文化早期陶片的断面上可以观察到陶土中羼和有稻壳。推测稻已经成为当时人类生活不可或缺的植物种类，原始稻作农业也是其食物来源的组成部分。上山遗址是长江下游地区迄今发现的年代最早的新石器时代遗址，对于探索稻作农业起源、早期长江下游地区社会生产状况有重大意义。

从考古学上看，农业起源的证据可以分为直接与间接证据。直接证据包括人与物两个方面：从物的方面说，即发现具有了人工驯化性状的物种；从人的方面说，是人吃了相应的食物，从事了相应的活动。动物、植物考古学家关注人工驯化性状的出现，以作物驯化为例，自然状态下的植物都会有天然的落粒性，种子成熟之后，穗轴变得易碎，便于种子离开植物茎秆。人类选育的品种是那些穗轴比较坚实的，这样才能收集到种子。于是坚实的小穗轴就是人工驯化的性状，经过选育的种子往往比较大，其中玉米的变化是最明显的，驯化的玉米与其祖本玉蜀黍之间差别非常大，一般人很难看出两者居然是同一种植物。

动物驯化后的性状也会发生很大的改变，野猪逐渐失去獠牙，前后身躯的比例、牙齿的形态、骨骼的形态都会发生改变。不过，动物考古学家注意到单凭性状可能会忽视早期驯化过程，如辽西新石器时代兴隆洼文化时期发现的猪骨骼，从性状上看更类似于野猪，但是后来经同位素分析显示，这些猪吃的食物含较多的农作物，显然是人工喂养的结果。性状的变化存在一个较长的时间过程，驯化早期的猪的形态与野猪的区别还不明显。

同位素分析用于人骨遗存分析，水稻是碳 3 植物，粟、黍是碳 4 植物，通过同位素分析可以判断人究竟有没有吃农作物以及农作物在其食物构成中的比例，这是直接的证据。人骨的证据还包括农业活动留下的痕迹，农业生产劳动相对于狩猎采集活动而言，人们的活动范围更小，活动类型更简单，劳动强度更大，食物更单调。于是人的股骨骨壁可能更薄，会出现长期固定劳动动作带来的损伤，还会出现龋齿，类似的特点在农业人群中出现的概率要比在狩猎采集人群中高得多。

间接证据包括遗迹与遗物，这部分的研究属于典型考古学方法研究的范畴。这方面的证据包括遗存的多样性、研磨石器工具、陶容器、磨制石器、墓葬、房址、壕沟、灰坑等。这些证据反映的是当时人群居住流动性下降，进入到半定居甚至定居状态。农业起源与定居是相辅相成的关系，伴随着农业起源的是人群流动性的降低。其中陶器易碎，是非常不适合流动的器物类型，所以，陶器可以说是人群流动性下降的首要标志。研磨石器、磨制石器的制作都需要人们投入大量的劳动，如果只是短时间的使用，是完全没有必要投入如此之多的时间的。磨制石器是一种冗余设计，让工具更加耐用。遗存多样性反映的也是更长的时间的居留，人们在一个地方停留的时间越长，所需要从事的活动类型也就越多，自然留下来的遗存更加多样。其他类型的遗迹也是如此。定居的证据中也可能包括动植物的证据，比如定居之后会有麻雀、家鼠等伴生动物。如果只是季节性地居住，那么伴生的动物也更可能是季节性的动物。农田及其附近区域会出现与农作物相关的杂草，还会有农业活动带来的景观改变，如刀耕火种带来的焚烧证据，森林植被显著减少，水土流失加剧等证据，环境考古可以研究这些证据。环境考古研究除了提供农业起源的间接证据之外，还可以提供农业起源发生的环境背景。有研究认为农业之所以在全新世起源，主要因为全新世的气候更稳定，否则农业有可能在更新世出现。

农业起源的研究中，民族学（或曰文化人类学）也发挥了不小的作用，农业的实质是狩猎采集群体放弃其长期适应的以自然资源为生的生活方式，转而控制某些动植物，成为食物生产者。因此，要理解农业起源，首先要理解狩猎采集者的适应方式，理解他们放弃狩猎采集生活方式的原因以及过程。民族学中狩猎采集者研究发展成为一个专门的领域，考古学家也参与其中，形成民族考古的交叉领域。在现代化浪潮席卷世界之前，世界上还有一些地方采用较为原始的农业生产方式，有的甚至还处在狩猎采集阶段，这些材料对于考古学者了解农业的发生与早期发展非常有参考价值。比如刀耕火种农业的操作方式，仅凭想象是无法体会的，鲜活的民族志材料可以提供具体的描述，不同操作方式实际是有所不同的。参考民族学的成果，考古学者可能还会自己进行实验验证，因为民族志材料距离考古学研究的时代还是太遥远了，环境条件也有较大的差异，此时实验考古可以在更好的控制条件下，检验不同的可能性。

解释农业起源的原因也需要社会学的帮助，传统的观点认为农业的产生是因为人口增加，食物不足；农业之所以发生在某些区域，是因为环境条件的限制。这样的解释无疑过于简单，如果人类仅仅如动物一般生活，为什么其他动物没有发明农业。人类是社会性的动物，社会原因在农业起源过程中发挥了怎样的作用？有研究者提出"宴飨"假说，认为农业起源的目的不是因为饥饿，而是因为社会内部的竞争，即为了请客吃饭。[1] 如果我们观察一下当代社会人们工作劳动的理由（尤其是在农村社会中），谋生肯定是一个理由，社会竞争（出人头地、说话有人听）无疑也是重要的理由。理解人类社会的演化本身也需要多学科的参与，进化心理学、政治学、经济学等学科已有不少的研究。这些研究成果可以用于理解起源，农业起源与工业革命是有可比性的，都是人类社会历史中的重大变迁，发展经济学的理论可以用于解释农业起源进程中的分化现象。多学科合作的方法给考古学带来了丰富多样的研究成果，让考古学的园地异彩纷呈，风光无限。

拓展阅读

1. ［百慕大］爱德华·塞西尔·哈里斯：《考古地层学原理》，李宁利译，广州：中山大学出版社，2021 年。

---

〔1〕B. Hayden, "Nimrods, piscators, pluckers, and planters: the emergence of food production", *Journal of Anthropological Archaeology* 9:31-69, 1990.

2.［美］乔治·拉普、克里斯托弗·希尔:《地质考古学:地球科学方法在考古学中的应用》,杨石霞、赵克良、李小强译,北京:科学出版社,2020 年。

3.陈胜前:《史前的现代化:从狩猎采集到农业起源》,北京:生活·读书·新知三联书店,2020 年。

第 6 章
考古学理论

　　一门成熟的学科必定会有材料、方法与理论三个部分，现代考古学形成的标志正是因为它有了自己的理论。对许多不熟悉考古学的读者来说，所谓考古学就是去寻找与发掘古代遗珍，并不会觉得考古学有什么理论。实际上，即便是对考古学研究者而言，常常也对考古学理论有误解，认为考古学就是一门研究实物遗存的学科，理论总是空洞的、苍白的，没有什么用，有没有理论并不重要，只要有考古材料，就可以去做研究。这样的观念是如此深入人心，考古学理论的发展一直被忽视。还有一部分研究者相信理论很重要，但认为这只属于少数几位"大家"，其他人是没有资格也没有必要去谈理论，理论仿佛纲领与方向，与学术权威联系在一起。这样的误解非常有必要加以纠正。理论与实践是密切相关的，没有理论指导的实践是盲目的实践，就好比农民起义与新民主主义革命一样，目的、方式与效果迥异。中国改革开放取得了巨大的发展，其基础就是社会主义市场经济理论。这两个例子虽然不是考古学的，但都说明了一个道理，理论绝不是可有可无的，它是成功实践的保证。考古学并不例外，考古学之所以可能，前提就是考古学理论。

一、为什么要有考古学理论?

1986 年出版的《中国大百科全书·考古学卷》中就考古学理论只有三个词条：考古学文化、文化圈、文化传播论。其中文化圈与文化传播论其实来自人类学，并不是考古学专有的理论。考古学文化的概念出现于 19 世纪末，正是因为有了这个概念，现代考古学才成其为一门独立的学科。其中"文化"的概念同样来自人类学。"人类学之父"爱德华·泰勒指出：文化是一个复杂的整体，包括知识、信仰、艺术、道德、法律、风俗，以及作为社会成员的个人而获得的任何能力与习惯。[1] 在泰勒这里，文化是整体性的，但是考古学只是部分借用了文化的含义，变为可分的存在。所谓考古学文化就是指一定时空范围内所有具有类似特征的遗存的总和。一个考古学文化就是一个具有相似文化认同的社会群体单位。这个概念最早出现在北欧地区，早期的使用者为穆勒，不过影响更大的是德国考古学家科西纳。他运用考古学文化的概念去探索日耳曼人

---

[1]［英］爱德华·泰勒：《原始文化》，连树声译，桂林：广西师范大学出版社，2005 年，第 1 页。

起源，甚至用它去为纳粹的种族主义服务。概念本身是无辜的，20世纪初，柴尔德出版《欧洲文明的曙光》，用考古学文化的概念构建起欧洲史前史。

戈登·柴尔德[1]

你可能没有听说过这个人，但你一定听过"考古学文化"，或者看过《夺宝奇兵4》（电影中有他的形象）。"考古学文化"这个概念是谁提出来的呢？没错，正是他——戈登·柴尔德。戈登·柴尔德（Gordon Childe，1892—1957），澳籍英国考古学家，先后在爱丁堡大学和伦敦大学学院考古研究所任职。柴尔德对考古学理论做出了巨大贡献，他早年持"文化历史考古学"的观点，被看作这一考古学派的开创者；后来他又改持马克思主义考古学的观点，成为这一学派在西方最早的代表人物。他甚至对他死后产生的过程主义考古学和后过程主义考古学也有着不可忽视的贡献，英国过程主义考古学家科林·伦福儒基于柴尔德"在史前经济和社会主题上的发展"，称他为"过程主义思想之父之一"；同时，柴尔德又承认考古学解释的主观性，而过程考古学家们坚持认为考古解释可以是完全客观的，基于此，特里格把柴尔德看作"最早的后过程主义学家"。

---

[1] D. R. Harris eds., *The Archaeology of V. Gordon Childe: Contemporary Perspectives* (London: UCL Press, 1994).

柴尔德对中国考古学最大的影响莫过于开头我们提到的"考古学文化"概念的开创。在 20 世纪初,柴尔德以著作《欧洲文明的曙光》为代表,率先采用"考古学文化"的概念来组织考古材料以重建欧洲史前史,为整个欧洲乃至全世界的史前考古学提供了一个新的范式。此后,他在著作《史前时期的多瑙河》一书中将这一概念进行了完善,并给出了具体的定义(即"总是反复共生的某些遗存类型——陶器、工具、装饰品、葬俗、房屋样式")。这一概念的产生和完善为考古学创造出了一个证据阐释的新方法,它不仅很快成为 20 世纪上半叶考古学最流行的方法,还被各国考古学家一直沿用至今。

柴尔德相信,以史为鉴可知兴替,历史研究可指导人类在现在和未来的行为原则。他是 20 世纪最知名、被引用最广泛的考古学家之一;是将局部的区域研究,同整个近东–欧洲史前史的大背景相结合的集大成者。他还强调革命性技术和经济发展在人类社会中的作用,例如新石器革命和城市革命,反映了马克思主义关于社会发展的思想对他的影响。虽然他的许多论断在后来被推翻了,但他在考古学界仍备受尊重。或许这就是考古学的魅力:超越他人,更重要的是超越自己。

为什么考古学文化理论十分重要呢?我们知道考古学的目标是想通过物质遗存去了解过去的历史,也就是透物见人(透过古物见到古人)。在考古学文化理论形成之前,考古学研究的主体是发现与分类,类型学大师蒙特留斯建立了十分详细的分期,其他学者如皮特里、皮特·里弗斯在类型学上也是不厌其详，但是不论分类多么详细，所有的研究都还是在物质遗存层面上，并没有深入到古人的层面上。一个考古学文化就是一个社会群体单位，这是与人相关的分类，有了这个单位，那么考古学研究就可以超越物质遗存，进入到古代社会。考古学由此也就实现了透物见人的目的，尽管考古学家并不知道考古学文化究竟指代的是什么意义上的社会单位。如科西纳这样的人将其等同于历史上的族群，即所谓德国人的祖先日耳曼人。我们现在知道，这样的等同是靠不住的，历史上族群都经历过众多的融合过程，并不存在纯粹的族群。同一族群可能过着不同类型的物质生活，处在相同环境的不同族群可能过着相同类型的物质生活，因此仅仅凭借物质遗存并不能准确区分族群。然而，不管考古学文化与族群的关系如何，同一考古学文化至少是具有相似文化认同的社会群体。考古学文化作为一个概念工具，让考古学家有了研究古代社会的入口，也正因为如此，我们把考古学文化理论的建立看作是现代考古学成熟的标志。

　　考古学理论的重要性都是围绕考古学透物见人这一基本任务产生的。如果考古学不需要解决这个问题，仅仅是发现材料，分类整理材料，甚至可以包括测定年代与分析材料的自然属性，考古学都可以不需要理论（狭义上的）。透物见人涉及从物到人的推理过程，物质遗存不会自己讲话，史前的物质遗存上没有文字信息，要让物质遗存讲话只能依赖推理。既然是推理，那么就必须有理可依。这个"理"就是物与人联系的普遍模式或原理，否则就可以随便推测，也就是想当然。就好比我们在遗址中发现类似铲的石器，将之命名为石铲，我们之所以这么命名是因为它长得像现在的铲，其中暗含的推理是，它与现在的铲有类似的形制，所以称之为石铲。这一推理过程依赖的原理就是古今一致性：古今的铲因为类似的功能所以有类似的形制。这样的古今一致性是否可靠呢？在石器工具功能判断上，有时的确是可以成立的，但仅仅依赖形制相似是不足以准确判断功能的。为了实现更准确的判断，就必须建立更可靠的推断器物功能的原理。

宾福德在其代表作中曾用一个比喻来形容研究考古学的研究过程，医生面对诸如发烧、呕吐等病征，无论对病征的描述多么细致，它都不能解释病因，除非了解人的生理与病理。[1] 在治疗过程中，医生一方面需要关注病征，另一方面需要有充分的理论训练，否则，这些病征就没有意义。考古材料类似病征，考古解释需要理论的支持，考古学研究也是在理论与材料之间展开的，在两者之间建立合理的联系。

跟几乎所有学科一样，考古学的历史反映的是人类世界观发展的历史。每一点进步就在于提出了一些从前没有提出过的问题，消除了一些从前的困惑，融入了一些从前未曾注意到的事实。考古材料其实一直就在那里，在地上或地下；形式极为多样，从宏伟的建

---

〔1〕L. B. Binford, "Willow Smoke and Dogs' Tails: Hunter-Gatherer Settlement Systems and Archaeological Site Formation", *American Antiquity* 45: 4-20, 1980.

筑到蛛丝马迹般的微痕与微量元素。我们去寻找什么取决于我们的观念与理论，以及我们能够利用的方法。换句话说，我们能够回答什么问题首先取决于我们提出什么问题。我们的观念与理论不是凭空产生的，它们是历史的、社会的。

当代中国考古学似乎相信考古学研究者是没有任何预设立场的，我们的认识是一张白纸，然后用"事实"来书写史前史。也许我可以称之为**"中国考古学的幻象"**——一种对考古材料客观性的幻象。产生幻象的主要根源在于我们的观念与理论，把事实与认识混为一体，以至于失去了必要的反思能力，考古学家并不可能得到客观的考古材料，这样的材料只是理想的模型。考古材料是考古学家在一定的认知模式（如科学）中获取的，经过认知过程的处理，物质遗存晋升为考古材料，没有经过处理的物质遗存就不能算是考古材料。盗墓者也在获取物质遗存，但是却破坏了基本的时空信息，也就失去了考古材料的价值。

即便物质遗存成为了考古材料，但考古材料并不会说话，无法告诉我们它们所代表的人类行为信息，使其说话或揭示这些信息的人是考古研究者。研究者的基本理论基础可以分为唯物与唯心主义两种，从不同立场审视考古材料，考古材料的属性迥然不同。基于前者，考古材料是古人活动的遗留，就像动物化石一样。[1]基于

---

[1] L. E. Patrik, "Is there an Archaeological Record?", *Advances in Archaeological Method and Theory* 8: 27-62, 1985.

后者，则认为物质材料本身就为文化意义所渗透，物质为人利用，反过来也能影响人本身。简言之，物即是人，人也是物，人与物是一体的。按照唯心主义的考古材料观，考古材料更像是文本[1]，是可以反复阐释的对象。

考古解释立足的理论基础只能是唯物主义的，考古材料与古人活动的关系是曾经发生过的，无论我们能否认识到，其客观性是毋庸置疑的。其研究途径也可以借鉴古生物学的模型，即利用**行为模式与文化系统**，把局部的、零碎的信息复原成为整体。以旧石器时代的狩猎采集者为例，他们没有农业，不能生产食物，只能去自然界中采集、狩猎。而自然界中的食物资源是散布的，其中动物资源还是流动的，由此决定狩猎采集者必定需要流动，由此形成不同季节、不同功能的遗址，这就是狩猎采集者的行为模式，与农业生产者有明显的区别。遗址结构、器物形制与功能、器物组合与属性、动植物遗存构成，乃至于人类体质的生物属性都会存在显著差异。狩猎采集者文化系统的技术、社会、意识形态三个层面的变量密切相关，都需要适应流动的生活方式，由此考古学家可以"窥一斑而知全豹"，从局部进而了解整体。行为模式与文化系统理论的构建需要考古学家自身基于民族志、考古材料以及其他学科的成果来完成，而很少能够直接照搬其他学科的理论。

---

[1] I. Hodder, "Postprocessual archaeology", *Advances in Archaeological Method and Theory* 8: 1-26, 1985.

考古学研究中存在一个悖论：我们不可能认识到那些不知道其意义的材料，然而考古研究者获取材料的目的就是希望探索其意义。比如说碳14技术诞生之前，没有考古学研究者会有意去收集炭屑，在关注史前社会关系演化之前不大会特别关注墓葬的等级差异。这个悖论类似鸡与蛋哪个在先的争论。实际上，矛盾只是表面上的，这里涉及特殊与一般的辩证关系。考古学是根据有限的实物材料来研究史前人类社会生活的学科，它是局部的、特殊的、具体的推理。为了实现可靠的推理，考古学通常需要借助整体的、普遍的、抽象的有关人类社会生活的理论。按照柴尔德的说法，考古学是要去拼合过去，把有关过去的零碎片段的信息拼合起来，构成可以理解的完整信息。如果考古学研究者不知道人类过去生活的轮廓与结构，拼合如何能够进行下去呢？

不理解人类社会，就无法去研究古代社会。人类社会是一般意义上的，而古代社会是特殊意义上的。先有一般而后有特殊，这也是为什么过程考古学强调演绎推理与理论建设的重要原因。普遍理论不仅提供拼合考古信息的轮廓与架构，它还提供哲学基础，以及提升考古学研究意义的层次。考古学研究的意义不可能仅仅是发现了考古材料，它具有自然科学、社会科学与人文科学三个方面的意义。考古学意义探索的背后是各种理论的支撑，没有人类学、历史学、社会学、艺术学等学科理论襄助，考古学研究的意义就只能停留在考古材料的层面上，而很难上升到人类行为、社会、文化与历史层面上，其成果也就很难为其他学科所参考。

以文明探源为例，如果国家是文明浓缩的表达，那么国家之前的社会组织形式究竟是什么？酋邦社会是否是国家社会的前身？社会不平等是如何出现的？如此等等的问题其实不只有考古学关注，而是整个人类社会研究所关注的问题。人类学、社会学、历史学、哲学等学科都有理论探讨，从这些理论探讨出发，推导出物化的表现形式——考古学可以研究的对象。没有理论的推导，考古材料并不能自证它就是文明的物化表征。如果失去了理论指导，考古学研究就只能是一门纯粹的材料研究学科，或者说是提供研究材料的学科，考古学作为一门学科的意义就大打折扣。

二、考古学理论的范畴

当代考古学理论是多层次、多维的存在。为了比较全面地把握当代考古学理论的范畴，这里以《考古学理论手册》(*Handbook of Archaeological Theories*)[1]与《全球考古学百科全书》(*Encyclopedia of Global Archaeology*)[2]的理论部分为基础，同时参考其他的理论

---

[1] Alexander Bentley, Herbert Maschner, and Christopher Chippindale eds., *Handbook of Archaeological Theories* (Lanham: AltaMira, 2009).

[2] Claire Smith ed., *Encyclopedia of Global Archaeology* (New York: Springer, 2014).

著作[1]，然后加以概括。可以发现当代考古学理论发展可以从范式与亚范式、相关学科理论、衍生课题、考古实践理论，以及与重大问题相关的理论等几个维度展开。

1. 主流范式

《考古学理论手册》罗列了八个有代表性的范式。现在我们重新定义了范式的概念，即考古学中的范式必须具有概念纲领、支撑理论方法、实践体系三个要素。按照这个标准，当代考古学理论中，真正能够归属到范式层次的理论只有三个：文化历史考古、过程考古、后过程考古。贯穿其中的概念纲领都是"文化"。在文化历史考古中，文化是区分社会群体的标准或规范，同一群体共享相同或相似的文化，表现在物质材料上就是相同形制特征的器物、居址、墓葬等。在过程考古学中，文化的定义发生了改变，文化是人类身体之外适应环境的手段，是人区别于其他动物的地方，它是功能性的，是包括技术、社会、意识形态等在内的系统。再到后过程考古中，文化成了人交流表达的途径，表现在物质层面上就是物质所代表的意义，文化本身就是话语，就是权力。正是因为概念纲领的不同，由此产生不同的理论方法，并经过一代及一代以上研究者

[1] Oliver Harris, and Craig Cipolla, *Archaeological Theory in the New Millennium: Introducing Current Perspectives* (London: Routledge, 2017); Peter Ucko ed., *Theory in Archaeology: A World Perspective (*London: Routledge, 1995).

的努力，形成实践体系。三个范式的形成前后相继，但后者并没有完全取代前者。当前的情况是三个范式同时并存，但是就影响力而言，是后来者胜过前者；当然，不同地区有差异，如美国偏重过程考古，而英国偏重后过程考古。

小贴士

范式[1]

"范式"（paradigm）是美国科学哲学家托马斯·库恩（Thomas Kuhn）在其 1962 年出版的著作《科学革命的结构》（*The Structure of Scientific Revolution*）中提出的一个分析概念，用于描述科学发展中在特定时期被普遍接受的科学实践范例，包括定律、理论、应用、仪器设备，乃至相应科学共同体的"一切共有信念"。这个概念最初的提出是被用来探讨自然科学发展的过程与本质的，体现了库恩的科学哲学理论，认为科学的历时发展只是不同科学共同体所对应范式之间的相互转换，而不存在逐步接近"真理"意义上的科学进步。他的这套理论有着很强的批判性，在学术界引起了激烈的争论与批评，但"范式"这个概念却随之愈加流行，为不同学科的学术史考察所借用。

就库恩的论述而言，"范式"这一概念的含义实际上也并未得到十分明确的定义，在不同时期存在差异化的表述。而当该词被广泛扩

---

[1] 陈胜前：《中国考古学研究的范式与范式变迁》，《中国社会科学》2019 年第 2 期。[美] 托马斯·库恩：《科学革命的结构》，张卜天译，北京：北京大学出版社，2022 年。

展至自然科学之外的诸学科门类时，其内涵也必然随之泛化，更为中性，描述性更强。但相较于"发展阶段""学术潮流"等更加模糊的概念，"范式"仍具有较强的理论潜力，能够借此展开较为深入的分析。就单个考古学范式的考察而言，可以从概念纲领、理论方法、实践体系三个方面出发。概念纲领是整个范式的核心理论框架，引导并约束研究材料的获取、分析与组织，以及研究者所关心的问题。理论方法使概念纲领真正发挥作用，具体指导研究的开展。实践体系则代表相应学术群体所使用的话语体系，并延展至学术发表、成果评估、资助申请等领域。与此同时，具体范式的形成与发展是处于一定的学科内外背景关联之中的，这也是使用范式考察学术史时所需要注意的。总体而言，范式的概念是宏观探讨考古学发展史的有效分析工具。

2. 亚范式理论

《考古学理论手册》把生态考古、古典－历史考古、马克思主义考古、能动性考古、达尔文考古等也称为范式，但它们更近似于一种具有独特理论方法的研究潮流，还算不上是范式。与三个主流的考古学范式相比，差别还是比较明显的，它们或是缺乏清晰的概念纲领，或缺乏实质性的实践体系。不过，它们都有明确的研究目标，有一定的理论方法支持，研究实践也在不断开展之中，有些类似于范式的雏形，"亚范式"是一个合适的称呼。这些亚范式都在试图向范式的方向发展，以生态考古为例，其中包含着诸如文化生态、行为生态、进化生态，乃至于政治生态等一系列以生态学为基础的理论方法，大部分与过程考古重合，涉及的主要研究方向为狩猎采集者研究；而如政治生态这样的分支明显又与后过程考古相关联。

3. 关联学科的理论

考古学是一门年轻的学科，其理论大多来自相关学科，早期尤其如此。近代考古学有三个源头，不同源头引入了不同学科的理论，这种"创建者效应"至今仍深刻地影响着考古学理论的结构，即不同考古学分支领域偏好不同相关的理论。除了与三个主要考古学分支密切相关的其他学科理论，影响考古学理论的还包括语言学的理论、复杂性理论等。语言的起源、扩散与演进是考古学研究关注的重要问题之一，在早期人类考古研究中，研究者普遍认为语言的发展可能是解剖学上的现代人成功的主要原因，晚更新世中后期，现代人凭借语言上的优势迅速扩散，基本取代了欧亚大陆上的土著种群。通过语言，考古学家一定程度上可以追溯史前人群的扩散过程，如印欧语族、南岛语族，都是史前史上扩散范围广阔的语言群体。[1] 至于复杂性理论，它是系统科学的最新发展，比较适合研究人类社会这样的复杂对象。复杂性理论可以把更多不同的学科研究融合起来，共同研究人类社会问题，尤其是文明（或称早期国家、前现代国家）起源问题。考古学是研究人的学科，举凡与人

---

[1] Peter Bellwood, *First Farmers* (Oxford: Blackwell, 2005).

相关的学科理论都可能用于考古学，成为考古学理论的组成部分。随着考古学研究的深入，关联的学科也越来越多，涉及的相关学科理论也会越来越多。

4. 理论新视角

考古学本身是一个交叉学科，由此产生了众多新的研究视角，同时带来新的理论方法。它们已经融入考古学研究中，成为考古学研究的新兴领域。目前西方考古学理论中比较引人关注的新视角有性别考古、族群考古、心智考古（或称认知考古）、土著考古、社会考古等。20 世纪中期之前，文化历史考古居于垄断地位，其后逐渐收缩，目前还在探索的视角主要是族群考古。族群的识别有强烈的社会现实需要，尤其是对于新兴的民族国家而言，增强国家认同、确认历史边界等任务在推动族群考古的发展。[1]过程考古兴起之后，强调研究整个人类文化系统，其中至少可以包括技术、社会、意识形态三个层面的变量。不过，研究更侧重技术、功能、经济、生态、进化等视角，围绕其形成众多的理论。

5. 进入社会实践的理论

考古学是有关过去的学问，但是考古学研究的目的并不是为了

---

[1]［加］布鲁斯·特里格：《考古学思想史》，陈淳译，北京：中国人民大学出版社，2011 年，第 237 页。

服务过去，而是现在。当研究成果用于解决社会现实问题的时候，就会涉及理论问题。考古学进入社会实践的途径主要是通过文化遗产，包括发现、研究、评估、保护、展示（各种媒介的出版与展览）等。究竟什么样的遗存才可以称得上文化遗产，称得上是世界文化遗产，需要基于一定的标准来衡量，标准的确定就是一个理论问题。当代西方考古学中，欧洲与美国对文化遗产就有不同的理解。美国从客位的角度来评估，通常称之为"文化资源"，因为美国本身是殖民文化，并不认同原住民印第安人的文化。相比而言，欧洲研究的是自己的历史，没有历史的断裂，所以更愿意用"文化遗产"这个概念。不同的立场无疑会影响到遗产的保护与展示。

6. 进入重大问题研究的考古学理论

考古学研究有三大"终极问题"：人类起源、农业起源、文明起源。更进一步细分，人类起源又可以分为早期人类的起源、现代人的起源、技术的起源、艺术的起源、语言的起源等；文明起源则可以分为等级的起源、酋邦的起源、国家的起源、宗教的起源等。围绕每个问题开展的考古学研究都产生了一系列的解释理论，这里最为中国考古学界熟悉的莫过于国家的起源。流行于西方考古学中有关国家起源的理论有阶级斗争理论、水利理论[1]、限制理论[2]、

---

[1] Karl Wittfogel, *Oriental Despotism: A Comparative Study of Total Power* (New Haven: Yale University Press, 1957).

[2] Robert Carneiro, "A theory of the origin of the state", *Science*, 1970, 169: 733-738.

王臣理论[1]等。所有这些理论都有考古学研究基础，得到部分考古材料的支持。这些理论最初并不来自考古学领域，而是相关学科。通过这些问题，考古学把不同学科的研究汇聚起来，发展出自己的理论解释。在这个过程中，考古学与不同学科交织在一起。同时，这些问题也是检验考古学理论的地方，也是在发挥考古学理论的解释作用。

以上从六个维度概要地扫描了当代考古学理论的主要状况，不同维度的视角相互交织，构成当代考古学理论发展的基本框架。这一观点不同于习惯的观点，以为用一个标准可以衡量所有理论。多维视角的考察能够更准确地反映当前考古学理论的发展，这是要特别强调的。

三、当代考古学理论发展的趋势

尽管既有的理论格局复杂多样，不同视角、不同层面的理论相互穿插，不过从中还是可以看出基本发展趋势的。三大范式此消彼长[2]，清晰地反映了当前考古学理论的关切。20世纪中期以前，

---

〔1〕Alain Testart, *La Servitude Volontaire* (Paris: Errance, 2004).

〔2〕D. Price, G. Feinman, "The Archaeology of the Future", in G. Feinman and D. Price eds., *Archaeology at the Millennium* (New York: Kluwer Academic/Plenum, 2001), p. 483.

考古学强调通过考古材料研究了解族群之间的联系，不论是欧洲的民族国家，还是美国这样的殖民国家，都是如此。尽管当时美国考古学中没有直接采用考古学文化的概念，但是它还是有一套类似的概念[1]，甚至更加复杂。以考古学文化概念为纲领的文化历史考古研究，它适合解决的问题、能够解决的问题的范畴大体是围绕史前史的构建进行的，即何时（when）、何地（where）、是谁（who）、是什么（what）的问题。

过程考古强调发展严格的科学推理，解释文化变迁（即 how与 why 的问题），由此促进了考古学方法论的繁荣，除了广泛采用多学科方法之外，一系列新兴的考古学分支领域形成。但是随后考古学家发现，要想真正了解过去，仅仅依赖科学分析解释是不够的，还需要深入的理解。而要真正达到理解，切身的体验、立场的反思、多元的视角等都是不可或缺的。考古学研究从知道过去，到解释过去，再到理解过去，深入的程度在不断提高，这是当代考古学理论发展的主干线索，也是第一个发展趋势。当前考古学还处在"人文转向"中，试图解决 60 年代科学转向以来所存在的问题，特别注意从本体论意义上进行拓展。当然需要指出的是，三大范式是相互叠加的，后来者并不是对前者的否定，而是在此基础上进行更深入的探索。

---

[1]［加］布鲁斯·特里格：《考古学思想史》，陈淳译，北京：中国人民大学出版社，2011 年，第 213—221 页。

所谓亚范式的发展是主干范式生发出来的一些分支，或者说是与主干范式并行的细小分支，它们反映的是考古学理论的多元探索，代表范式共时性的多样性。理论的多元化也是西方考古学理论值得学习的优点之一，张光直、严文明等前辈学者也都曾呼吁学习这一优点。它也是当代考古学理论发展的第二个主要趋势。理论多元化的好处在于保持考古学内部的张力，促进学科的发展，避免研究范式的僵化。

理论的多元化并不仅仅表现在学科内部，同时也表现为不同学科理论向考古学的渗透。这样的学科不仅包括传统上与考古学关系密切的学科，如历史学、人类学、社会学等，还包括生态学、进化生物学、系统科学等自然科学。如今参与到考古学理论建设中的学科不断增加，这形成当代考古学理论发展的第三个趋势。特别需要注意的是，这些来自相关学科的理论不只是丰富了理论的园地，更弥补了考古学理论在中高层理论的不足，中高层理论的增加也是考古学走向成熟的标志。

在理论多元化的驱动下，考古学研究的范围得到显著的扩展，从传统以考古材料本身特征的研究，逐渐渗入古代社会领域，而且研究的角度、方式也日趋多样，这可以算是第四个趋势。考古学研究一开始侧重回答与族群相关的问题，后来扩展到文化适应领域，再后开始讨论文化意义，累积起来，考古学研究的范围持续扩大。更重要的是，人文转向之后的考古学理论，更关注社会与人文问题，强调多元的话语、多元的主题，因此考古学的研究主题明显增加。考古学要研究社会与人文的问题，需要从本体论上拓展考古材料的内涵，而不能局限于客位的（也是所谓科学的）视角，同时需要主位的视角，这样才能理解物质遗存，多元视角的背后还包括考古学哲学基础的扩充。

应该说考古学研究的范式变迁与时代、社会状况总是密不可分的，从考古学的诞生到现在一直都是如此。文化历史考古服务于民族国家认同，过程考古则以建立纯粹的科学知识为目的，它们对所服务的社会现实没有一种理论上的自觉，就像被裹挟进社会潮流中一样。但是，后过程考古把服务现实作为考古学的理论问题单独提出来，不仅主张认为考古学应该服务社会现实，而且主张考古学还应该认真反思自己的服务。它批评过程考古的科学话语霸权，其背后的目的不过是为了捍卫统治阶层的利益，不仅在国内如此，在国际上也如此。因此，考古学应该发展多元话语，从诸如性别、阶层、地方等不同的立场出发，打破既有的单一话语结构。考古学从来没有像现在这样关注当代社会现实，这是第五个趋势。

最后，新的趋势显示考古学越来越多地参与到高层理论的建构中，特别是在解释人类社会演化过程时。考古学作为一个独立的学科参与其中，提出自己的理论解释，与其他学科交流合作，发挥考古学独特的作用。比如在解释早期国家起源这个问题时，考古学的理论解释立足于考古材料，能够发挥历史学、人类学等其他学科理论不能替代的作用，探讨没有文献记载的文明史。长期以来，考古学在研究类似重大问题时，通常的角色是研究材料的发现者与提供者，所谓的分析研究多限于时空框架（中国考古学中称之为文化谱系）的梳理，还有就是古人生活方式的重建，更多是经济意义上的。相对而言，高层的理论建构往往是由其他学科完成的，如今这种状况开始改变。

以上六个趋势其实又可以浓缩到一根主轴上来，那就是考古推理，即如何从实物遗存（或称考古材料）中提炼出所需要的信息。这里不仅需要考虑考古推理可以有哪些有效的途径，还需要考虑到考古推理会受到哪些因素的影响。目前，考古推理的基本途径有三条：归纳、演绎与类比，分别从下而上、从上而下以及平行展开。当前尽管有多种多样的理论，但都是围绕考古推理这根主轴展开的，总体的发展趋势就是要增加考古推理的可靠性与有效性。这一点在回顾考古学的发展历程中可以非常清楚地看到，近代考古学诞生的时候，研究者只能在器物层面上开展推理，所能获取的信息仅限于时空特征以及推测的族属；后来考古学研究越来越强调遗址材料，即在遗址的空间背景中把握器物，这就大大丰富了考古材料的内容。与此同时，多学科的分析方法开始用于考古学研究中，由此形成了众多考古学分支领域。过程考古尤其强调发展严格的考古推理，它在中程理论的建设上贡献最大，对我们理解考古材料的形成过程与组织结构特征有诸多的帮助。表面上看，后过程考古似乎是在批判过程考古，但它批判的是被科学话语掩盖的内容，强调去理解考古材料，而不仅仅去解释，这其实是考古推理的一次巨大进步，因为理解比解释更接近真实。而且后过程考古注意到考古推理可能深受考古学的外部关联的影响，假装考古推理的客观性无助于学科的发展。

从当代考古学理论的发展来看，考古学的本体论、认识论与价值论都围绕考古推理这根中心轴演进，在此基础上，其他层次的理论方法也随之变化。了解这个中心以及理论层次的变化对于把握当代考古学理论的变化趋势是非常关键的，也就是说，考古学理论多样变化的背后存在稳定的目标。理论的变化可以是从高层开始的，并不必然要从底层考古材料开始。一般意义上，我们可以说理论来自实践，但是具体到考古学领域，尤其是后过程考古形成以来，越来越多的理论是由高层理论衍生的。

最后，我们发现当代考古学理论发展存在两条明显的线索：即科学与人文。过程考古及相关范式代表考古学理论向科学方向的发展，而后过程及相关范式则是人文导向的。科学与人文是当代学术最大的分裂，这个分裂在考古学中的表现是非常明显的，在研究实物遗存时，考古学表现得更像是自然科学；而涉及物质的文化意义时，考古学则又回到了人文社会科学。采用不同的偏向，理论主张就会存在明显的差异。在当代学术解决科学与人文的对立之前，两者的冲突还将存在。

拓展阅读

1. ［加］布鲁斯·特里格:《考古学思想史》，陈淳译，北京：中国人民大学，2011 年。

2. ［英］马修·约翰逊:《考古学理论导论》，魏峻译，长沙：岳麓书社，2005 年。

3. ［英］肯·达柯:《理论考古学》，刘文锁、卓文静译，长沙：岳麓书社，2005 年。

第三部分

考古学在做什么？

前面我们已经说到考古学是怎么来的以及考古学何以可能，这个部分重点要说说考古学究竟在做什么。考古学的核心任务是要透物见人，目的是要了解过去，而了解过去的目的是帮助我们解决现实问题，考古学最终还是要服务于当代社会的需要。这个中心任务与目的也就是这个部分的主轴线。考古学为了这个目标，需要若干环节的工作，这里将其分为五个部分：获取考古材料、重建过去、解释文化变迁、理解与传承文化、保护与利用文化遗产。这五个部分也是当代考古学工作的主要内容，职业的考古人从事的工作，往往与其中某个环节相关。他们大多是某个环节的专家，几乎没有人能够贯穿整个过程。这是考古学学科发展的必然结果，分化出众多专门的研究领域。从这个意义上说，五个部分也反映了考古学的发展进程，在考古学发展早期更偏向于前面的部分，越接近现在，后面的部分越受到重视。

特别需要注意的是，尽管这里罗列五个环节，并将获取考古材料视为考古工作之始，实际情况是，五个环节是一个相互贯通的网络。关联是双向的，即进入社会的考古实践形成的反馈又可能影响到其他环节的工作，包括考古材料的获取。这个网络不是封闭的，它不断接受外界信息的影响，社会发展、时代思潮与相关学科的发展一方面为考古学的发展提供条件，另一方面也是考古学发展的动力来源之一。当然，五个环节之间的关联是存在主次之分的，从获取考古材料到保护与利用文化遗产，这是关联的主要方向，反过来的方向是次要的。也正因为存在这样的主次之分，我们才可以将其划分为前后相连的环节。

获取材料后首先需要整理材料，将其安置于一定的时空框架中（when、where），甚至进一步确定社会单位（who）。然后要去分析材料，重建古代的生活方式，这个过程就是狭义上的透物见人。考古学的目的不仅要解决是什么的问题（what），还要解决为什么（why）与如何（how），这就是解释文化变迁的过程。回答了六个W的问题，考古学的工作并没有因此而结束，这是一个阶段的终点，同时是另一个阶段的起点。下一个阶段侧重回答物质遗存及其研究的意义，这需要放在历史、文化、社会背景关联中来理解。按照伽达默尔的说法，历史研究最重要的方面并不是重建历史，而是回答历史的意义。考古学作为大历史学科的组成部分，同样适用于这种认识。理解意义之后才可能对生活在现在的人发挥作用，也就是进入文化遗产的保护与利用阶段。三个阶段构成一种逻辑上前后相承的联系，每个阶段其实适用于不同的理论、技术与方法。

考古学的工作是艰难的，从古人的行为留下物质遗存，到物质遗存经历一系列文化与自然改造过程最终埋藏到地层中，再到被发现与发掘出土，成为考古者的研究材料，经过研究最后进入公共领域。每一步都面临信息的损失、扭曲，还有信息的叠加与混杂，考古学是不完美的，这也是不争的事实，也正因如此，考古学始终在路上。

第 7 章
获取考古材料

　　百年中国现代考古学开始的标志是河南渑池仰韶村的发掘，考古学界认为只有田野考古出现，我们才可以说是现代考古学。为什么是田野考古呢？此前也有偶然的发掘，还有更多的盗掘，它们与田野考古有什么区别呢？需要指出的是，表面看来，田野考古不过从野外获取物质遗存，好像并无不同，但它实际上立足于科学观念基础上。科学观念强调客观世界值得研究，而且需要用精确的方法来研究，还包括采用实验的方法。田野考古是这种观念的产物。金石与古物学家尽管也重视物质遗存，但是他们不愿意去实地进行调查与发掘，对精确的方法也没有兴趣，当物质遗存在地下的分布难以捉摸的时候，他们也不会采用实验的方法，建立有控制的条件。田野考古为考古学带来科学的研究材料，尽管将之视为学科的基础，但是有考古学家认为我们还是低估了田野考古的重要性。几乎所有人都是通过田野考古首先了解到考古学的，许多时候，田野考古就是考古学的代名词，它代表了考古工作的公众形象，成为考古学的标签。

一、考古调查

数年前我到湖北京山、钟祥一带开展旧石器考古调查，这个地区是大洪山的山前地带，属于低山丘陵地形。我们希望能够找到旧新石器时代过渡时期遗址，因为从既有新石器时代遗址的分布来看，存在一种趋势：时代越晚，平原地带遗址越多；时代越早，山前地带遗址越多。存在这样的趋势不难理解，平原地带土地平坦肥沃，更便于灌溉，但土壤中的黏土成分更高，不易开垦，同时容易遭受洪水的威胁，所以，在劳力还不够丰富（或者说人口压力不够大）的时候，人们是不考虑到平原地带耕种的。按照这种趋势推断，旧新石器时代过渡时期遗址就应该位于山前地带，还可以包括一些小盆地。在华北地区，距今万年前后的遗址就是这样分布的。长江中下游地区也是如此，尽管数量有限。江汉平原地区西北侧的山区有不少旧石器考古的发现，正是充分考虑了这些条件，我才决定要在京山、钟祥一带开展考古调查。

遗址远不像我们想象的那样，爬上一个山坡，就有可能发现。有的地区地形开阔，看起来好像很不错的样子，但是考古发现就是非常稀少，不免让人沮丧。我们找到以前的调查资料，复查那些地点，逐渐体会到该地区遗址的分布规律。对于旧石器时代狩猎采集人群而言，他们过着流动不定的生活，不过他们选择居址时经常需要考虑三个条件：水源、石料、燃料，这三样东西都是不适合长距离搬运的。冬季的时候还需要考虑避风的问题，夏季正相反。于是，我们选择在京山的大小富水流域展开调查，不仅因为此前这个流域有线索，更因为这两条河为汉江的支流，河面只有数十米宽，用水方便，而且这里石料较为丰富，燃料更不是问题。我们首先在地图上开展调查，先看地形图，然后再看卫星照片，把可能有遗址分布的区域标出来。河流拐弯的地带，就像我们在鄂伦春人遗址调查中注意到的，那些滨河有陡崖的地方尤其需要重视。随后我们驱车过去核查，检验自己的判断。的确，这样的调查效率大幅度提高，连续发现了数个遗址群【图 7.1】[1]。当然也有失手的时候，有些在地图上看起来非常好的地方，实地考察时却没有发现，我们注意到这样的地方要么缺乏土壤，山体裸露；要么地形过于开阔，一览无余。

图 7.1.1　湖北京山雷家岗遗址

〔1〕叶灿阳等：《湖北京山大小富水流域 2019 年旧石器考古调查》，《江汉考古》 2021 年第 5 期。

图 7.1.2　发现的石核

　　从这个具体的例子中我们可以看到调查的基本流程，首先调查要有目的与理由，要去找什么？为什么要去那个区域找？回答这些问题需要前期的专业训练，可以说，专业的修养越好，就越有可能做出精准的选择。当然，书本或头脑中的认识还是需要在具体实践中检验与提高的，到了野外，如果实际情况并不如计划所想，那么就要考虑及时调整。其次，即便有了目的、理由与计划，也不是说马上就能直接奔赴野外的，而是先要在地图上进行调查，地图是浓缩的野外，地形图、卫星照片需要配合使用，有时还需要老地图或老照片。尤其是在历史时期的考古调查中，古代遗迹往往直接分布在地表，但由于近几十年中国飞速建设，地表景观改变巨大，于是老照片、老地图就可能发挥作用。我的同事在新疆进行野外调查时，就普遍用到老卫星照片，在照片上，汉代的烽燧、城墙还可以看到一些痕迹。确定了具体的调查地点之后，第三步就可以驱车前往调查了。如今交通条件好了许多，有车辆相助，还有汽车导航应用的指引，对于野外工作来说，实在是再方便不过了。只是在少数人烟极少的地方，通信与交通条件还不那么理想，如在新疆沙漠地区、西藏高原地区调查，需要按照探险的标准来准备。找到遗址后就进入第四步，采集标本与记录，有些地方材料丰富，并不需要都采集，选择一些典型标本就可以了；记录方面，这是越细致越好，不仅需要文字记录，还需要地图标识、绘图、照相。现在普遍都配备了无人机设备，可以拍摄到总体的景观，从而获得各种尺度的照片记录。从我们自身的经验来说，记录总是粗疏的，在野外时往往过于强调实物的发现，而忽视相应的文字记录。殊不知人的记忆并不可靠，待到后来整理资料时，总是后悔当时的记录不够全面。

以上的例子代表考古调查的一种类型，并非所有调查都是如此。许多考古发现甚至都不是专业考古人士发现的，而是在工程建设过程中碰到的，中国每年有大量的工程建设项目，往往都涉及大规模的动土，此时就有可能碰到古代的遗址。另外，考古的业余爱好者也会提供一些线索。获悉信息之后，专业考古部门就要派人去核查，确认发现的真实性与重要性。国家还会组织全面的文物普查，这样的调查是全覆盖的，是分区域一片一片地调查，不分年代早晚。这种调查规模大，耗时长，但往往只能调查地表分布的材料，精度也不够高。好处是能够为后续专门的调查提供线索，我们在京山进行的调查就属于专项考古调查，有明确的学术目的，调查对象也有明确的选择性。前面我们还提到一种更详细的考古调查，即区域系统调查，它已经处在调查与发掘的交界地带。这种调查方法收集的材料信息更加系统，并且可以量化，能够回答一些更深入的问题。当然，它所适用的区域与问题也是有所限制的，可以采用的区域最好后期的扰动较少，物品要有足够的暴露度。如果一个区域历史上反复利用过，就会有大量不同时期材料的混合；如果物品埋藏较深，如黄河中下游地区，那么调查也不能实现目标。

要想提高调查的效率需要考虑到影响因素，尽量减少这些因素的影响，或是采取有效的途径规避其影响。影响调查的因素首先是季节与植被，这是两个密切关联的因素，夏季植被茂密，显然是不适合开展调查的。较为理想的季节是春季，尤其是春耕开始之后，古代遗存有可能被翻到地表，而且此时植被稀疏，遗存的可见程度大幅度提高。类似之，秋季也是一个较为合适的季节，秋收之后，有些地方会翻耕。春秋两季气温也适宜，此时在野外工作，本身就是一种享受。之所以把植被单独拿出来说，因为这已经成为我们当前开展野外调查工作的一大障碍。近一二十年来，中国广大的农村地区都在退耕还林，植被覆盖度提高，生态环境显著改善。从环境整治的角度来说，当然是非常好的事情，但对于考古调查来说，却是不利的，由于农村基本不再烧柴，也就不需砍伐灌木柴草。植被恢复初期，荆棘丛生，对野外调查来说，多了不小的障碍。这个问题不好解决，考古调查需要去看剖面，北方黄土地区冲沟多，有利于观察到地层，通过剖面的发现来弥补平面发现的不足，是一个替代方案。另外，就是要特别关注工程建设项目、农村土地改造项目、砖瓦厂等，只要是动土的地方，就有观察裸露地层的机会。

另一个影响因素是不熟悉环境条件，造成前期调查工作效率很低。有的调查者要花上一两个月熟悉当地环境，然后才会有发现。此时，与地方文物部门合作是一个比较好的做法，因为他们在当地有工作经验，能够提供不少帮助。有时候当地的居民就是很好的帮手，如在旧石器考古调查中，把石器标本给当地居民看看，他们可能不认识石器，但会告诉我们哪个地方这样的石料比较多，可以让我们少走弯路。最后，影响调查的因素也许就是前期的准备，没有前期的研究，贸然展开调查，不大可能有太大的收获。调查者对于可能的发现要有不同的预案，有时的确可能收获寥寥，有时则可能有突破性的发现。如果有突破的话，如何扩大战果，需要有些考量。凡事预则立，不预则废。考古调查的意义最终取决于后期更深入的工作，因此在调查过程中，需要对下一步的工作有所计划与准备。

二、考古发掘

2009 年，我主持发掘湖北郧县余嘴 2 号旧石器遗址。这是一个南水北调项目，因为加高丹江口水库大坝，将会淹没部分遗址，我要发掘的这个遗址就位于水位线上。这个遗址是中国科学院古脊椎动物与古人类研究所的李超荣老师发现的，我拿到前期的调查信息之后，首先是要复查，确定遗址的准确位置。由于当时的 GPS 定位精度不高，找到遗址也费了一点时间。除了选择遗址位置之外，还对遗址周边环境、石料分布等做了调查。在此基础上，我确定了发掘的基本范围，然后开始布置探方，就是打出 5 米见方的格子，每个格子的东侧与北侧留出 1 米，用作隔梁，也是人员行走与运土的道路，因此，每个探方实际发掘的面积是 16 平方米，而不是 25 平方米【图 7.2】。隔梁并不是一直都保留的，如果隔梁下有

图 7.2 湖北郧县余嘴 2 号旧石器遗址的发掘

遗迹，也会打掉隔梁的。探方的布设通常是按照正南北方向进行，但是余嘴2号旧石器遗址位于山坡上，坡向东南，并不适合按正南正北方向布方，所以我把探方的布设方向旋转了45度，与山坡的坡向一致。此次发掘布置的探方总面积为500平方米。

布方完毕，下一步就要开始发掘。然而，我并不知道地表之下的情况如何，为了了解地层，同时也是为了了解遗址的分布范围，我在距离所布设探方的外围十余米的地方又布设了两个2米见方的探方，用于试掘。每个探坑都挖了差不多两米深。结果表明，这里不是人类活动区，没有发现人工制品。通过试掘，我同时了解了地层的分层情况。尽管这里的地层与遗址中心区的地层不一定一致，但无疑有参考价值。我的发掘从最外围的两个探方开始，遗址复查时这个地方的发现物比较少。我之所以这么做，仍然是为了进一步了解遗址，我不想自己还没有较好地了解遗址地层与遗存分布情况下，就直接发掘了核心区，那样有可能造成难以弥补的损失。外围探方的发现物的确比较少，不过，我也更进一步了解了遗址。不久就发掘到了遗址的中心区，这是一个顺山坡的砾石条带，石器就散落在砾石条带上。我还记得民工当时十分惊奇的样子，他问我是怎么知道这里有东西的。其实，我不过是循序渐进，根据遗存的分布追溯到这里的。

小 贴 士

探方[1]

探方（沟）是田野考古发掘的基本单位，是为控制发掘进度、规范信息记录而人为设置的工作单元，在考古报告中用字母 T 代指。探方为正方形，依发掘需要一般有 1 米 ×1 米、5 米 ×5 米、10 米 ×10 米等多种规格。1 米 ×1 米探方常用于发掘旧石器遗址或较为复杂精细的特殊遗迹；5 米 ×5 米探方为一般常用规格；10 米 ×10 米探方多用于大面积快速揭露遗迹。对于后两种探方而言，在发掘过程中要在东侧、北侧分别保留 1 米宽的隔梁，东北侧隔梁相交处为 1 米 ×1 米的关键柱，用于观测地层变化。在信息记录完备后可将隔梁与关键柱打掉，以完整揭露遗存。探沟则为任意规格的长方形，依发掘需要设置，通常被用来小规模解剖、探察遗存的堆积情况。在当前的发掘工作中，单次发掘季所设置的探方（沟）通常会按相同方向（以正方形为主）设置，并建立相应的坐标系，统一发掘单位的编号与记录。在发掘过程与资料整理阶段，探方都是基本单位，需撰写相应的发掘日志。完整的探方发掘资料通常包括探方发掘日志、发掘总记录、探方总平剖面图及逐层平面图、探方内各遗迹图表、遗物登记表等。

成熟的探方发掘法被认为源自英国考古学家莫蒂默·惠勒（Mortimer Wheeler）20 世纪 30 年代在梅登城堡的发掘。而在同时期的

---

［1］冯恩学：《田野考古学》，长春：吉林大学出版社，1993 年。国家文物局：《田野考古工作规程》，北京：文物出版社，2009 年。

中国，通过对西阴村、城子崖、殷墟等遗址的多次发掘，以李济、梁思永为代表的中国考古学家也逐步发展出了较为规范统一的探方发掘法。新中国成立后，通过组织田野考古培训班、公布《田野考古工作规程》，我国进一步明确了探方发掘法的具体流程与标准，并在长期实践中不断对其优化，形成了一套科学、高效的田野发掘方法。

　　发掘的次序是按照沉积土层的土质土色逐层揭露的，前期的探坑、边缘区发掘都是为了掌握这里的地层划分。确定了地层次序之后，发掘之中也就有了基本的把握。发掘的基本方法是把平面与剖面结合起来进行，地层就是剖面，逐层揭露就是为了确定遗存在平面上的共存关系。同一个地层的遗存理论上属于同一个时期，如果遗存之间的关联度高，那么就可以认定为与同时的活动相关。在逻辑层面上，共存是不等于相关的，也就是出土于同一地层中的东西不一定属于同一活动，除非能够确认其关联性。平面的揭露有助于发掘者识别遗存的相关度，如果不能做到平面揭露，就不能发现这样的关联性，也就失去了了解古人活动的机会。我所发掘的砾石条带中含有大量的砾石，砾石大小、材质与石器是一致的。石器的组成中有砍砸器、手镐、刮削器、石片等，它们共同构成一个石器组合，具有很高的关联度，有理由认为它们是同时的。

　　为了识别共存与关联性，在发掘过程中，当我们遇到遗存的时候，需要让其保持在原位，尽可能少地干扰它的原始状态，因此需要十分细致地清理遗存周边的堆积。待到同一层位的发掘都完成之后，再测量、绘图、拍照、记录。考古发掘为了获取遗存的准确位置，设计了数套测量记录体系，首先是探方单位，布设探方的时候，会先确立一个永久基点，建立一个坐标系，每个探方在这个坐标系都有其位置，以字母与数字标志，如 A3 探方。因此，每个出土物都会有探方单位，记录者还会测量出土物在探方中的位置，每个探方的测量基点是其西南角。其次，随着现代化设备的运用，还有一套纯粹的三维坐标体系，即在永久基点处建立测量基站，然后测量每个出土物的三维坐标。再者，结合探方单位还有层位，层位分为两种：一种为自然层，是按照土质土色划分的；另一种是水平层，这在旧石器考古发掘中用得比较多，设定 5 厘米或 10 厘米为一个水平层，一个自然层可能包括若干个水平层。如果自然层是倾斜的，那么水平层就可能跨越不同自然层。这样的可能性是存在的，需要注意的是，采用水平层发掘时，其探方的大小通常是 1 米见方的，非常小，而且每个水平层的厚度比较薄，远小于自然层，这样也就基本避免了水平层跨越自然层的可能性。归纳起来说，每件出土物可能就有了三套位置记录：纯粹的三维坐标、探方单位与自然层、探方单位与水平层。

测量、绘图、拍照、文字描述构成相互补充的四种记录。测量完成之后还需要绘图，这要在米格纸上完成，每完成一个层位的发掘，就需要绘制一张探方平面图。如果有遗迹单位，还需要单独绘制遗迹的平面图。发掘过程中，每位发掘者负责一个或数个探方，记录是发掘者的责任。如果发掘规模不大，则可能由一两位发掘者专门负责。拍照比绘图的细节更加丰富，自从数码摄影普及之后，拍照可以反复调整，无须考虑拍照的成本问题。在数码摄影出现之前，采用摄影胶卷，胶卷有黑白、彩色负片、彩色正片三种，对于重要的发现，三种胶片都需要运用，彩色正片用于幻灯片与出版，成本高。对于胶片摄影而言，必须确保胶片上卷，否则只是机器空转，错过拍照的机会。胶片必须送到专门的机构洗印，如果因为某种原因，拍摄没有成功或洗印的效果不理想，损失都是不可弥补的。数码摄影没有这些问题，拍照变得简单，当然，也少了一点寻找拍摄技巧的乐趣。技术的进步带来更高的要求，平面化照片已经不能满足记录的要求，如今出现了三维扫描设备，可以扫描形成具有三维信息的遗存分布图；运用软件处理连续拍摄的数码照片，也能得到类似的分布图。在这样的图形上，可以测量距离，图形可以从不同角度观察，信息含量空前。高科技是值得肯定的，但并不意味文字描述记录就过时了，发掘者的感受、体会与思考是无可替代的，一本记录良好的田野发掘记录本身就是研究笔记，可以帮助后来的研究者更好地了解发掘过程以及发掘者对该遗址的认识。我在余嘴2号遗址的发掘过程中，就单独记录了一本笔记，它不是程式化的记录，而是我的总结与思考。

发掘所产生的堆积物并不能直接扔掉，因为里面可能有包含物，包括细小的石片、动物骨骼（尤其是牙齿）、植物遗存等。通常的处理方法是干筛与浮选。干筛，顾名思义，就是用不同孔径大小的筛子来筛土，这种方法在气候干燥的区域非常实用，这里土壤松散，筛选过程有可能发现细小石片，如水洞沟遗址发掘中就采用这样的方法。从废弃过程的角度来说，细小石片更可能是原位堆积，能够较为准确地反映曾发生在遗址中的活动。水洞沟遗址第 2 地点与火塘相关联的大量细小石片，表明古人曾在火塘边修理石器（而非制作石器）。浮选，就是把堆积倒入水中，充分搅拌，植物遗存密度较小，会浮到上面来。这种方法是植物考古学家常用的方法，在旧新石器过渡及新石器时代早期的遗址发掘中运用尤其多，浮选是收集植物考古证据的基本方式，对研究农业起源、生态变迁有重要作用。在我参与的发掘中，还采用过介于两者之间的处理堆积的方法，那就是把堆积倒入筛子中，筛子按孔径大小分三层，然后用水冲洗，采用这种方法可以发现啮齿类的牙齿这样细小的标本，也能发现植物遗存，唯一的不足是需要耗费大量的水。若非水源方便，是不建议采用这样的方法的。

三、田野考古的装备

田野考古的装备非常多样，小到随手自制的竹签，大到现代化的移动实验室。这里选择比较有代表性的工具做些介绍。田野考古最有标志性的工具应该算是发掘工具手铲，如今这种工具是专业定制的，其原型是泥瓦匠的工具，后来经过改良，以适合考古发掘。经过多年的实践，手铲的形制也产生了分化，从尖部来看，有尖头、平头之分；从铲身来看，有宽窄之分。为了便于操作，有的手铲还设计了防磨手的卷边。手铲在发掘中的作用主要有两个，一个是挖土，手铲的刃部长度是 10 厘米左右，正好是发掘中一个水平层的厚度；另一个作用"刮面"，这是一个有点专业的术语，所谓刮面就是利用手铲的侧刃把地面刮得尽可能平整。要从平面上判断遗迹的类型与分布，需要新鲜、平整、干净的平面。一旦认定了遗迹，可以用手铲的尖部画出界线来。手铲还可以用来清理遗迹的边界，如在发掘半地穴式房址的边界时，需要用手铲一点一点地寻找，考古学上称为"找边"。正因为手铲是田野发掘中常用的工具，有些考古人如电工师傅一样，腰部系上工具袋，插上手铲与其他工具，再加上遮阳帽，形象具有标志性，于是手铲成为职业考古人的标配。实际发掘中用到的挖土工具非常多，刚开始清理表土时，有时甚至可能用到挖掘机。手铲属于精细工具，挖土的效率很低，所以在刮面、找边时，许多时候会用到铁锹、锄头。长柄的平头锄在刮面时既省力，也更高效。不过，手铲仍然是不可替代的，因为刮面的手感是十分重要的，有的地方土质土色相差极小，但是紧密程度差异明显，松软的地方是动过的回填土，若不是用手铲刮面，就体会不到。

　　田野考古的另一个标志性工具是探铲，这也是调查用的工具【图 7.3】。探铲，又称洛阳铲，洛阳是九朝古都，陵墓众多，历史上的盗墓就不少。盗墓者为了识别墓葬的位置，就用到了探铲，考

图 7.3　1991 年作者在白音长汗遗址打探铲

古工作是借用了这种有效的工具。所谓探铲，就是一种长柄的、刃部为半圆形或圆形的铁铲，刃部的直径 8 厘米左右，加上铁柄，长度在 1 米左右。铁柄的尾端可以套接木柄，更高级的采用可以套接的工程塑料柄。打探铲是个技术活，动作很简单，但是要做好却需要较长时间的训练。打探铲的关键就在于每次探铲都要打在同一个位置上，而且需要直上直下，这样提取出来的土样就可以代表不同深度的堆积状况。刚开始做的时候，所打的探孔直径明显大于探铲的大小，这是手眼协调性不够所致，老师傅的探孔则是稳定一致的尺寸，跟探铲大小相等。有的遗址埋藏深度较大，或是遗址的文化堆积非常厚，比如说超过了 3 米，比探铲的长度还要大，此时就要打吊铲，即利用探铲的自重垂直下落，然后用绳子来提取探铲。这个操作要求水平就更高了，若是探孔不够垂直，那显然是做不到的。在田野考古中，打探铲是个专业活，通常都是由技工来做。技工通常是在田野考古过程中培养出来的，往往是对考古有兴趣且动手能力不错的年轻人，跟着考古队长期工作，逐渐就成了专业的考古工人。如今分化出来专业的考古勘探公司，也有的学校开始培养专业的考古技术工人。三百六十行，行行出状元。田野考古对技工的需求很大，人员不好找。如中国人民大学参与的甘肃庆阳南佐遗址的田野考古，为了了解遗址的分布范围，需要对将近 600 万平方米的面积进行钻探，要打数万个探孔，需要一批能够打探铲的技工。

　　第三种值得一说的考古工具是全站仪，这种高精度的测量工具在许多工程建设项目中都能看到。考古发掘需要测量出土物的三维坐标，因此许多考古工地也用到了这种工程测量设备。全站仪（Total Station），是一种集光、机、电于一体的高技术测量仪器，集水平角、垂直角、距离（斜距、平距）、高差测量功能于一体。将人工光学测微读数代之以自动记录和显示读数，使测角操作简单化，且可避免读数误差的产生。因其安置一次仪器就可完成该测站上的全部测量工作，所以称之为全站仪。全站仪具有角度测量、距离测量、三维坐标测量、交会定点测量等多种用途。内置专用软件后，功能还可进一步拓展。全站仪的测距模式有精测模式、跟踪模式、粗测模式三种。精测模式是最常用的测距模式，测量时间约2.5 秒，最小显示单位 1 毫米。在距离测量或坐标测量时，可按测距模式（MODE）键选择不同的测距模式。全站仪的数据可以与计算机之间进行双向数据交换。全站仪与计算机之间的数据通信方式主要有两种：一种是利用全站仪配置的 PC 卡，另一种是利用全站仪的通信接口。全站仪的应用让考古发掘材料的空间精度大幅度提高，而且非常便于统计分析，比如说我们发掘到古人不同时期的数个生活面，但由于相隔的时间比较短，所以出土物好像都混杂在一起，地层的土质土色也没有明显的区别。如果没有高精度的空间数据，那么我们很可能将它们都划入同一个层位。有了全站仪的数据之后，就有可能看出剖面上有若干出土物密集分布的层位，从而识别出不同时期的生活面来。

　　随着考古学的发展，也随着中国各方面实力全面提升，考古装备也在不断升级。高端设备的代表之一就是移动考古实验室。2009年，中国第一台移动考古实验室投入使用。实验室由一台 11 米长、2 米多宽、近 2 米高的方舱与卡车底盘集成。它具有四个方面的功能：发掘前的探测，通过测绘等手段记录遗址的空间信息，第一时间对各种材质的出土文物进行分析保护，检测文物埋藏环境，为后续保护计划提供依据。实验室内部集成了图像观测与数据采集处理设备、文物保护技术设备，包括便携式的 X 荧光光谱仪、拉曼光谱仪、近红外光谱仪、X 射线探伤仪、便携式显微镜、真空充氮保存柜等。实验室还配备了机器人，可以进入地下墓室进行发掘前的预先探测，保障发掘者的安全，也有利于文物的保护。把实验室直接搬到野外，这是以前难以想象的，如今一些地方考古研究机构都已配备了这样高端的设备。田野考古发掘过程中，不仅需要及时提取到关键的信息，还需要考虑到文物的保护问题，而这是具有很高时间敏感性的，文物一旦暴露在空气中，可能会造成不可逆的损害。我在湖南文物考古研究所的研究基地就曾见到过一台移动实验室，湖南有不少简牍、织物等有机物品的发现，出土时非常需要及时的处理。有了移动实验室，这样的难题也就迎刃而解了。

另一个高端设备是水下考古船。2014年1月24日，中国首艘水下考古船"中国考古01号"在重庆长航东风船舶工业公司正式下水试航。"中国考古01号"工作船采用全电力推动动力方式，全长57.91米、宽10.8米、深4.8米，满载排水量980吨，续航力1000海里，自持力30天，核定载员30人。船上配有考古仪器设备间、出水文物保护实验室、潜水工作室、减压舱等设备，集成了包括门字吊、救助艇、减压舱、柴油发电机、小型冷藏集装箱等在内的多种科考设备，可对水下遗存进行测绘记录、摄影摄像、遗址清理等。全船共有三层，不仅设有出水文物保护实验室、潜水工作室、食品间、厨房、餐厅等，还有近20个房间用于住宿，且每个房间都配有单独的卫生间。船上配置的A字架打捞吊和折臂吊可以打捞水下3吨以内的物体。此外，船上还附带有工作艇。考古船的总造价超过8000万元，可谓是中国考古的顶级装备。有了专业的考古船，中国的水下考古也就告别了利用渔船去做水下考古的历史。与此同时，专业考古队伍与研究机构进一步扩充，水下考古成为田野考古的新天地，集高精尖技术于一体，令人对考古工作刮目相看。

拓展阅读

　　1. 赵辉、张海、秦岭：《田野考古学》，北京：北京大学出版社，2022 年。

　　2. ［英］科林·伦福儒、保罗·巴恩：《考古学：理论、方法与实践》（第八版），陈淳译，上海：上海古籍出版社，2022 年。

第 8 章
重建过去

发现了过去的物质遗存并不等于就了解过去，否则就不会有现代考古学了。自从有了人类，就有了物质遗存，但是现代考古学直至 19 世纪才逐渐形成，取得一定成绩已经是 20 世纪初。物质遗存一直都在那里，埋藏在地下或是暴露在地表，历史时期的人们有的有所关注，有的是直接无视，将之与自然之物等同。科学兴起过程中，人们把自然的世界与人的世界区分开来，对客观世界有了研究兴趣，同时也有了相应的方法，如实验分析、实地考察、精确测量等。现代考古学正是在这样的氛围中诞生。我们许多人都有收集旧物的体验，但绝大部分都是没有什么结果的，最后这些东西还是扔掉了。为什么我们不能研究这些旧物呢？我们没有方法，也没有特别明显的目的，有时候只是为了好玩而已，有时候也许有种财富增值的梦想。从个人的角度来看，这些都是可以理解的，并无不妥。而对考古学这门学科而言，获取了过去的物质遗留，是有其目标的，它的核心目的就是要通过过去遗留下来的物质去了解过去。通过田野考古的手段获取材料只是第一步，下面的工作就像是榨汁机一样，需要从那些实物遗存中把有关人类过去的信息"榨"出来。这的确是一项充满压力的工作，过去一百多年来，考古学家殚精竭虑、千方百计寻找方法，有些方法比较成功，有些还存在较大的问题。这里拟继续从考古学家的工作流程去讨论考古学家是怎么做的，取得了怎样的成绩。

一、材料的整理与分析

2009 年的余嘴 2 号遗址的发掘，我的发现并不丰富，总共获得了 334 件石器（或称石制品），还有一条砾石条带，石器主要分布在砾石条带之上。这条砾石条带是汉江古老阶地的遗留，古人当时就利用这里丰富的石料打制石器。材料的整理与分析并不是从发掘工作完成之后才开始的，而是在发掘过程中就已经动手了。每天回到居住地之后，都需要整理当天的图片、文字记录。我们在发掘过程中同步开展了实验考古工作，就利用了从遗址周边以及砾石条带中获得的石料。我们通过实验分析石器的制作过程，建立人工制品与天然石块的区别（自然崩落、破损的石块与石器有时并不容易区分）。我们的实验就发现遗址中出土的所谓砂岩砍砸器不可能用作砍砸，虽然它的形制类似砍砸器。我们收集的材料并不限于石器，也包括砾石条带中的砾石，我们随机测量了上千件砾石的大小与重量，并记录了岩性。这对于我们后来分析古人制作石器时的原料选择是颇有帮助的，古人并没有刻意去选择优质的原料，而是选择最易于获得且容易加工的原料。我们的使用实验还表明，古人对某些石器的使用强度很大，不像是一次使用的结果。也就是说，古人可能周期性光顾余嘴2号遗址，但是每次停留的时间并不长，在这里开展的活动也不多。

不过，材料整理的主体还是在发掘之后，考古上称为"室内整理阶段"。这个阶段可能是考古工作中比较让人觉得腻味的，工作量大且重复、烦琐，颇为单调，然而又是必不可少的。清洗标本后有个拼合阶段，即看石制品是否可以拼合起来，如果能够拼合，说明遗址埋藏的过程受到的干扰不大，另外还可以了解古人生产石器的过程，这能够反映古人的认识水平。拼合石器是非常困难的工作，比拼合陶片要困难得多，石器的拼合是三维的，可能在一个意想不到的角度能拼合起来。试想一下，你花费一个星期的时间只能拼合出两三片，前面几天只能用来熟悉材料，在行将放弃的时候，突然拼上了一片，这样的感觉不免让人哭笑不得。陶器拼合也是整理工作的重中之重，它是类型学分析的基础。陶器拼合的好处在于仅仅有一部分完整的，即从口沿到底部是连续的，那么就可以把整个器物复原出来。当然，可复原与完整器物还是有很大的区别的，两者涉及不同的废弃过程。如果是有计划的并预期返回的废弃方式，就可能留下不少完整的器物，有的陶器甚至可能倒扣在居住面上。

从这里可以看出来，整理分析过程中，研究者的角度选择是十分重要的，不同的角度关注的特征可能有所区别，由此所收集的信息也会有所区别。较为合适的做法是，不同角度合理并存，这样收集到的信息更加丰富。整理分析过程中忌讳收集的信息过于单一，因为一旦没有及时收集，以后再想弥补，就十分困难了，所以在收集信息时，宁多勿少，宁繁勿简。有些信息是基本的，比如器物的大小尺寸、重量、材质、层位、标本号（带有探方号、年份与遗址名称缩写在内）等，无论采用什么视角，这些信息都是需要采集的。在此基础上，进一步采取其他方面的信息，以石器研究为例，传统的信息收集以技术类型为中心，如果是石片，那么就需要观察打击点、台面、半锥体、背疤数量、弯曲度、尾端形态、完整程度等方面的特征；如果是石核，则需要观察台面的数量与类型、片疤的数量、剥片的方向、打击点的形态等；如果是工具，则需要确定工具的类型、修理（包括使用）的方式、修理的深度、刃角等。收集所有这些信息的目的，就是为了了解古人采用什么方式生产石器。石器技术类型学中暗含的前提是，不同社会群体会存在不同石器类型特征，并且形成稳定的文化传统，技术类型及其在长时段中表现出的稳定特征，可以用来界定不同的人群甚至人种，比如说解剖学上的现代人更可能使用标准化的石叶，这也意味着他们会使用复合工具。相比而言，前现代人群在制作复合工具方面有所欠缺。技术类型学的分析还可以用来分析文化的交流，如认为流行于中国北方的细石叶技术来自欧亚大陆西侧，因为那里的石叶技术出现得更早。

如果采用功能适应的角度来看石器，那么就会特别关注使用痕迹，从肉眼可见的崩损、磨耗到需要显微镜观察的微痕，还会着力去提取能够反映石器使用活动的残留物。考虑到石器的使用常常是多功能的，因此对同一件石器的观察需要划分为若干等份来进行观察，从而确定功能单位的数量与类型。这对于研究者遗址使用的时间长度与活动类型具有指示意义，居留时间越长，功能单位的类型也就越丰富，功能单位也会越多。在观察磨制石器时，两种视角的差别会更明显，磨制石器形态规整，功能相对稳定，类型学的视角通常会强调形制，尤其是其中具有地区风格的特征，比如辽西赵宝沟文化的磨制石斧侧面不是圆弧形的过渡，而是磨制出一个小平面来，因此有两条棱脊，非常有特色。而从功能的视角去看，更可能关注影响其功能使用的方面，如重量、刃角、材质等。赵宝沟文化典型的挖掘工具是亚腰形的石铲，从功能视角，就需要考虑为什么会形成这样的设计、其使用效率如何等问题【图 8.1】。我们曾经研究辽西地区夏家店下层文化的石铲与石锄，这些器物的命名是基于形制得出的，而从功能角度考察，发现名称与功能是存在矛盾的，后续的研究揭示所谓的石铲实际是中耕除草的石锄，而所谓的石锄并不能用来挖土，而是用来粉碎土块的耘土工具。

其他类型的遗存的整理、分析类似之，在基本信息之外，不断丰富的研究视角需要更加细致与精确的信息，这也是如今“高精度考古”出现的重要原因。考古学史上，曾有先驱提前准备了高精

图 8.1　赵宝沟文化的石器组合，中间带尖的石器为亚腰形石铲

度的信息，尽管按照当时的研究水平，完全用不上。比如前文提到的英国考古学家皮特－里弗斯将军的例子。他的考古报告的出版非常考究，百年后的考古学家还可以根据他的发掘报告重建遗存的分布，但其收集的信息于当时而言无疑是多余的。不过，这样的例子是很难复制的，随着人力成本的提高，分析手段的丰富，考古学研究也越来越昂贵，发掘的时间往往有严格的限制。不管怎么说，前期信息准备越充分、越精细，那么后期的研究就会越顺利，比起要重新回头弥补信息的成本而言，前期工作的高成本也还算可以接受。令人遗憾的往往是，前期没有想到，不仅没有采集相关信息，而且还破坏了后期弥补的可能性。比如说整理阶段都会首先清洗标本，陶器内部的残留物带有许多有用的信息，能够帮助揭示古人的食物构成，如果没有提取残留物的标本，那么就是无可弥补的损失。石器也同样如此，很长时间里，研究者认为石器很结实，不需要单独的存储，因此把许多石器存放在一起，相互磕碰、摩擦，由

此产生了许多痕迹，影响到后来的微痕的观察。我们都希望未雨绸缪，能够提前预知未来的信息需要，但是限于研究者的理论认识水平与当时的经济能力，使得考古学有点如医学，是一门有不少遗憾的学科。

在考古学的方法一章，已经谈到考古学中存在不少的分析方法，相关材料的提取需要在野外工作阶段完成，分析工作则是在室内（实验室）完成的。按照工作流程，分析阶段需要把各种各样的标本送到不同学科的实验室进行分析。以酒的分析为例，斯坦福大学刘莉老师与国内考古学家合作从陶器残留物中不断提取到酿酒的证据。动物考古研究者在田螺山遗址的材料中发现了世界上最早驯化鹅的证据。就整理分析的对象而言，可以分为遗物、遗迹、科技考古分析材料三个部分。典型的遗物包括石器、陶器、青铜器、骨器、木器等，其中石器、陶器与青铜器都已经形成了专门的研究领域，形成了相应的方法论。

考古学研究的主要遗迹有墓葬、聚落、城址等，它们也都形成了专门研究领域。其中墓葬是"封闭单位"，如果没有遭到盗掘的话，墓葬就是封闭的，其中随葬的东西就构成一个较为完整的组合，能够与使用者的时代直接联系起来。墓葬的重要性还不止如此，墓葬中的人骨材料能够揭示当时有关人群的重要信息，包括他们来自哪里、社会地位如何、饮食构成如何，以及平时的生活习惯等。这也是为什么考古工作中如此重视墓葬的重要原因。即便是在聚落与城址考古中，如果没有墓葬，也是一个需要弥补的缺憾。墓葬与聚落考古中，等级是特别值得注意的方面，是研究古代社会组织、礼仪制度的重要材料。聚落与城址的分布、形制、结构布局等也是关键内容。

科技考古分析材料类型众多，前文从所依赖学科的角度进行过介绍，这里拟以它们能够解决的问题为中心来梳理。科技考古分析是解决年代、古环境、生计（食谱与经济构成）、原料来源、人口来源与迁徙路线、贸易交换乃至意识形态（天地观念）的基本途径。要了解这些内容，通过一般的遗物、遗迹分析是很难实现的，因此，科技考古成为当代考古学发展最为活跃的发展方向，已经成为考古学的左膀右臂，而不再是锦上添花了。还是以石器考古为例，如东北地区东部旧石器时代有利用黑曜石这种优质的石料的传统，黑曜石是火山喷发的产物，其分布区域相对局限，通过微量元素的分析，研究者可以去探索这些黑曜石的产地，从而构建起当时的贸易交换网络。类似的较为成熟的研究如新石器时代土耳其的黑曜石贸易，著名的加泰土丘遗址就是当时的黑曜石贸易中心。[1] 分析贸易交流的方法颇有一些，器物的风格分析也可以部分实现，多层次方法的相互协作，有助于建立更加可靠的认识。

---

〔1〕T. Carter, J. Conolly, "A.Spasojevé, The Chipped Stone", in *Çatalhöyük 1995—1999*, edited by Ian Hodder (Cambriedg: McDonald Institute Monographs and British Institute of Archaeology at Ankara, 2005).

二、时空框架的建立

重建过去是一项永远也无法彻底完成，但又需要不断努力去做的工作。第一步无疑是建立时空框架（或称时空关系），任何一个事实首先需要有时空经纬，然后才能谈下一步的把握。即便是这第一步，也不容易做到，考古学家有时以为自己已经完成了，结果在种种争议的背后，发现还是时空框架的问题。这项工作就像是建筑的基石，一旦离开它，后续的工作就成了空中楼阁。这里还需要注意的是，我们要建立的是什么样的时空框架呢？前面说是事实，是过去已经发生过的活动，但是了解它比建立时空框架更加困难，那么这个框架首先就只能说是考古材料的。我们并不知道过去是什么样，建立时空框架是了解过去的第一步，当时空框架建立起来之后，我们需寻找其中存在的形态特征，为下一步的研究确立研究的单位（概念）或对象。考古材料的时空框架是相对客观的，构成它的基本元素就是遗物与遗迹，从一件石片、陶片到可以拼合的器物，再到器物组合，乃至更大的单位，时空框架的范围也越来越大。因此，我们需要明白，建立时空框架不是一蹴而就的工作，而是不断扩大的，最终要建立的是全球的人类历史。

从时间维度上说，包括相对年代与绝对年代，前者是早晚关系，后者是相对于现在的绝对时间尺度。考古学上，首先能够建立起来的就是相对早晚关系，考古地层学与类型学就是服务于这样的目的（参见考古学方法那一章）。按照地层学的基本原理，晚期的地层叠压在早期的地层之上，如果晚期的遗迹打破了早期的地层，应该是可以找到开口的。有的人可能会想到，地层就不可能颠倒吗？当然是有可能的，但这个是有规律、有迹象的，比如沿着悬崖的持续滑落与崩塌，就会导致较晚的东西在下面，而较早的东西反而在上面。遗址内灰坑的填埋也存在类似的可能。不过，它们都属于次生堆积，其中的物品年代是混淆的，不能代表遗迹或地层的准确年代。相比类型学的证据而言，地层学的证据属于硬证据，具有更高的可靠性，在进行类型学的分期排队之前，必须首先考虑到地层学上的早晚关系，建立若干明确时间标志点。类型学根据器物形制变化的阶段性来建立早晚关系与分期，如果对一个地区有长期的研究，根据器物风格是可以获得这样的认识的，尤其是在新石器考古研究中，典型陶器的风格变化有非常好的指示性，比如辽西地区的筒形罐，其形制与装饰具有非常明显的阶段性特征。

相对年代不能取代绝对年代，离开了绝对年代，不同地区就不能进行对比。绝对年代的可靠性与精度是不少考古学问题的关键。如在最早美洲人的研究中，放射性碳测年的数据并不少，但是能够经得起质疑的并不多，因此，尽管不断有人宣称发现了前克洛维斯（pre-Clovis）时代的遗址，但是考古学家普遍相信的、比较可靠的最早年代仍然是在距今 14500 年前后。另一个更有争议的问题是二里头遗址，经过大量高精度测年工作之后，二里头最早的年代落在了公元前 1850 年前后，比此前学界推测的夏王朝年代（公元前 2100 年前后）要晚不少，因此一些学者质疑二里头遗址是夏都的可能性，他们甚至相信二里头可能是商代的都城，进而连带导致部分学科内外甚至怀疑夏王朝的存在。自从绝对测年方法进入到考古学领域之后，考古学仿佛有了数只手表一样，对同一遗址出现的年代莫衷一是。元谋、金牛山、周口店猿人洞、山顶洞、峙峪等遗址都出现过这样的问题，有时涉及不同测年方法的可靠性，有时则涉及取样的代表性问题，即测年标本的年代不一定就是古人活动的年代。这方面的问题在洞穴遗址中表现得更突出，一个重要原因就是因为洞穴遗址地层因为落石的缘故，高度悬殊的地层其实是同一个时代的，如果按照水平层位来假定年代，可能会导致测年出现较大的偏差。

从空间维度来看，其构成存在巨大的变化范围。最小的空间可能是一个密封的陶罐、一个活动区或一个封闭的遗迹单位，如墓葬。其共时性非常高，它们是一次活动的产物，发生的时间可能是几分钟或若干小时，最长也不会超过数日。比之更大的空间单位是诸如房址、灰坑之类的遗迹，其使用时间可从数月到数十年。比它们更大的是遗址的分区，如墓葬区、房址区，如陕西临潼的姜寨遗址，遗址经过大面积的揭露，房址区可以看出明显的五个组成部分。分区可能与社会组织单位相关，曾有研究发现五个分区之间存在着经济上的差别【图 8.2】[1]。这些分区是更大规模空间单

〔1〕C. E. Peterson, G. Shelach, "Jiangzhai: social and economic organization of a middle Neolithic Chinese village", *Journal of Anthropological Archaeology* 31:265-301, 2012.

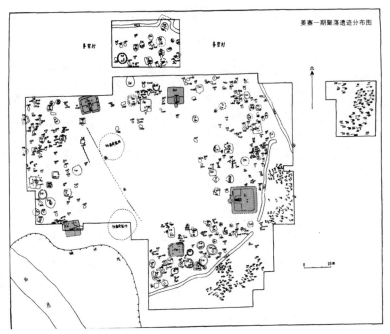

图 8.2　陕西临潼姜寨遗址的五个分区，图片来自《中国文化遗产》2010 年第 1 期

位——遗址的组成部分。在考古分析中，遗址是一个相对完整、独立的基本单位，但是遗址的形成及其所代表的古人活动可能持续的时间变化极大，从数年到上千年都有可能，如加泰土丘的遗址就曾前后连续使用上千年。从一次活动的遗留到一个典型遗迹单位，再到功能分区，最后到遗址，这样的空间维度上的变化是直观的，即研究者基本可以直接观察到（有的遗址规模巨大，直接观察勉为其难）。

小贴士

姜寨遗址[1]

姜寨遗址，位于陕西省临潼县临河与渭河交会的属二级阶地的三角地带，南依骊山，北临渭水，当地自然条件优越，1972—1979 年在此进行了 11 次发掘，发掘总面积达 17084 平方米，文化层厚度一般都在 1-2 米之间，最厚处达 4 米左右，遗存内涵丰富。2021 年陕西临潼姜寨遗址被评为"百年百大考古发现"。

姜寨遗址为中国考古学带来了许多"惊喜"。首先，在姜寨遗址发现了从仰韶文化早期到龙山文化晚期的五期文化遗存。一期半坡类型地层保存良好，遍布整个遗址外，聚落内的基本设施遗迹仍有存留，发掘展现了完整的聚落平面布局。姜寨遗址的发掘极大地丰富了关中地区新石器时代的考古学文化。遗址中半坡文化、史家类型、庙底沟文化、半坡四期文化类型依次叠压的地层关系，从地层学角度解决了仰韶文化诸类型间的发展序列问题。其次，考古学家在姜寨遗址完整揭露了一处距今 6000 多年的氏族聚落，初步揭示并复原了该聚落的平面结构。除此之外，考古学家还发现有一处距今约 6000 年的有 2000 多具人骨的仰韶文化规模最大的墓地。

不仅有大量陶器（其中最值得注意的是"红顶碗"式的钵、碗，另有的陶器有刻划符号）和农具（如石铲、骨铲等）的出土，在姜寨遗

[1] 巩启明：《姜寨遗址发掘回望》，《中国文化遗产》2010 年第 1 期。朱乃诚：《中国氏族聚落考古的典范——姜寨遗址发掘的主要成就与研究的反思》，《南方文物》2022 年第 4 期。

址还发现了粟类的植物遗存，表明先民业已从事粟作农业。从聚落所揭示的情况看，史前时期姜寨遗址原始居民应该已经形成了一个具有一定秩序的社会组织，其建筑居址布局、居民生产生活状况、社会组织结构等，都反映得较为全面，甚至可以进一步探讨当时的婚姻形态及社会制度。总之，姜寨遗址为研究 6000 多年前黄河流域的史前考古、原始社会史提供了丰富的科学资料。需要注意的是，还存在更大规模的空间维度上的考察。首先是遗址群或聚落体系，即一系列相互关联的遗址，它们可能代表某种社会联系。旧石器时代考古中，有时会在一个有限的区域（流域）内发现遗址群，如安徽水阳江领域的遗址群、河北阳原泥河湾盆地旧新石器时代过渡阶段的遗址群等；在新石器时代考古中则表现为聚落体系，尤其是在新石器时代晚期，聚落遗址的规模差别巨大，它们构成一种分层的等级关系。构成遗址群或聚落体系的联系需要去发现与证明，它们必须是同一时期的产物。其次，我们会把一定时空范围内具有类似特征的遗存划分为一个更大规模的分析单位，所涉及的空间范围更大，可能与某种意义的社会群体相关。这里还融入了时间维度。延伸的时间范围可以长达上千年，由此可以划分出不同的阶段来。再者，在此基础上，我们进一步把其中存在较为密切联系的分析单位划为一个文化圈，它们是存在文化互动的社会范围，比如考古发现在距今 6000 年前后，中国的辽河、黄河与长江中下游地区形成一个关系密切的互动圈，学界称之为"文化意义上的最早中国"[1]。

---

[1] 窦兆锐：《百年考古与中华文明之源——访中国历史研究院考古研究所王巍研究员》，《历史研究》2021 年第 6 期。

最后是比互动圈更大的文化关联的网络，它发生在数个互动圈之间，文化上关联是断断续续的，由于距离遥远，在史前阶段又缺乏有效的交通手段，因此联系往往不是直接的，而是如波浪传递能量一样一波一波地传递文化影响。不过，文化联系确实是存在的，只要时间足够长，也可能产生巨大的影响。我们称之为"世界体系"（world system），在欧亚大陆上是存在不同规模的世界体系的，包括以中国文明为中心的东亚世界体系，还有包括中国、西亚、印度在内的更大规模的世界体系。[1]这些宏观的空间维度考察，极大地拓展了考古学研究所讨论的空间范围。

通过上面对时空维度不同尺度单位的梳理，我们会发现每个尺度都是有必要的，但是，如果我们要想研究古代的社会群体，尤其是能够与后世族群联系起来的群体，那么哪个尺度的单位最合适呢？对于考古学家而言，他们需要响应时代的需要，而在现代考古学形成的时候，也正是民族国家兴起的时候。民族国家需要解决一个根本的问题，那就是何以才是同一个民族，拥有共同的祖先无疑是一个合理的理由。探索族源于是成为现代考古学需要解决的一个现实问题。在所有时空单位之中，那种有足够长时间延续性，同时

---

[1]［英］巴里·布赞、理查德·利特尔：《世界历史中的国际体系——国际关系研究的再构建》，刘德斌等译，北京：高等教育出版社，2004年。该书把世界体系（world system）翻译成国际体系。

边界清晰，具有稳定的统一特征的单位，才应该是追溯族源的合适单位。考古学家把这种具有一定时空范围的、具有较为稳定相同或相似遗存特征的组合称为"考古学文化"。自考古学文化的概念诞生以来，它的使命就与族群探源联系在一起。相比而言，互动圈的范围太大，超过了历史上一个族群的分布范围，尤其是在起源阶段的族群，其分布范围通常是较小的。世界体系的范围就更大了，更不适合；而遗址群或聚落体系的空间范围也许足够，但是它们缺乏足够的时间深度，不适合探索具有历史渊源性质的问题。考古学文化的概念正是在时间与空间维度上物质遗存特征组合的平衡点。除此之外，考古学家别无他法。其实在柴尔德的时代，他并非不知道物质遗存特征组合与族群历史渊源之间并不能简单画等号，但是不用考古学文化的概念，考古学家又如何能够进行族群探源呢？考古学文化作为一个理论工具，较好地把物质遗存组合与族群联系起来。如今我们知道它不等于历史上所说的族属，但是有了它，考古学家就有了研究过去的社会群体单位（参考第 7 章）[1]。

考古学文化的概念于 20 世纪 50 年代进入到中国考古学中，1959 年，考古学家夏鼐发表《关于考古学文化定名的问题》，为大规模运用这一概念提供了操作指南[2]。自此，考古学文化在全国各地遍地开花。随之而来的问题是，如何处理众多考古学文化之间

---

[1]［英］希安·琼斯：《族属的考古——构建古今的身份》，陈淳、沈辛成译，上海：上海古籍出版社，2017 年。

[2] 夏鼐：《关于考古学上文化的定名问题》，《考古》1959 年第 4 期。

的关系。20 世纪 70 年代末，考古学家苏秉琦在分析当时主要的新石器时代考古学文化之后，提出了著名区系理论。所谓区系理论就是从时空维度分析考古学文化之间的关系，发现其中存在的若干形态特征。苏公（考古学界习惯上对苏秉琦的尊称）把中国新石器时代考古学文化分为六大区系：以长城地带为中心的北方地区、以山东及其邻近地区为中心的黄河下游地区、以晋陕豫三省接邻地区为中心的中原地区、以洞庭湖及其邻近地区为中心的长江中游地区、以江浙（太湖流域）及其邻近地区为中心的长江下游地区、以鄱阳湖－珠江三角洲一线为主轴的南方地区【图 8.3】[1]。六大区系构

图 8.3　六大区系的分布图

[1]苏秉琦：《中国文明起源新探》，北京：生活·读书·新知三联书店，2019 年。

成了中国新石器时代的基本框架，按照苏公的说法，区是块块（空间），系是条条（时间），代表传统。六大区系在新石器时代的发展是比较稳定的，一直延伸到文明起源阶段。在苏公提出区系类型理论之后，考古发现在不断增加，一方面进一步确认区系理论的合理性，另一方面则进一步细化区系的划分。

苏秉琦[1]

苏秉琦（1909—1997），河北高阳人，中国著名的考古学家。1934年苏先生毕业于北平师范大学历史系，在徐旭生主任的考古组任职。当年秋天，苏秉琦就在徐先生的带领下前往关中，开展古迹调查并参加发掘宝鸡斗鸡台遗址，由此开启了他一生的考古之旅。1949年以后，苏秉琦先生担任中国社会科学院考古研究所研究员，1952—1982年兼任北京大学教授。

苏秉琦先生一生的学术论文和专著非常多。《关于仰韶文化的若干问题》《关于考古学文化的区系类型问题》（殷玮璋执笔）、《考古类型学的新课题》等学术论文，就一些考古学文化的渊源、特征、发展途径等问题作了尝试性分析，对中国新石器时代文化的区域分布的格局、系统等问题提出了创见，并对此赋予研究方法的意义，在考古学

---

〔1〕孙庆伟：《苏秉琦："为历史而考古"的学科缔造人》，《读书》2019年第4期。苏秉琦：《考古寻根记》，北京：北京出版社,2019年。

界有广泛影响。主要学术论著包括《瓦鬲之研究》(1941) 及由经典论文编成的《苏秉琦考古学论述选集》等。在生命的最后阶段，苏秉琦先生笔耕不辍，总结其一生的考古经历，著有《中国文明起源新探》，为后人留下了宝贵的考古学学术遗产。

除此之外，苏秉琦先生的许多观点被中国考古学界广泛引用，包括但不限于"一万年文明启步""六大考古文化区系""满天星斗说"等。他认为中国考古学要着眼于三个大问题，即：中国文化起源问题、中华民族的形成问题，以及统一的多民族国家的形成问题，这些问题直至今日依旧是考古学界在广泛讨论的热点。从考古材料出发，苏秉琦先生归纳出中国文明火花爆发的三种形式：裂变、撞击和融合。20 世纪 90 年代，进入暮年的苏秉琦全身心投入"重建中国史前史"的大业当中。1994 年，85 岁高龄的苏秉琦在回顾自己一生学术道路的时候，由衷地发出了"六十年圆一梦"的感慨——把考古学建设成了人民大众的、真正科学的学科。

三、中国史前时代

回顾一下考古学史，问问考古学的贡献，其中最突出的莫过于重建史前史，即发现文献上未曾记载或记载不详的历史。面对这样的历史，没有考古学注定是无能为力的，只能依靠神话传说。考古学利用实物遗存研究揭示出来这段历史。在中国的历史文献中，如《周易·系辞》中提及的上古时期人类的生活，极为简略，而且也基本只上溯到考古学所定义的新石器时代，对旧石器时代以及人类的由来只字不提，原因可能就是，这是一个连传说也无法覆盖到的时代。百年中国现代考古学的发展让我们的眼光一直可以延伸到百万年前，远在三皇五帝的传说时代之前。即便面对三皇五帝时代，考古学也逐渐揭开历史的迷雾，把传说与真实的历史联系起来。传说不是真实的历史，但也不完全是空穴来风，它有真实的基础，可以为考古学研究提供一些线索。下面利用考古学的发现，简要勾勒中国史前时代的面貌，从中透视考古学的贡献，体现考古学的工作内容。

中国最早的人类历史可以追溯至 200 万年前。我们现在知道，最早的人类起源于非洲大陆，时间在距今 600 万年前后，此时人类祖先与黑猩猩分道扬镳。此前中国大地上生活着禄丰古猿，它们属于人类祖先演化的支系，也可能与人类祖先分支有交流。人类祖先在非洲稀树草原地带建立起直立行走姿态，并形成了制作与使用工具的文化能力，在距今 200 万年前后开始走出非洲，至于说首先走出非洲的是直立人（*Homo erectus*）还是匠人（*Homo ergaster*），目前还没有定论。目前中国最早较为可靠的人类生存证据来自陕西蓝田上陈遗址，这里有多个地层出土石器，最早年代距今超过 200 万年。山西芮城西侯度遗址发表的年代更加古老，为距今 245 万年，但是这个遗址为流水搬运改造过，并非原生地层，石器受到流水的磨蚀，人工痕迹也存在一定的争议。类似的争议还存在于安徽繁昌人字洞、重庆巫山龙骨坡遗址，它们的年代也可以早到200万年前。地层清晰、保存良好的遗址是位于泥河湾盆地的马圈沟遗址，其年代可以早到166万年前。多年前，我观摩过这批石器材料，所用原料中有燧石，生产出来的石片甚至有类似石叶一样的产品，形态相当先进。马圈沟是湖滨遗址，沉积物细腻，是一处原生堆积，还保留了大象的足迹，年代无疑是早期人类遗址中较为可靠的。

到距今1万年前后，中国旧石器时代结束。这近200万年的时间跨度差不多正好与地质学上的更新世相对应。更新世可以分为早中晚三个阶段，其划分与地磁极性变化相关，早中更新世的分界在73万年前，而中晚更新世的分界在12.8万年前。这个划分方案不是唯一的，而是目前较为流行的。更新世的划分通常被用作区分旧石器时代的标准之一，不过旧石器时代早中晚的分期并不与之严格对应，其中旧石器时代早期跨越的时间长度超长，差不多到了中晚更新世交界的时间，而旧石器时代晚期的开始年代相对确凿，为距今4万年前后。需要指出的是，有关旧石器时代阶段的划分，不同地区的划分方案并不相同。非洲作为人类的故乡，其石器出现早；这里也是解剖学上现代人的起源地，早中期的划分可以早到20—30万年前，但是中晚期的分界比欧亚大陆更晚，大约在距今3万年前后。还需要注意的是，分期是一个模糊的方案，存在不少争议。就中国旧石器时代而言，有研究者认为中国旧石器时代中期的特征并不明显，独立性并不强，建议暂时取消旧石器时代中期的划分。

的确，我们对中国旧石器时代的认识还是较为初步的。我曾用"大小粗细，南北东西"八个字来简明地概括中国旧石器时代的石器特征。中国旧石器时代存在大、小两套石器工业（所谓工业是指分布一定时空范围内石器技术类型特征，有点类似于新石器时代考古中的考古学文化的概念），南方以粗大的砾石砍砸器为代表，北方以石片制作的小型石器为主。不过，尽管北方以小型石片石器为主，但北方其实也有一些粗大的石器，如山西襄汾丁村出土大三棱尖状器。到了旧石器时代晚期，小型石片石器在南北方都占优势。在旧石器时代晚期晚段，北方地区出现了细石叶技术。不少研究者认为这种石器技术来自欧亚大陆西侧，代表旧石器时代东西方的文化交流。而就中国旧石器时代早期（或早中期）而言，欧亚大陆东侧与西侧及非洲存在较为明显的区别，西侧有典型的阿舍利技术（两面器生产技术）与勒瓦娄瓦技术（预制台面生产石片的技术），而东侧缺乏相关技术。1949 年美国考古学家莫维斯最早注意到这种区别，后来研究者将欧亚大陆东西石器技术差异的分界线称为"莫维斯线"[1]。我们有关中国旧石器时代的区分就是围绕"大小粗细、南北东西"这八个字展开的。当然，随着后来考古发现的增

---

〔1〕 H. L. Movius, Jr., "The lower Palaeolithic cultures of southern and eastern Asia", *Transactions of the American Philosophical Society* 38: 329-420, 1948; D. S. Coon, *The Living Races of Man* (New York: Alfred A. Knopf, 1965).

加，如在广西的百色盆地、陕西洛南与汉中盆地都发现了类似阿舍利技术的石器组合，最近在四川稻城的皮洛遗址发现了更加典型的阿舍利技术，似乎颠覆了莫维斯线。不过，莫维斯线作为一个概略的划分仍然是可以成立的。

在中国旧石器时代中，旧石器时代晚期是一个较为显著的存在，因为不论南北石器技术都有明显的变化，技术更加精致，可能与复合工具大幅度增加相关，部分遗址还出现装饰品。考古学界有时用"旧石器时代晚期革命"来形容这次变革。然而，研究者深入研究后发现，所谓革命并不是同时发生的，而且也不是大爆发，更像是一系列先后出现的闪光，革命的说法有点夸张，所以后来常用"过渡"来描述。不论是革命还是过渡，在材料发现较为丰富的中国北方，我们可以看到不同区域的初步分化，即形成了一定区域范围的共性特征。旧石器时代晚期，人类进入到除南极洲之外的所有大陆，在北纬 70 度的极寒地带、世界屋脊的青藏高原等地都出现了人类的踪迹。中国旧石器时代晚期还可以进一步区分为早晚两个阶段，在中国北方地区，其区分十分明显，标志就是细石叶技术的出现。从目前的考古发现来看，细石叶技术出现的年代在距今 2.6 万年前后，典型遗址有河南登封西施、山西沁水下川、山西吉县柿子滩、河北阳原西沙河等。细石叶技术出现的年代与末次盛冰期的到来基本契合，它的退潮与农业起源相关。相比而言，南方地区的旧石器时代晚期，受制于有限的材料，早晚期的区分还不是那么明显。

全新世到来前后，人类历史发生了重大的变化，也就是农业起源，人类放弃了已适应数百万年的狩猎采集生活。此前考古学家柴尔德以"新石器时代革命"来定义这一变化[1]，跟旧石器时代晚期革命的概念一样，随着研究的深入，革命说也为过渡说取代。尽管农业起源带来的影响是极其深远的，但是其过程持续的时间非常长，在中国南北方，甚至可以追溯到距今 2 万年前后，北方以细石叶技术为特征的遗址中出现了锛形器这种尺寸较大的定型工具，南方则出现了陶器、磨制石器等。这些属于新石器时代的特征标志着一个新的时代正在到来，但是直到距今 8500 年前后，我们才看到较为完整的新石器时代特征：陶器组合、磨制石器、建筑基址等，完全成熟的农业体系形成时间更晚，因此现在更流行"旧新石器时代过渡"的概念。这个阶段是中国史前时代的高光时刻，中国同时拥有两个农业起源中心：以黄河中下游地区为中心的北方地区与以长江中下游地区为中心的南方地区，北方发展出来以粟、黍种植为基础的旱作农业，南方为稻作农业。如今世界上超过一半的人口以水稻为主食，水稻的驯化要归功于中国史前先民。同时中国先民还驯化了狗、猪、鸡等动物。世界上主要有三大农业起源体系，西亚、中国、中美洲与安第斯山地区，西亚的史前农业以大小麦的驯化为基础，影响到埃及、印度河流域以及欧洲地区，中国的史前农

---

〔1〕［英］戈登·柴尔德：《人类创造了自身》，安家瑗、余敬东译，上海：上海三联书店，2008 年。

业影响到整个东亚、东南亚乃至大洋洲地区。西亚与中国农业起源
都是在距今一万年前后，中南美洲相对较晚。

随着新石器时代的到来，中国各地出现了众多新石器时代文
化，在此基础上形成了区系类型，即各具有不同传统的文化圈，它
们之间存在相互交流与影响。六大区系类型构成中国新石器时代的
框架。苏公在 20 世纪 80 年代中期提出，中国考古学可以在区系类
型的基础上去探索中华文明的起源，并提出古文化－古城－古国的
研究路径。中国新石器时代晚期出现了文明化的迹象，过去三四十
年来，中国文明起源研究取得重大进展，五帝时代逐渐有了清晰的
面貌。从考古发现与研究来看，史前中国文明化进程可以简要归纳
出几个标志性阶段：首先是万年前的农业起源，农业是文明的经济
基础，世界所有的史前文明都立足于农业基础上，无一例外。此时
有的地区社会复杂性（国家的前身）已经萌芽。其次是距今 8500
年前后，新石器文化在全国的涌现，一个新时代全面建立起来。第
三，距今 6000 年前后，文化意义上的中国形成，这是在文化互动
中形成的一个有共识的存在。与此同时，古国出现，以江苏张家港
东山村、安徽含山凌家滩、湖南临澧城头山等遗址为代表的考古学
发现显示，此时社会已经出现等级分化（墓葬出现明显的等级）、
集中化的社会权力（城址、专业化的手工等）。距今 5000 年前后
的良渚文化不仅有规模巨大的城址，还有复杂的水利枢纽（参见第
13 章）。良渚文化是古国发展的巅峰，充分证明至少在 5000 年前
中国文明已经起源。第四，距今 4000 多年，夏王朝出现，中国历

史进入有文献记载的历史阶段。《史记·夏本纪》在记录夏与黄帝时完全是两种形式，前者所列世系较为清晰，后者则是语焉不详，司马迁自己也承认是根据传说所写。

我们可以试想一下，假如没有考古学的话，我们对史前时代的认识又会如何呢？大概率如前人一样，仍然是依赖神话传说。没有坚实的有关过去的知识，立足于此的其他知识又如何能够建立呢？知识是一个相互关联的网络，这个巨大的缺失会导致人们在看问题时失去时间的深度。百年中国现代考古学已经搭建起中国史前史时代的框架，当然，内容还需要填充，更需要去进一步解释：过去究竟发生了什么，为什么，以及是如何发生的。

拓展阅读

1. 苏秉琦：《中国远古时代》，上海：上海人民出版社，2010 年。

2. 刘莉：《中国新石器时代：迈向早期国家之路》，陈星灿等译，北京：文物出版社，2007 年。

3. 中国社会科学院考古研究所编著：《中国考古学·新石器时代卷》，北京：中国社会科学出版社，2010 年。

第 9 章
解释文化变迁

考古学家可能是最希望能够时光穿越的，回到过去，看看自己重建的过去是否正确。但这是不可能的，于是他们就梦想获得保存完好的材料，最好是如庞贝古城那样的，时间凝固在一个时刻，几乎所有的东西都完好如初，都保留在原来使用的位置上。庞贝毕竟只是个特例，而且庞贝的年代相对晚近，又有文献记载，能够帮助考古学家理解材料。面对史前时代，尤其是旧石器时代，材料零碎且陌生，又如何能够重建过去呢！物质遗存又不会自己说话，也没有刻下可以识别的文字信息，所有有关过去的信息都是推理所得。因此，考古推理的过程——我们是如何才能知道——就成为重中之重。20 世纪 60 年代，过程考古学兴起，它关注的核心问题就是这个，过程考古学家所不满意的就是之前的考古学家不是很在意这个过程（其实是在意的，只是没有专门把这个问题拿出来讨论）。他们批评传统考古学家建立考古推理的途径过于单一，只有归纳，考古学应该发展演绎与类比推理，后者就是所谓的中程理论的内在逻辑。他们还提出不仅要知道是什么，更需要去回答为什么与如何的问题，即机制与过程。英文原文"process"本身就有这两个意思，也正因为这个原因，所以把具有这种主张的考古学称为"过程考古学"。对机制与过程的关注与强调演绎是一致的，从理论出发，最后还要回到理论层面上来。与之相应，考古学关心那些跨文化的大问题，包括社会的演化、文化适应机制、长时段的大历史。

一、社会演化（或文化进化）

过程考古学家是一个非常乐观的群体，不仅仅因为他们相信科学，更因为他们认为自己拥有古人也没有的资源，那就是后来的历史。我们可以从历史过程中把握过去，反之亦然，了解过去也是为了了解历史过程，把握其中存在的统一性。这可以说一直是考古学家的梦想，即便是在现代考古学还处在发展的初级阶段。19 世纪中期，史前考古学还只是刚刚诞生，真正的田野发掘工作屈指可数，几乎没有系统的考古材料，但就是在这样的情况下，达尔文的邻居卢博克（Lubbock）就写作了《史前时代》一书。没有史前考古材料，居然可以写作这样一本书，实在有那么一点匪夷所思。其中有一个原因可以理解，那就是人们太希望了解史前时代了。卢博克能够依赖的材料只能是民族志，他把世界不同的族群安置在自己构建起来的社会演化序列里。在他看来，澳大利亚土著最为落后，就相当于旧石器时代的群体，欧洲人最先进，自然是在顶端。法国旧石器考古学家莫尔蒂耶也做过类似的事情，认为处在相同发展水平的人们在相似情况时会采取同样的方式解决问题，对当时欧洲岩画的解释就是与澳大利亚土著的岩画直接对比。巴霍芬（Bachofen）则提出人类社会从母系社会开始，麦克伦南（McLennan）认为早期人类是多配偶制，泰勒（Tylor）与摩尔根（Morgan）主张人类社会经历了从野蛮到文明的发展过程，这些思想影响了马克思与恩格斯。恩格斯的《家庭、私有制与国家的起源》反映了这些思想的影响，以马克思主义为指导的中国考古学也随之受到了相应的影响。

考古学界通常把柴尔德视为文化历史考古的代表人物，殊不知柴尔德高度关注社会演化问题，他晚年甚至专门写过相关的著作。柴尔德倾向马克思主义，青年时代参加左翼活动，1935 年更是访问了苏联。马克思主义的社会发展史观影响到了他的考古学研究。他先后提出"新石器时代革命"与"城市革命"，前者强调农业起源的影响，后者则强调城市在文明起源进程中的标志性作用。迄今为止，农业起源、文明起源仍然与人类起源一起并称为考古学的三大核心问题。理论上说，如果柴尔德只是一名纯正的文化历史考古学家，那么他就应该沿着《欧洲文明的曙光》研究思路，进一步细化与充实欧洲史前史的框架。但是实际情况并非如此，他的研究深入到社会演化领域，所以考古史家特里格（Trigger）在其代表作《考古学思想史》中将柴尔德，尤其是晚年的柴尔德，视为功能主义考古或者说早期过程考古学的重要代表[1]。结合上面的卢博克，我们或许可以说，理解社会演化始终是考古学家追求的目标，表现在柴尔德及其他考古学家身上，首先是构建起史前史的时空框架，然后转向这个更接近终极的目标。构建时空框架的努力更像是为了实现这一目标的铺垫。20 世纪 30 年代开始，如格拉汉姆·克拉克、戈登·威利、瓦尔特·泰勒也走向了更加功能化的研究，他们更希望了解史前社会是如何运作、如何变化的。

无独有偶，这样的发展也见于中国考古学中。早在 20 世纪 30 年代，郭沫若就试图用马克思主义帮助研究商代社会历史，当时的考古材料是安阳出土的甲骨文字，而不只是考订文字或对甲骨进行分期研究。甲骨材料成了了解商代社会政治、经济、意识形态等方面内容的关键信息来源，相比而言，传世文献中可以直接使用的材料少之又少。到了 20 世纪 50 年代，中国考古学借助当时大规模揭露史前遗址的契机，包括居址与墓地，同时学习苏联考古学，在发展中国马克思主义考古方面进行了尝试，如张忠培的《元君庙仰韶墓地》通过分析墓葬材料，推断当时的社会性质，认为当时处在母系氏族社会阶段[2]。如今回头来看，这个结论可能存在争议。可以确定的是，尽管当时的中国考古学发展还只是在起步阶段，但是中国考古学家已经开始关注社会演化问题。需要说明的是，要了解

---

〔1〕〔加〕布鲁斯·特里格：《考古学思想史》，陈淳译，北京：中国人民出版社，2011 年。第一版称为功能主义考古，到了第二版，又改称早期过程考古。

〔2〕北京大学历史系考古教研室：《元君庙仰韶墓地》，北京：文物出版社，1983 年。

史前社会性质，并不是仅仅依靠田野考古发掘就可以实现的，而是需要借助马克思主义的社会历史理论，没有母系、父系氏族社会等一系列的概念，就不可能开展下一步的研究。

60年代兴起的过程考古学更加追求社会演化的普遍性，其思想先驱之一莱斯利·怀特（Leslie White）从能量角度来理解社会演化，社会越进步，控制的能量就越多[1]。相比于狩猎采集时代，农业时代掌握了畜力；跟农业时代相比，工商业时代能够更多利用化石能源。即便是在狩猎采集时代，能够利用火这种外部能源，也是人类演化的重大进步。由于采用能量这个能够量化的指标，对人类社会演化的考察就可以采取更加科学的方式。怀特所谓"文化科学"的概念就立足于此。另一位思想先驱朱利安·斯图尔特（Julian Steward）提出多线进化论与文化生态学，同样寻求理解社会演化的普遍性，只不过稍多考虑多样性的存在。立足于这样的思想基础，过程考古学特别关注社会演化的动因与机制，为此提出了众多的理论解释，并寻求实证的方式来证明它们。

过程考古学研究较为成功的领域是研究史前的狩猎采集社会。狩猎采集者是以获取自然动植物资源为生的群体，狩猎与采集的资源获取方式在没有其他外力（如畜力）帮助时，其活动范围是有限的，也就是说，人们在既定范围内能够获取到的资源是有限的。于

---

[1]［美］莱斯利·怀特：《文化的科学》，沈原、黄克克、黄玲伊译，济南：山东人民出版社，1988年。

是，这个范围内能够支持的狩猎采集的人口上限也是确定的。自然资源的供给并不稳定，不同地区的条件不同，资源的密度与分布也存在很大的区别，这就要求狩猎采集者采取必要的行为变化以利用到这些资源。所谓必要的行为变化就是流动，一旦狩猎采集者失去了流动性，资源很快就可能被耗光；而且，流动性丧失还意味着其社会网络的失效，群体的通婚问题也解决不了。所以，理解"流动性"这个变量，也就把握了狩猎采集生活的关键。从这个角度去考察狩猎采集何以让位于农业生产，就可以从机制的层面上回答为什么农业会起源的问题。

这里还应该注意到过程考古学的方法，史前的狩猎采集者早已消失了，上面的推导其实都来自文化生态学原理。而原理的获得并不是从考古材料中得到的，而是需要借助民族志材料。但是，民族志材料的收集年代往往比较早，并不完全符合考古学研究的目的，因此宾福德强调考古学家要亲自去做"行动主义的研究"，即自己去动手收集材料，按照考古学的目的去做，他自己在阿拉斯加土著中所做的工作就是这种性质的[1]。这也就是所谓的"民族考古"，其与实验考古都是中程理论的重要组成部分。

从生态、进化的角度来考察过去人类社会的变化，的确可以让考古学家超越器物层面的研究，不是就物论物，甚至不是仅仅局限于了解古人是如何生活的，而是可以深入更具有普遍性、更抽象的

---

[1] L. R. Binford, *Nunamiut Ethnoarchaeology* (New York: Academic, 1978).

层面上，把握人类演化的机制与趋势。显然，这对于考古学科之外的群体而言更容易理解，也更有参考价值与意义。

中程理论[1]

中程理论（Middle Range Theory）是一套方法论，致力于建立考古学阐释中从考古材料到人类行为的解释桥梁。实验考古、民族考古是最早开展的中程实践，从特定考古材料的重现及生态学等角度试图拉近考古学家所处当下与考古资料所在时代的距离，构造古今一致性，建立提出解释的基础。中程理论的概念是由新考古学泰斗路易斯·宾福德（Lewis R. Binford）引入考古学中的，这与当时的学术环境及其学术实践有着密切的关系。尽管宾福德等学者在 20 世纪 60 年代已明确地提出了新考古学的相关口号及理论主张，反对过去单纯依靠堆砌材料的研究，但仍未发展出能够真正达成理解人类行为的考古学目标的成熟方法。1969 年，宾福德开展了著名的纽那缪缇爱斯基摩人的民族考古学研究，通过这一实践有力地证明了不同石器组合可能主要应归因于狩猎采集者空间利用上的变化，包括不同时间与活动类型下的行为，从而回答了考古学中的"莫斯特难题"。正是在此基础上，宾福德提出了中程研究的概念。

---

[1]［美］路易斯·宾福德：《追寻人类的过去：解释考古材料》，陈胜前译，上海：上海三联书店，2009 年。陈胜前、战世佳：《宾福德的学术遗产——当代中国考古学的视角》，《东南文化》2014 年第 4 期。

考古材料不会自己说话，考古学家需要使其说话；但是，如果考古学家不理解考古材料的"话语"，同样不会知道它在说什么，宾福德所倡导的中程研究就是要去理解这种话语结构。换句话说，与试图从考古材料中提取更多信息的微痕观察、统计分析、古环境重建等方法不同，中程的方法是被用来从人类行为的视角理解考古材料的。这两类方法分别从"物"与"人"出发，共同构建起当代考古学从物到人的解释桥梁。

二、文化适应变迁

解释文化变迁的概念工具显然不能是考古学文化，因为所谓"考古学文化"中的文化是一系列静态的标准，本身就需要被解释，而无法用来解释文化变迁。所以，文化历史考古解释文化变迁时通常借助两个原因：一个是环境变化，另一个是文化传播。由于环境变化与考古学文化的特征之间没有建立起必然的联系，因此，这样的解释并没有说服力，于是最后必须依赖文化传播这个解释。但是，文化传播论存在若干还需要澄清的前提，出现早的文化特征为什么一定会传播呢？出现晚的地方难道就不能独立起源？为什么有的文化特征分布广泛，而另外一些特征分布十分局限呢？相似是否就等于相关？如此等等问题都是悬而未决的，这就导致采用文化传播论来解释文化变迁有些牵强，而且与古人生活的联系过于薄弱。

过程考古学注意到人类适应与动物适应的根本区别，那就是人类拥有文化。这里所说的"文化"不再是静态的标准，而是动态的能力，它是人类应对生存挑战的手段。人类没有猎豹的速度，但是人类有弓箭；人类没有食草类那样功能复杂的胃，但是人类可以用火……这些都是人类的文化。文化是外在于人类身体之外的能力，它是一个具有三个层次变量的系统，即技术、社会与意识形态。当人类社会群体遇到困难挑战的时候，他们可以借助技术来解决，比如用弓箭来狩猎，对于那些没有弯弓射箭能力的人来说，他们还可以下套子，或是利用编织的网，编织技术的发明让狩猎能力全面普及开来。他们还可以向其他人求助，人类是高度社会性的，不论是狩猎还是采集，都需要群体协作，独立生存能力的形成是在人类形成绝对适应优势之后。即便如此，独立也只是暂时的，技能还是通过社会学习获取的。意识形态，也就是精神世界的发展，是解剖学上现代人的标志性特征，它是人类社会发展的产物，精神（如宗教）可以推动社会整合与发挥个体的能动性。文化系统三个层次之间是相互关联的，狩猎采集时代的社会组织通常都是游群，其意识形态多是万物有灵，形式可能有所区别。文化系统与外部环境之间同样相互关联，经过反复的适应调整，就可能形成相对稳定的文化生态关系，形成一定的模式。

上面说到旧石器时代的狩猎采集者通过流动来适应环境，根据不同的环境条件狩猎采集者可能采取不同的流动策略，与之相应的还包括采用不同的石器技术，比如说在环境风险较高的地方，资源分布具有不确定性，人们更倾向采用标准化、精致化的技术，就像在战场上一样；相反，如果环境风险小，资源分布平均，那么就更可能采用权宜性、粗加工的技术，满足基本需要就可以了。生活在北极以捕猎海豹为生的因纽特人，海豹爬出冰洞换气的时间是高度不确定的，捕猎的时机稍纵即逝，为了一击必中，猎人在捕猎前需要做好充分的准备，他们有足够多的时间准备好工具，于是工具务求可靠、有效。而生活在热带丛林的狩猎采集者，他们生活的环境条件尽管看起来非常多样，一平方米范围内可能有二十种植物，但是宏观上的环境条件是比较均匀的，到处都差不多。加之丛林地带本身就不利于人类的行动，人们的活动范围较小，采用权宜性的工具是可以接受的。从文化适应的角度再来看石器的技术类型学，就会发现技术类型更可能与资源利用方式相关，而不一定代表不同人群的文化习惯。在莫维斯线以东的地区，中国旧石器时代早期同样发现有阿舍利技术以及类似的技术，四川稻城的皮洛遗址是典型的高原环境，即便是现在，生存条件仍然很具有挑战性，对于旧石器时代的狩猎采集者而言，挑战只会更加严峻，在这个地方发现较为典型的阿舍利技术是可以理解的。如百色、汉中、洛南、襄汾等盆地地区，如果当时是开阔地环境，那么人们就需要具有一定标准化的技术[1]。

---

〔1〕［美］罗伯特·G.埃尔斯顿、P.杰夫·班廷汉姆：《北亚的细石器技术：旧石器时代晚期与早全新世的风险最小化策略》，《小工具大思考——全球细石器化的研究》，陈胜前译，上海：上海古籍出版社，2019 年。

　　从文化适应角度结合细石叶技术起源是一个更合适的例子。细石叶技术起源于末次盛冰期到来前后，随着气候的变冷，地表生产力下降，从前人们习惯利用的资源越来越稀疏，需要人们每天走更远的距离，还需要开发利用更多样的资源，这样才能生存下去。细石叶技术是一种标准化的细石叶（石刃）生产技术，细石叶具有相对标准的宽度与长度，可以镶嵌在刻槽的骨柄或角柄上，用作矛头、刻刀、切刀等【图 9.1】。这样的工具具有轻便易携带、可维护性好、适应面广等优点，它兼具石器工具与骨角工具的优点，把石器工具的锋利与骨角工具的韧性结合在一起。同是在末次盛冰期，并不是每个地方都经历着同样的环境变化，究竟哪个地带最需要这种技术呢？一定是资源条件更不确定的地带，生态交错带就是这样的地带，末次盛冰期时华北正是森林草原交错地带。相比而言，更靠北的西伯利亚与中国东北、蒙古高原当时变成了苔原或是苔原－草原（一种现在没有的植被类型），资源分布十分稀疏，狩猎采集者很难在这个地带常年生活（季节性利用是有可能的）。2008 年，我提出这样的理论解释[1]，当时华北地区还没有发现起源阶段的细石叶遗存，此后发现了河南登封西施、陕西宜川龙王辿、山西沁水下川、河北阳原西沙河等一系列遗址，年代早到距今 2.6 万年前后，正好与末次盛冰期的到来一致，印证了上述的理论推导。

---

[1] 陈胜前：《细石叶工艺的起源——一个理论与生态的视角》，北京大学考古文博学院编《考古学研究（七）》，北京：科学出版社，2008 年。

图 9.1　河北尚义四台遗址出土镶嵌细石叶的骨矛

　　细石叶技术的消失同样可以从文化适应的角度进行解释。这种技术在距今一万年前后在华北中心区域消失，而在长城以北地带继续存在。为什么会产生这样的分化呢？前面说到细石叶技术是适应高度流动以及资源分布不确定的环境条件，但是狩猎采集者的流动性是否可以无限提高呢？仅仅靠步行的话，流动性一定存在极限的，出去寻找食物的群体还要考虑返回营地。当他们需要进一步提高流动性的话，那么该怎么办呢？一个合理的解决办法就是，让适合高度流动的群体成员继续流动，让不那么适合高度流动的成员留在营地，包括老人、孩子、孕妇以及其他体弱的人。留在营地的人不可能什么也不做，他们利用营地周围一切能够利用的资源，把不能直接吃的东西变成能够吃的，比如橡子，其中含有单宁酸，需要泡在水中进行预处理，很费事；类似的，还可以把诸如狗尾草的种子收集起来，狗尾草是粟的前身，种子很小，而且有长长的芒，加工处理费时费力，但它有个好处，那就是分布广泛，数量多，只要有耐心，肯投入，就可能变成较为稳定的食物来源。留在营地的时间越长，就越需要更牢固的居所、更耐用的工具。于是，就可能出现房址、石磨盘与石磨棒、较大定型工具（如锛状器）。

这是走向农业起源的前奏，我们的确在华北旧新石器过渡时期遗址中看到了类似的变化，细石叶与上面这些代表流动性下降的遗存共存，细石叶技术甚至比之前更加精致。这种看似矛盾的现象正反映了群体内部成员在流动性上的分化。随着农业逐渐建立，能够提供更多的食物来源，对流动狩猎采集的需求降低；与此同时，农业带来更多的人口，社群的领地范围不断缩小，流动的可能性也随之降低，由此，细石叶技术消失。不过，在长城以北的地带，受气候、土壤条件所限，农业能够提供的食物比例较低，还需要狩猎采集提供食物资源，细石叶技术也就保留下来。狩猎采集者高度依赖流动性的文化适应机制，不仅可以解释细石叶技术兴衰，而且可以解释诸如锛状器、磨制石器等耐用石器工具的起源【图 9.2】。流动性对于狩猎采集者而言，是一柄双刃剑，不断提高的流动性导致流动性的分化，最终反过来导致流动性的丧失。流动性的丧失并不是突然发生的，但其中存在一个明显的分岔点，分岔的方向就是走向农业起源或是继续狩猎采集。

狩猎采集者的文化适应机制解释了农业起源的发生。当然，机制发挥作用的基础条件同样至关重要，文化系统只有突破了临界条件，才会发生根本性的改变。全新世不同于更新世的地方并不仅仅

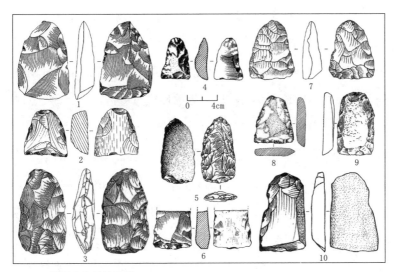

图 9.2 裕民文化的铲状器

在于更加温暖湿润的气候，而是更加稳定的气候[1]。农业是典型的延后回报的生产活动，春天播种，秋天才会有收获，若是秋天没有得到预计的收获，就不会有人坚持去从事农业，而稳定的气候是预计收成的基本保证。全新世二氧化碳的浓度提高，与暖湿的气候一起有利于植物的生长。全新世的气候不仅是拉力，还有推力，气候的季节性增强，促使人们发展储备。

从旧石器时代晚期的考古材料中，我们还可以看到一个基本趋势，那就是人口的增加。这个时期人类分布到了除南极洲之外的

〔1〕P. J. Richerson, R. Boyd, R. L. Bettinger, "Was agriculture impossible during the Pleistocene but mandatory during the Holocene? A climate change hypothesis". *American Antiquity* 66: 387-411, 2001.

所有大陆，这一方面当然反映人类文化适应的成功，另一方面其实也是人口压力的产物。为了寻找新的资源，人类不得不去寻找新的生活空间。但是到旧新石器时代过渡之前，已经没有了这样的空间。人口增加的结果就是社群边界的形成与严格化。[1] 旧石器时代晚期的石器组合出现了较为明显的地域风格，有研究者认为这是因为此前的见者有份的普惠制受到了限制，恩惠只能给予有血缘关系的群体。因为限制的存在，所以才形成了地域风格。地域边界的严格化会限制狩猎采集者的流动性，导致他们无法从更广阔的范围内获取必需的生活资源，只能想办法在有限的空间里增加资源的产出。这还会带来社群之间与社群内部关系的紧张，社会竞争与冲突加剧，宴飨既是社会竞争的舞台，又是消弭社会矛盾的场合。就是在种种因素的辩证作用下，狩猎采集的文化系统逐步为农业生产所取代，随之技术、社会、意识形态三个层面的变量都发生了重大改变，人类社会进入农业时代。

农业的文化适应是一个逐渐成熟的过程，植物考古与同位素考古的研究者在这方面做了重要的贡献。研究者发现，在经济生活中，农业全面取代狩猎采集并没有我们想象的那么快。尽管史前中国农业在1万多年前就已经出现，但是以农业为基础的文化生态系统直到6000多年前才真正建立起来，驯化动植物在古人食谱中占

---

[1] A. Gilman, "Explaining the Upper Paleolithic Revolution", in *Marist Perspectives in Archaeology*, M. Spriggs, ed., pp. 115-126 (Cambridge: Cambridge University Press, 1984).

据绝对优势。所谓农业文化生态系统就是在适宜的环境条件下，技术、社会与意识形态三个层次的变量围绕农业生产发展，形成相互协作的关系。如发展较好的中国南方稻作农业，稻田经过长期耕种，控制良好，地力非但没有耗尽，而且更加肥沃。植被的砍伐还没有导致水土流失，燃烧的灰烬、有机的物质残余沤成肥料之后都会送到田地里，稻田里可以养鱼，河底的淤泥可以用来肥田……所有的物质经过反复循环之后才会排到大海，而滨海还有捕捞与海岸养殖。然而，农业文化生态系统是脆弱的，其平衡很容易被打破。其中难以解决的问题就是人口增加，一旦人口超过系统所能承受的，就需要扩大耕地范围，烧荒砍伐会增加，水土流失加剧，旱涝频发。考古学的证据显示，距今 6000 年之后，长江中下游稻作农业文化开始大规模扩散，一支进入中南半岛；另一支经过台湾，然后到菲律宾，最后扩散到大洋洲地区，这就是著名的南岛语族扩散事件。[1] 稻作社会人群的扩散与文化生态系统成熟相关，人口增加，人们不得不迁徙，去寻找新的家园。

　　文化适应不只有成功，还会有失败。内蒙古通辽的哈民忙哈遗址就是一个典型的案例，该遗址的年代大约在距今 5000 年前后，属于后红山时代。当时有个群体进入今科尔沁沙地的腹心地区，可能有上千人口，他们过着兼营农业与狩猎采集的生活。这个地带

---

[1]［澳］彼得·贝尔伍德：《最早的岛民：岛屿东南亚史前史及人类迁徙》，陈洪波等译，上海：上海古籍出版社，2023 年。

是农业生产的边缘地带，土壤瘠薄，气候不稳定。现在我们在这个遗址看到，一座房址中至少埋有 97 人，在其他房址还有不少的尸骨，甚至有的尸骨出现在遗址的壕沟之外。从埋藏过程来看，尸骨一开始有整理，后来的处理比较草率，死亡个体男女老少都有。尸体上玉器装饰品并没有带走，但是完整的石器工具却极少。显然不大可能是屠杀，而更可能与瘟疫相关，在草原地带，最有可能的瘟疫是鼠疫。遗址出土的石镐适合挖掘植物根茎【图 9.3】，自然也适合掏挖啮齿类动物巢穴。春夏青黄不接，人们在四处寻找食物的时候，有可能接触到带有鼠疫病菌的动物个体。疫情本来是偶然事件，但是从哈民忙哈石器工具组合的分析来看，其中又存在必然性。哈民忙哈遗址地处生态交错带，本就是农业生产者的高风险地带，更何况是史前原始农业生产者。文化适应分析能够较好地解释哈民忙哈先民为什么会失败，以及是怎么失败的。[1]

三、大历史的考察

解释文化变迁需要考虑机制与规律，也就是从统一性的角度来考察人类历史，这也就带来了考古学研究的一个独特视角，即从大历史与长时段出发来审视人类的过去与现在。更深远的时间维度与

---

〔1〕陈胜前等:《哈民忙哈遗址之石器工具》,《人类学学报》2016 年第 4 期。

图 9.3　内蒙古通辽哈民忙哈遗址出土的石器工具

更广阔的空间维度有利于我们更准确地把握历史趋势。在这方面，考古学贡献了不少影响广泛的著作，其中包括国内学者比较熟悉的贾雷德·戴蒙德，尽管他不是一名职业的考古学家，但是他以考古学为基础写作了诸如《枪炮、病菌与钢铁》《第三种猩猩》等脍炙人口的作品。类似之，还有伊恩·莫里斯、罗伯特·凯利的作品等。这些作品都是从大历史的角度来解释人类社会与其文化进程。

司马迁有言："究天人之际，通古今之变。"考古学极大地延伸了历史学的时间深度，也拓展了历史学的研究对象，从文献扩展到实物遗存材料。在这样的基础上，"成一家之言"也就更有说服力了。不过，由于大历史的考察所涉及的领域众多，因此这个领域并不是考古学的专利，但是不论是哪个学科的研究者，在开展大历史考察时，无疑都需要考虑考古学的成果。

大历史考察偏好的角度之一就是人口，宾福德晚年的主要著作《构建参考的框架》讨论的核心变量就是人口，比如他提出当狩猎采集者群体的人口密度达到每百平方公里 9.098 人，如果只是依赖陆生资源的话，那么就不得不强化广谱适应，利用更多样的食物资源，投入更多劳动，把不能直接吃的东西加工成能够吃的。[1]如果是只依赖狩猎为生的群体，那么当人口密度达到每百平方公里 1.56 人时就会遇到生计压力。生计方式的变化与人口密度密切联系在一起，他甚至把这样的联系扩展到社会复杂性上：依赖水生资源的狩猎采集者能够突破上面的阈值，形成类似于农业生产者那样定居的村落，并可能存在一定的社会等级分化。宾福德很可能受到文化唯物主义的影响，文化唯物主义的代表人物马文·哈里斯（Marvin Harris）把人口解释推向了极致，不论是人类起源、农业起源、文明起源，抑或是文明传统，如玛雅人何以是"蛋白质悍

---

[1] L. R. Binford, *Constructing Frames of Reference: an Analytical Method for Archaeological Theory Building Using Hunter- Gatherer and Environmental Data Sets* (Berkeley: University of California Press, 2001).

民"、印度人何以崇牛等，都可以从人口上找到原因。[1] 对大历史的考察可以回头来帮助我们理解当代人类所面临的人口危机，在过去不到十年的时间，人类人口就增加了十亿，这个人口几乎是一万年前世界人口的十倍。尽管人类的生产力在不断提高，但如果人口持续增长下去，地球资源显然是不足以支持的。史前时代人类人口虽然数量小，但是生产力水平同样低下，人口压力始终是存在的。历史时期同样如此，甚至比现在还要严峻。

　　人口解释也有另外的视角，如进化人类学家罗宾·邓巴（Robin Dunbar）注意到人群的规模具有一个三倍数的规律：核心群体一般为 5 个人，关系密切的群体是 15 人，然后以此类推，分别是 50、150、500、1500 人……[2] 围坐在火塘边，能够听见彼此谈话的范围差不多正好坐 5 个人（下风向往往不能坐人），狩猎采集的族群基本都不会超过 50 人，他们最大规模的社会活动通常也不会超过 500 人（依赖水生资源的群体除外）。之所以存在这样的规律，邓巴认为与信息传递的约束有关，密切的关系需要个体投入大量的时间维护，尤其是面对面的交往，考虑到时间的限制，这样的关系就不可能太多。在人类社会演化中，进入农业时代，人群规模开始有了一个数量级的提升，城镇开始出现，从上千人到最高峰时百万左右，如宋代开封城。这个数量级基本也就是农业时代城市的极限，

---

[1]［美］马文·哈里斯：《文化的起源》，黄晴译，北京：华夏出版社，1988 年。
[2]［英］罗宾·邓巴：《人类的演化》，余彬译，上海：上海文艺出版社，2016 年。

很难再有突破，中国历史从宋代之后出现走下坡路的趋势，也与难以突破这个阈值相关，直到工商业时代的到来。工商业把人类人口集聚的规模又提升了一个数量级，达到千万人的水平。当然，人口规模扩大的趋势不可能永远持续下去。大历史的考察让我们看到人类社会演化存在阶段性，狩猎采集、农业、工商业是三个明显可以区分出来的阶段。当我们考察当代中国社会的发展时，不难看出我们正处在从农业向工商业社会的转型过程中，中国社会的活力与遇到的困难都与转型过程相关。

关注人口问题，必然会与环境因素结合起来，人口问题本身也是环境的问题——环境不足以支持人口的生存。与过程考古学同步兴起的是环境研究，古环境的重建技术为讨论环境的影响提供了有利条件，尤其是在早期人类考古中，研究者普遍把环境变迁当成塑造人类演化路径的关键要素。上新世前后是人类祖先与黑猩猩分开的时间，全球气候的改变以及东非大裂谷的形成，热带稀树草原植被与相应的动物群出现，开阔地景观与新的资源条件促使人类祖先建立起直立行走的运动机制，而直立行走又解放了双手，有利于人类走向依赖工具的适应方式。热带稀树草原的资源存在显著的季节性，旱季时不少动物会自然死亡，一些植物会有硕大的根茎以应对旱季的挑战。对于早期人类祖先来说，食肉的机会可谓是唾手可得，前提是要有足够锋利、坚韧的工具。当然，人类并不是唯一可以利用动物尸体的动物，鬣狗有强大的啮齿，可以咬开动物的肢骨，但相对于人类的砍砸器与灵巧的双手，还是有所不及的。如果说动物尸骨利用还有竞争对手的话，那么利用植物的地下根茎基本可以说是人类的专利，利用挖掘棒或是石质的手镐，就可以利用其他动物很难利用到的资源，让热带稀树草原成为人类演化的舞台。的确如此，正是在热带稀树草原环境中，人类建立起自身的适应，包括通过出汗高效散热的机制、对白天生态位的适应、群体防卫的安全策略，甚至是对稀树草原景观的偏好（公园的设计仍然反映这样的偏好）。环境变迁不仅解释人类的起源，也解释人类的扩散，包括直立人与解剖学上现代人的扩散（有观点认为直立人可能还不是最早走出非洲的人群，而是匠人）。撒哈拉沙漠就像水泵一样，气候理想的时候把人类吸入这个地带，气候恶化的时候，又把人类赶走。

环境变迁还用于解释旧新石器时代过渡，前面在讨论细石叶技术的起源与消失的时候提及末次盛冰期的影响，还谈到更新世的结束，气候温暖且稳定的全新世对于农业起源的重要意义。环境条件的影响绝不仅仅如此，其关键意义还在于提供了基本的物种资源，西亚地区之所以成为《圣经》中的伊甸园，是因为这里拥有动植物驯化的野生物种，包括大小麦、若干种豆类、亚麻，还有山羊、绵羊与牛。戴蒙德曾注意到这里的野生大种子植物资源丰富，且相对容易驯化。相比于中南美洲，玉米的野生祖本与驯化后形态差异极大，驯化难度要大得多；中南美洲更为不利的是，这里缺乏适合驯化的大型哺乳动物，仅有火鸡、豚鼠与羊驼。羊驼可以少量驮运货物，但无法像牛那样供役使。后来欧亚草原地带还驯化了马，这带给旧大陆无与伦比的优势。最后，是来自旧大陆的欧洲人殖民了新大陆，而不是相反。

一般地说，越是晚近的时期，环境机制对人类文化变迁的影响程度也就越低。到了文明起源阶段，很少有研究认为环境机制具有决定性的作用，当然，也很少有研究会否定环境的重要性。魏特夫的"水利假说"提出，文明起源与水利工程的修建有密切的关系，西亚的两河平原需要有一定水利工程，尼罗河也有灌溉的需要。不过，这两个地区并没有控制洪水的工程，在人类文明萌芽阶段，生产力水平还不足以有效控制大河流域的洪水。从目前考古证据来看，真正的洪水控制工程见于良渚，不过，其控制洪水的流域面积不过上百平方公里，即便如此，其土建工程量也相当惊人，达到上千万立方米，需要投入大量的人力物力。大江大河流域的洪水对于农业社会来说，几乎是不可能解决的问题。对文明起源而言，环境提供的是历史基础，即文明起源区域社会复杂性的累积。

就文明起源而言，涉及人类演化的另一个机制，即竞争冲突与社会整合，这是一组辩证的关系。从社会组织意义上说，所谓文明就是国家的形成。目前关于最早的国家形态究竟是怎样的，学界还没有形成共识，但就其基本的形成机制是有共识的，那就是早期国家来自对较小社会组织单位的整合，这些社会组织的单位之间是存在竞争关系的，甚至还存在激烈的冲突，也就是战争。从考古证据来看，文明起源阶段的确发现了不少暴力证据，但大规模的战争还是罕见的，因为物力与运输能力不大可能支持这样的战争。暴力冲突也不是所有的地方都是一致的，不同地区有自己的矛盾协调方式。如史前中国选择了大规模的融合，由此形成了一个人口众多、规模超大的文明体，并且连续发展到现在（参见第 13 章）。

　　考古学家很希望能够有效地解释文化变迁，就像掌握了历史的奥秘一般。当然，历史的规律是非常粗线条的、模糊的，不具备自然科学研究那样的精确性。以过程考古学为代表的考古学研究以自然科学为目标，试图更精确地把握历史过程，表现在历史学中是量化史学，而在考古学中，这样的趋势早就开始了，它代表考古学走向科学的极致努力。无疑，这条路是必要的。

拓展阅读

　　1. ［英］罗宾·邓巴：《人类的演化》，余彬译，上海：上海文艺出版社，2016 年。

　　2. ［美］贾雷德·戴蒙德：《枪炮、病菌与钢铁：人类社会的命运》，王道远、廖月娟译，北京：中信出版社，2022 年。

　　3. ［英］马丁·琼斯：《饭局的起源》，陈雪香译，方辉审校，北京：生活·读书·新知三联书店，2019 年。

第 10 章
理解与传承文化

　　人类的世界不同于动物的关键地方在于，人类不只是生存于自然界中，人类还赋予外部世界意义。杭州的西湖并不大，却是中国诗文书画的重要范本，这个湖在中国文化中具有重要意义，其意义是千百年来的中国人积淀并不断传承下来的。我的家乡也有一个西湖，面积比西湖大得多，水质也更好，周围也有连绵的山峦，但是其意义仅限于住在湖边的人们，而其他人很少知道。自然界的差别与人类文化的世界是不同的，后者充满了意义，意义的范围有大有小、有长有短。这些意义会影响生活在其中的人们，尤其是那些历史悠久的意义，成为区分人群的标志。所谓族群认同也是文化意义上的，因此，当我们在讨论社会的传统边界时，也都是围绕文化进行的。文化就是人！离开了文化就无法定义人，但一个群体失去了自身的文化，那么这个群体也就消失了。对于考古学家而言，理解与传承文化是责任，更是乐趣所在。古人已经离开了生活的世界，如何通过他们留下来的物质遗存把握其中的意义呢？文化传统把过去与现在联系起来，传统也就成为我们回到过去的途径。当代考古

学的重要任务除了认识真实的过去之外，就是要理解与赓续文化
传统。

一、我们何以成为中国人？

延续上面的逻辑，我们可以知道定义中国人并不是黑头发、
黄皮肤，而是中国文化传统。如何才能接受中国文化传统，并不是
说生活在中国的国土范围内就可以实现的。在我们生活的这个时
代，出现了"精神外国人"的现象，即他们的身体在中国，但是精
神是外国的，其实就是文化上的皈依。这个现象是令人深思的，希
望这个现象只属于我们这个时代，假如未来的中国读者有幸再看
到这本书，我在心底深处希望他们那个时代没有这样的现象了。
这个现象带来一个问题，我们如何才能把一个人塑造为文化意义
上的中国人？反过来说，如果没有成功，我们就要追问是怎么失
败的？这些问题与考古学是密切相关的，涉及考古学研究的重要
转向。

也许可以从西方何以成为西方人这个问题开始。很多人可能
首先想到日常生活与基督教，日常生活的潜移默化，尤其是前辈言
传身教，影响无疑是明显的。基督教作为传统西方社会的核心，提
供社会伦理的基本规则与世界观。不过，不论是日常生活还是基督
教，最终还得落实到具体的物质世界中，衣食住行需要如此，宗教

生活同样如此，也就是说，离开了具体的物质世界，所有的教化其实是不可能开展的。前面还说到过 18 世纪流行于西方的大旅行，让年轻人到巴黎、意大利去体验西方的艺术传统。艺术是典型的意义赋予的形式，即便是表面看起来纯粹的形式，如建筑的柱廊、三角墙，在西方文化背景中也都是有意义的。大旅行是社会精英阶层的教育方式，他们通过具体的物质体验，尤其是在对古代建筑与雕塑的观赏中来感受西方文化精神，比口头的说教更直接，显然也更有效。西方人何以成为西方人的？他们是从具体的物质生活中建立自身的文化认同的，如果说西方没有自身独特的物质生活，所谓的西方文化精神也就无所附丽，自然也不可能有成为文化意义上西方人的可能性。

现在我们回头来看金石学，不是从科学的角度而是从文化（人文的）的角度来看，就会发现金石学的目的与大旅行是类似的，只是金石学的历史要早得多。历代士大夫们为什么要收集古物呢？他们举办诗会雅集，甚至是拜访之中，都会拿出自己的收藏，大家共同欣赏，就像我们现在参观博物馆一样。他们在共同的鉴赏古物的过程中，辨别真伪，探讨其中的精妙之处，不知不觉中建立了文化认同，得到了中国文化精神。士大夫是传统中国社会的精英，他们把古物当成人本身，面对古物的时候，就仿佛面对他们敬重的先人。鉴赏的过程也就是学习的过程。今天我们去博物馆的时候，是不是也是这样呢？李泽厚的《美的历程》曾经提炼了中国不同历史时期的文化特征，如汉唐气象、魏晋风度，它们就是从物质遗存中体现出来的、能够代表时代的标志。[1] 我们今天在观摩唐三彩、龙门石窟等唐代遗存的时候，仍然可以感受到那个时代的雍容大度、雄健开放。然而，有些遗憾的是，面对现代考古学的冲击，金石学成为落后的学问，被彻底抛弃，我们忽视了金石学中的合理成分。金石古物实际是中国文化的载体，失去了载体的中国文化，也就失去了传承的机会。实际情况是，物质载体虽然存在，但只是印证过去历史的材料，而被忽视了其中的文化意义，就像松竹梅只是作为三种植物存在，而不再有人记得它们是"岁寒三友"。

现代考古学以科学为其基本精神，科学采取二元论的立场，把人的主观世界与客观世界区分开来。这对于人类认识客观世界，对于现代科学的兴起，是非常有意义的。但是，我们要知道，在科学诞生之前，人们并不是这样认识世界的，更多是采用一元论的立场，主客观世界是融为一体的，流星会预示吉凶，山川河流都有神性，这些意义会影响人们的行动。我们不能假定古人会像科学时代的人们一样。可能还需要强调的是，科学并非完全不带有文化意义，现代科学诞生于西方文化背景中，其实它与西方文化的价值观念密切相关，三角形不仅仅是几何形状，在西方文化中同样具有审美价值，在斯宾诺莎那里，人类社会的伦理就应该如几何原理那样，是从普遍的公理中推导出来的。正因为存在这样的联系，导致过去一百多年来，中国学术始终面临古今中西的难题。如果把中

---

[1] 李泽厚：《美的历程》，北京：文物出版社，1981 年。

西问题看作古今问题，那么中国文化传统的价值就已经过时；如果把中西文化看作不同类型，那么又有可能忽视科学的重要意义。如冯友兰这样杰出的学者，年轻时相信前者，认为中西是古今的关系，后来又倾向后者，把中西看作不同类型的文化。当科学主导我们的认识时，在此基础上形成了现代主义，其中暗含着西方文化中心论。一旦我们失去必要的反思，就可能彻底否定自身文化的意义。

这不是什么危言耸听，而是现实中我们可以观察到的东西。以"现代化"的名义批评中国文化传统，切断它与现实发展的联系。可能有些人对此不以为然，过去的包袱扔掉不是挺好嘛？在他们看来，中国不缺历史，而是历史过于沉重，西方的先进不仅仅在于技术层面上，其技术有相应的文化基础与根脉，要想学习技术，就必须全面地学习其文化。如胡适就曾认为，即便全面地学习，我们还是不可能全面掌握的，残留的文化传统就是自身特色，文化传统无须刻意保护。这样的观点流行广泛，更多的人虽然口头上不同意，但心底里是高度赞同的。

中国人何以成为中国人？考古学在其中发挥着怎样的作用？中国完全可以有自己的古典考古与古典文化之旅！从历史文献的角度来看，中国文化的形成是在夏商周时期，到了周末（春秋战国），诸子百家纷纷著书立说，中国古典文化的格局确定下来。这些思想并不是突然产生的，而是在前人基础上积淀整理而成，如《尚书》《周易》《诗经》。而从物质层面来看，中国文化的历史则可以追溯到更加久远的新石器时代，甚至是旧石器时代。我们从文献上看不到的文化以实物的形式呈现出来，即便是对于三代时期的文化，也可以提供大量实物作为佐证。现实生活中物质的影响比较容易体会到，比如中国饮食，不论是食物的构成，还是消费的方式，无不带有中国文化的特质。我们的菜肴强调荤素搭配、五味调和，具有极强的包容性；吃饭时用筷子，必然会注重分享，注重关系协调。相比而言，物质遗存作为过去生活的遗留，已经丧失了具体生活情境，它之于人的影响相对要间接一些，更需要欣赏者发挥主观能动性，提炼其中的文化意义。以杭州西湖为例，今天的西湖跟古代的西湖相比也有相当大的变化，但以之为题材的诗文书画众多，今天走在西湖边，头脑中仍然会不由自主地浮现出那些脍炙人口的诗篇，让我们感受到中国文化的古典美：含蓄、隽永、雅致……美学家宗白华曾收藏了一个唐代佛头置于案头，抗日战争爆发后无法带走，他把佛头埋在地下，战后又挖出来，他因此有个外号叫"佛头宗"。佛像面容慈祥、沉静，凝视它能够让人心静，不受外部世界的干扰。从物质遗存中提炼中国文化的古典之美，欣赏者在此过程中完成文化意义上中国人的精神构建。

我们之所以要着力保存与弘扬自身的文化传统，不仅仅因为它是定义我们身份的标识，也不仅仅因为它的背后是巨大的经济利益，更因为它决定了中国人存在于世的意义。为什么我们认为某些事情值得去做，某些事不值得去做；某些东西是美的，某些东西是丑的……判断的标准就来自我们的文化传统。中国文化历经数千年

的连续发展，体现出极好的文化弹性。中国文化的包容、博大、注
重整体性等特点，是未来人类应对挑战的重要文化资源。站在新时
代文化背景下，我们已经注意到西方文化存在不少的问题，并不是
那样的完美无缺。从人类的总体利益出发，也需要保存与弘扬中国
文化。考古学正是这个伟大事业中的核心部分。

二、中国古代物质文化

上面所说的是文化传统的重要性及其与考古学的关联，好像
有点离开了考古学的领域。其实不然，考古学之所以能够与文化传
承的问题联系起来，就在于一个根本的前提：物质本身是文化的
（meaningfully constituted）[1]。这也是后过程考古学的核心理念：
古人的日常生活实践已经把文化渗透到物质之中，物质由此成为文
化的载体，由此形成了"物质文化"的概念。物质文化并不是一个
新的概念，20 世纪前半叶的苏联考古学就特别关注这个概念，甚
至用"物质文化史"的概念来取代"考古学"。需要指出的是，在
苏联考古学中，物质也是文化的载体，其哲学基础是唯物主义的；
而在后过程考古学里，并不承认这种二元对立的哲学观点，强调人

---

〔1〕I. Hodder, "Postprocessual archaeology", *Advances in Archaeological Method and Theory* 8: 1-26, 1985.

与物交融，是一元论的。两者虽然都叫作物质文化，但哲学基础是不同的，连带研究方法与考古材料观也不同，前者把考古材料看作化石记录，后者则认为考古材料是文本。苏联考古学率先认识到物质文化的重要意义，这是值得肯定的，但其方法还是科学的路径。相比较而言，后过程考古学转向人文的路径，能够更好地说明物质文化是如何产生与传承的，并且能够与注重科学的过程考古学形成互补。

一般地说，文化意义的生成是生产生活实践的结果。这里我们可以从玉文化说起，玉是史前中国文化具有代表性的表征之物。从目前的考古材料来看，中国最早的玉器发现于黑龙江饶河小南山遗址，年代在距今 1 万年前后【图 10.1】。不过，大规模使用玉器是在新石器时代晚期，与史前中国文明化进程关系密切，成为权力与财富的象征。到了三代时期，青铜取代了玉石的主要地位，但玉石的文化意义并没有消失，一直持续至今。为什么中国古人如此偏好玉石呢？赋予了玉石怎样的文化意义呢？史前玉石的范围比较广，石英石、绢云母、玛瑙、燧石等经过细致加工打磨，都可以称为玉石。距今 6000 年左右，玉器制作的规模与流通的范围大幅度扩充，辽河流域的红山文化流行透闪石制作的玉器，长江下游地区崧泽文化流行透闪石 - 阳起石玉器，长江中游地区也可以见到，玉石正式成为政治与经济资源。玉器选择的原料是不常见的，但又不是极罕见的；其硬度往往较高，其岩性一般不适合打制（燧石、玛瑙除外），而是需要大量时间去琢磨，所谓"玉不琢不成器"。这样的

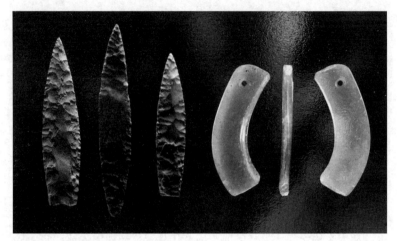

图 10.1　黑龙江饶河小南山出土的玉器

特点就决定了它某种意义上可以成为"通货"——交换的媒介。玉石最早用于制作个人装饰品，因为其稀有性，以及玉器制作耗费的大量劳动，才转而成为社会分化后新兴权力阶层努力控制的资源，并赋予其新的文化含义。

　　玉石经过打磨之后晶莹剔透，光泽温润含蓄，声音圆润柔和，质地坚硬并有一定的韧性，如此这般的属性不可能不影响使用者本身，人与玉的长期互动就形成了玉的物质性。当玉器失去权力与财富的主要地位之后，回归到原初的文化意义，也就是玉的物质性方面。玉如此，人亦如此，中国古人所认为人的美好的特性就应该像玉一样。正是因为玉存在这样的物质性，我们可以推断，在此基础上形成的权力也带有一定的玉的性质，即具有威望特性，强制色彩不那么浓厚。玉石作为权力财富的时期正是中国历史上的"五帝时代"，按照古史传说的记载，此时的首领的确都是以道德高尚而闻名的，以至于后世将尧舜时期视为难以企及的政治理想。玉文化对中国后世文化的影响是深远的，"玉含五德"，成为中国文化描述美好的代名词。

小南山遗址[1]

小南山遗址位于黑龙江省饶河县乌苏里江左岸，面积达 40 余万平方米，包含旧石器末期（距今约 17000—13000 年）、新石器早期（距今约 9200—8600 年）、新石器晚期（距今约 4700—4500 年）、西周中期、西汉时期共五个时期的文化遗存。该遗址发现于 1958 年，后于 1971 年、1980 年、1991 年、2015—2017 年、2019—2021 年多次开展田野考古工作，取得了丰厚成果，并获评"2019 年度全国十大考古新发现"。

第一期遗存主要分布于发掘区西侧，包括房址、火塘等遗迹，并发现了以细石核、两面器尖状器、锛形器和大量石片为主的石质工具，以及少量夹砂陶片，整体文化面貌与东北及俄罗斯境内同期古文化相近。第二期遗存最为丰富，主要包括分布于小南山东坡的三片石堆墓葬区，其中随葬有较多石器、少量玉器和陶器。石器以石叶、石镞为主，玉器包括玦、环、璧、珠、管、斧等多种形制，已发展出较

---

[1] 李有骞：《黑龙江小南山遗址 2019—2020 年度考古发掘新收获》，《中国文物报》2021 年 3 月 19 日第 5 版。

成熟的组合体系,部分玉器上发现有砂绳切割的痕迹。第三期遗存发掘有两座房址,出土以平底筒形罐为主的陶器,与俄罗斯境内的沃兹涅谢诺夫卡文化相近。第四期和第五期遗存则是由十余座半地穴房址组成的聚落,在文化面貌上有着较强的特殊性。

小南山遗址发现的连续多时期文化遗存对于黑龙江下游至滨海地区建立考古学文化谱系有着重要作用。其第一、第二期遗存展现了东北早期狩猎采集社会的复杂特性,出土了最早的玉器组合,是后世中国玉文化的源头。

玉石可以直接接触、体验,文化意义的描述可以用物质性来概括,而文化意义的渗透是广泛的,甚至可以融入有些抽象的线条之中,其代表就是中国书法。书法是一种具有特色的中国艺术,并且成为中国人修养身心的方式。作为考古遗存,历代优秀的碑帖及其拓片成为书法爱好者的圣物。有练习书法体验的读者都知道,练习书法必须临摹古代的法帖,至少要临习隋唐的楷书,掌握汉字的结构。还应该临习魏晋的碑帖,以体会其中的勃勃生气,因为此时是书法的一个高峰,处在书法分化期,书法的个性比较丰满。长期学习书法的人还会去学习汉代的隶书、秦代的篆书、两周的金文、商代的甲骨文。非常有趣的是,书法极其强调学习传统,不临帖是不可能写出好字来的。广泛、深入地学习传统,然后根据自己的个性加以发挥,形成自己的书体,才有可能成为书法家。西泠印社的首任社长吴昌硕以篆隶而闻名，他的字如同钢铁铸成，刚劲有力，"苦铁"是他的雅号之一。如果看吴昌硕的照片，完全像一位老太太，他用柔软的毛笔写出了如同篆刻出来的文字。这正是书法的魅力，吴长年临习秦代的石鼓文，由此有了这样的功力。这不是某些模仿者试图靠手腕抖动能够模仿的。中国书法强调练习者的内在修养，似乎有一种无形的力量融入到笔墨之中。在书写过程中，欲左先右，欲上先下，有起有收，与中国文化的含蓄、注重内在的力量的观念是一致的。在中国文化漫长的历史中，一根根线条都有了文化趣味，练习者、欣赏者，不知不觉接受了中国文化的熏陶。

中国古代物质文化一个沟通中西的产品就是丝绸，"丝绸之路"成为中西交流的象征。至少在 6000 多年前，中国已经开始养蚕，河南巩义双槐树遗址就曾出土牙雕蚕，更早在距今 8000 多年的河南舞阳贾湖遗址的地层中还发现过蚕丝蛋白。丝绸长期是中国的特产，丝绸贸易成为联系东西方的纽带。丝绸有着玉一样的光泽，温润光亮，轻柔顺滑，不过色彩并不艳丽，衣着随风飘动，自然带来飘飘欲仙的飞升之感。中国古代的升仙文化的图像表达上常常是衣裾飘飘，从汉代的画像石到唐代的敦煌壁画，都是如此，由此可以看到，丝绸参与了中国文化观念的构建。类似之，还有陶瓷，中国的英文名 China，本身就是瓷器的意思。在中国古代物质文化中，陶瓷是一个极有代表性的存在。从目前的考古发现来看，陶器（容器）出现的最早年代在距今 2 万年前后，早于距今 1 万年的陶器遍布中国东部地区，从长江中下游、华北到东北都有发现。早于 1 万年的陶器还见于日本、西伯利亚等地区。因此，说陶器最早起源于欧亚大陆东侧应该是没有问题的。相比而言，瓷器的起源要局限得多，新石器时代晚期陶器烧制的温度普遍提高，在长江中下游地区有较为丰富的烧制瓷器的瓷土资源，距今 3000 年前后，原始瓷出现。瓷土中含铁量少，经过高温烧成的瓷器，胎体白，具有透明或半透明性，透水率小于 1% 或不透水，较之陶器更适合盛放液体。瓷器的胎体必须经过 1200–1300℃ 的高温焙烧，才具备瓷器的物理性能，各地瓷土性质有差异，烧成温度略有不同。有意思的是，瓷器同样具有类似玉石的光泽，历史上烧制的高质量青瓷外观上与玉器几无二致。

可能因为史前与三代时期在烧制陶瓷方面能够达到较高的温度，随后中国在青铜与钢铁冶炼方面迅速成熟。中国青铜时代铸造器物的规模与类型都是古代世界的巅峰。按张光直的说法，青铜是实现政治目的的资源。"国之大事，在祀与戎。"青铜制作的主要器物正好就是礼器与兵器，军事是政治的延续，从这个角度来说，青铜是与政治权力高度关联的物质。新铸造出来的青铜礼器金光灿烂，非常具有炫耀色彩，而且礼器上还可以铸造出来丰富的纹饰。中国青铜时代的礼器上多为饕餮纹，狰狞恐怖，象征权力的暴力性质。当然，到了西周时期，饕餮纹饰越来越抽象，更多成为一种装饰。西周的青铜礼器使用有了明确的制度，鼎与簋的组合用以指示社会等级与身份。西周之后，青铜器的政治色彩越来越淡薄，而文化色彩越来越浓厚，士大夫阶层纷纷以收藏三代时期的青铜器

为荣，青铜器经过锈蚀才有的绿色成为古雅的象征，带有炫耀性的
金色为斑驳的铜绿所取代。人们欣赏青铜器除了古雅的颜色，更在
意其典雅的形制。三足器是中国从新石器时代就有的典型器物，包
括鼎、鬲、鬶等多样的器型【图 10.2】，尤其是青铜鼎，成为政治
权力的标志，"问鼎中原""三足鼎立""钟鸣鼎食"等成语甚至融
入人们的日常用语与行为规范之中。在权力色彩褪去之后，鼎的稳
重、庄严、秩序感就成为人们欣赏它的文化特征。

　　除了人工制品，外部的自然景观，从山水到动植物都可以为
文化意义所渗透。由此，中国的山水草木并不是简单的外部客观世
界，而是有文化积淀的人文世界。生活在这一世界中的人们，就会
受到它的影响。正所谓"一方水土养一方人"。江南烟雨、大漠风
沙、北国冰雪，造就不同的文学、艺术风格，烟雨与诗情画意，风

图 10.2　老官台文化的三足彩陶钵，图片来自《彩陶·中华：中国五千年的融合
与统一》，第 64 页

沙与孤独豪情，冰雪与坚韧暴烈联系在一起，进而塑造出不同地方人群的性格。经过文化意义改造的自然环境，我们通常称之为景观，景观考古如今是考古学研究的一个重要领域。在中国文化中，著名的景观就是"风水"，风水是千百年来中国古人在农业生产生活中逐渐形成的一套观念体系，其中包含着古人对人地关系的认识。风水影响村落与墓葬的选址、建筑的布局，乃至于装饰物的选择。[1] 风水的萌芽甚至可以从 8000 多年前新石器时代聚落选址上看出来。前些年我参与过内蒙古化德县裕民文化的调查，就发现裕民文化冬季营地的选择与后世风水的考虑颇为一致，前有案山，后有靠山，左右各有山岭相扶，藏风蓄气。历史时期的墓葬、村庄乃至于都城的建设都需要考虑风水因素，其甚至影响到现代城市的规划建设【图 10.3】。中国文化景观强调含蓄、容纳、和谐，与中国物质文化所表现出来的特点是一致的。中国文化中的草木如梅兰竹菊也是如此，它们已经不是简单的植物，而是中国文化尊崇的价值观念的标杆，时时提醒人们调整自己的行为。从这里可以看出，中国文化的范围不只有物质产品，还应该把人文景观包括进来，它们统称为中国物质文化。

从中国物质文化中我们可以进一步提炼与升华其具有共性的方面，也就是中国文化精神。或者可以反过来看，研究者已经从历史文化中归纳出来中国文化精神，我们可以从物质文化中加以验证

---

〔1〕俞孔坚：《理想人居溯本：从非洲草原到桃花源》，北京：北京大学出版社，2021 年。

图 10.3　内蒙古乌兰察布裕民遗址

与落实，学界就"中国"的认识需要在物质文化上呈现出来。按照当前的观点，应该把中国视为一个文明体或文明型的国家，与一般所说的现代民族国家有所不同。作为一个具有鲜明特征的文明体，它的物质形式中也包蕴着其内在的精神内涵。我们研究这些物质形式，也是为了揭示其包含的精神。从上面所谈及的典型中国物质文化中，我们可以看到中国文化对含蓄、包容、和谐、气韵等方面的强调。如果把这些特征与西方文化进行对比的话，就会发现双方的文化存在很大的差异性与互补性。中国文化精神是统率当代中国人的旗帜，是我们需要不断从物质遗存中进行阐发的对象。有点遗憾的是，过去百年的中国考古学一直都比较忽视，以至于一些中国人丧失了精神归属。

三、物质文化的阐释

正如物质遗存中不会自动告诉人们它所代表的活动一样，物质遗存也不会自动呈现其文化意义，其意义是需要研究者来阐释的。这里我们或可以从一个熟悉的例子《红楼梦》的研究说起。某种意义上说，《红楼梦》也是物质文化遗产。我们是怎么研究《红楼梦》的呢？自然有不少研究者考订其版本、作者的生平、时代的关联、文本的内容等，这是否意味着《红楼梦》研究会有一个终极真实存在呢？或者说研究者的目的就是为了寻找原作者的真实意图呢？这个真实的意图的确存在过，但作者可能都没有完全意识到，尤其是他完全不可能知道自己的作品在当代中国社会的意义。这也就是说，我们现在研究《红楼梦》的主要目的并不是作者原来的意图，因为这是一个不可能实现的目标，根本不可能得到有效的验证。但是，《红楼梦》在当代中国社会的意义是可以充分把握的，是可能完全实现的。当代研究者在研究《红楼梦》的时候需要结合历史脉络、文化背景以及当代社会现实来认识它的意义，这个过程我们称之为"阐释"。阐释并不是唯一的，就像我们读孔子一样，一千个人有一千种理解，正是在丰富的阐释中，孔子与《红楼梦》形成流传广泛、影响深远的文化内涵。

物质文化在阐释中得到传承与弘扬，但如何进行有效的阐释呢？我曾经用电视上的饮食节目来说明。文化历史考古是以分类描述为中心的，比如介绍中国饮食文化的八大菜系，讲一道菜的具体做法；过程考古是以解释为中心的，在这种模式下，会去讲营养科学、烹调原理，回答为什么的问题；后过程考古以阐释为中心，一个经典的节目就是《舌尖上的中国》，这个节目刚刚播出之际，引起一阵热潮。它既没有详细描述中国的菜系与一个菜的完整制作过程，也没有讲科学原理，它以具体的个人为中心，通过饮食来讲人情，通过人情来唤醒人们的味蕾。这是一种典型的阐释方法，让人在具体的情境中来全面地体验饮食文化，其中涉及关联的方法、现象学的方法，以及直接历史的方法。人之于事物的理解除了理性、规律之外，更多是从情境关联中实现的，就像我们听一句话，究竟是好话还是坏话，仅仅从字面上是不容易区分出来的，必须考虑情境。情境的英文表述为 context，这个词也是关联、联系的意思。所谓意义就是联系，阐释物质文化的意义，就是要去构建物质文化的意义，尤其是古代与现在的意义。我们不会去关心与自己毫无相关的事情，意义的发生必定要与我们自己关联起来。《舌尖上的中国》采用的方式是让观众产生共情，在类似的体验中建立起联系。中国历史悠久连续，这就让阐释者很容易实现物质文化的理解，这就是直接历史的好处。阐释的条件是理解，理解较之解释是更加深入、全面的介入，它也是以解释为基础的，这也就是为什么要把理解与传承文化放在解释之后的原因。

如何理解与传承文化是个复杂的问题，不过现实中我们有参考借鉴的对象，就这方面的工作而言，西方有不少经验教训可以借鉴。不过，需要注意的是，尽管现代考古学号称要与传统古物学切割,把自然与人文世界严格区分开来,似乎放弃了物质遗存的文化意义的阐释,但由于现代考古学源自西方,它本来就带有西方文化的意义在内。当中国考古学接受了现代考古学之后,就面临两种选择:一种是把西方文化的意义当作自身文化的意义或具有普适性的文化意义,另一种是认为现代考古学是科学的,不需要掺杂文化意义于其中。不论采用哪种选择,都会带来中国文化自身意义的断裂或丧失。解决的根本途径是,承认物质遗存研究在科学维度之外还存在人文的维度,并将两者视为互补的关系,而不是非此即彼或者相互排斥。

西方为了理解与传承自身的文化,发展了博物馆 - 文化遗产体系,让公众有机会接触古代物质文化,而不是像传统社会那样只是贵族的特权。这个体系如今发展出来公共(或称公众)考古领域,让更多公众参与其中,它不仅仅成为公众教育的重要组成部分,同时也是旅游经济中最有吸引力的内容,形成了良性的循环。改革开放以来,尤其是新世纪以来,随着中国经济的发展,博物馆如雨后春笋般建立起来,与此同时,考古遗址公园也纷纷建立。这些公园以原地保存的考古遗址为中心,把博物馆、生态建设以及其他文化设施结合起来,形成规模宏大、设施齐全的文化综合体,成为人们旅行休闲的好去处。

文化存在的形式是极为多样的,文化意义的阐释不是唯一的,阐释越丰富,就越可能实现充分的理解与有效的传承。《红楼梦》的生命力在于它有广泛的读者、持续的研究,以及各种与时俱进的解读。各种版本与译本只是传承的一种形式，戏剧、电影、电视剧等以不同的形式进行解读，让越来越多的人了解《红楼梦》，与此同时，其文化意义得到充分的弘扬。如果没有读这本书，没有多样的解读，只有唯一的、权威的一种，那么可以想象，《红楼梦》作为中国古典文化百科全书的价值就不可能呈现出来。我们对物质文化的阐释同样如此，需要各种各样的解读。就像故宫的文创，它不仅给故宫带来了丰厚的经济收益，更是极大地扩展了物质文化的影响，把传统文化与现代生活结合起来，让人们在日常生活之中随时随地接触传统文化，浸淫其中，潜移默化地受到影响。

　　理解文化就像理解一个人，知道事无巨细的经历，洞悉人生道理固然重要，还需要换位思考、共情体验。三个层次的工作都是不可或缺的，它们是相互补充的关系。考古学研究过去的物质遗存，不仅仅是为了了解过去的人与事，而是要为了解决现实的问题。人存在于世需要有意义，而意义的获取不会凭空产生，很大程度上需要借鉴文化传统。经过千百年锤炼筛选的文化意义自有其存在的价值，物质是文化的载体，我们生活在物质世界中，为文化意义所包围。但是，这些意义不会自动影响我们，除非经过合适的解读。过去一百多年，中国文化经历了数千年未有的严峻挑战，如今困难的局面有所缓解，距离中华文化的伟大复兴还有距离，需要我们实实在在地继承传统，通过不断的创新去加以弘扬。

拓展阅读

1. 冯时：《文明以止：上古的天文、思想与制度》，北京：中国社会科学出版社，2018 年。

2. 孙机：《中国古代物质文化》，北京：中华书局，2014 年。

3. 俞孔坚：《理想人居溯本：从非洲草原到桃花源》，北京：北京大学出版社，2021 年。

第 11 章
保护与利用文化遗产

从物质遗存到考古材料再到文化遗产，其实是同样的实体，但在不同情境中，经过不同研究过程的处理，就变身成了不同的东西。当我们称之为文化遗产的时候，也就意味着物质遗存已经进入公共领域，其中所涉及的关键问题就是如何有效地利用文化遗产，服务于公共利益。但是，利用的前提是保护，如果在利用过程中，文化遗产丧失殆尽，利用也就成了无本之木、无源之水。保护与利用是一对矛盾，需要辩证地看待与处理。只有保护而没有利用，保护的成本就会成为难以承受的负担，最终保护难以为继。在处理两者关系上，我们需要有长远的眼光与现实有效的策略，否则就会犯下难以弥补的错误。当我们无法进行保护与利用的时候，至少应该能够做到冷处理，让其保持自然的状态，不去做有意的破坏。文化遗产是文化的载体，中华民族的复兴必定意味着中国文化的复兴，中国文化的复兴也必定意味着中国文化遗产的有效保护与充分利用。如何去保护，如何去利用，是这里要讨论的中心话题。

一、文化遗产价值的评估

说到文化遗产的重要性，我想从一个小故事说起。2006 年，在吉林省大安酒厂内意外发现了锅灶遗迹和一批铁器，其中的铁器有大锅、三足锅和六耳铁锅等。2012 年对其进行了考古调查与发掘，从发现的炉灶的形制大小等判断，适合蒸馏酿酒。吉林大学的冯恩学教授根据大安酒厂的考古发现、复原的蒸馏酿酒的过程，结合出土钱币材料，判定其年代为辽金时期。当时我还在吉林大学工作，听说酒厂给冯老师打电话，希望能够复原酿酒遗迹。冯老师说，原先建议你们保护，你们不重视，现在都没有了，我总不能给你再造一个吧，即便是再造一个，跟原来的遗迹也不是一回事啊！刚发现遗址时，酒厂以为是普通古代民房遗址，没有认真对待，更何况考古工作会影响工程建设的进度。后来当酒厂认识到这居然是辽金时代的酿酒遗址时，可想而知是多么后悔，宣传酒厂历史渊源的绝佳机会错失了。由于没有认识到文化遗产的性质与价值，酒厂损失了相当大的经济利益。

在进行文化遗产的保护与利用之前，首先必须弄清楚文化遗产的价值之所在。我们生活的世界中，几乎所有的一切都是过去留下来的，只是经过了不同程度的自然与文化改造。显然，我们不可能把过去留下来的一切都原封不动地加以保护，保护与利用是有明确选择的，其标准就是文化遗产的价值。价值有大小，是可以衡量的。一般地说，文化遗产可以分为有形与无形两种，有形文化遗产即这里所说的物质文化遗产，根据联合国《保护世界文化和自然遗产公约》，可以包括古遗址、古墓葬、古建筑、石窟寺、石刻、壁画、近现代重要史迹及代表性建筑等不可移动文物，历史上各时代的重要实物、艺术品、文献、手稿、图书资料等可移动文物；以及在建筑式样、分布或与环境景色结合方面具有突出普遍价值的历史文化名城（街区、村镇）。无形文化遗产即"非物质文化遗产"，指被各群体、团体或有时为个人视为其文化遗产的各种实践、表演、表现形式、知识和技能及有关的工具、实物、工艺品和文化场所。非物质文化遗产（简称非遗）其实也是以物质形式体现的，因此近年来，考古教育体系中也逐渐纳入非遗的课程。非遗与物质文化遗产最明显的区别在于前者仍然参与到现实社会生活中，从这个意义上说，非遗是还没有脱离现实社会关联的物质文化遗产。

　　按照联合国公约，评价世界文化遗产的标准基本可以概括为能够代表人类历史的成就，代表一个历史阶段，代表关键历史转变，代表人类利用环境的方式，或是与历史上重要人物存在联系等。简言之，它应该具有代表性与独特性，其价值的大小与所代表文化的范围、稀有程度等密切相关。文化遗产的价值虽然可以衡量，但是并没有一个计算公式，而是需要多方面的专家、团队，乃至于当代的居民参与到评估中来。从事考古工作的人比较熟悉专家论证会，即发掘结束之后邀请专家参观并讨论发掘成果的意义，这实际就是一个评估文化遗产价值的过程。

评估通常从三个方面展开，首先是科学价值，即发现对于揭示人类过去历史的重要意义，此时一些保存良好的遗址就呈现出特殊的性质，饱水或是极其干燥都是有利于有机物保存下来的环境条件，因此也就保存下来大量重要的信息，经典的例子就是长沙马王堆汉墓女尸。墓主人并不是历史上的知名人物，由于特殊的埋藏条件并且未被盗，因此，随葬的有机物基本完整保留下来，包括墓主人的尸体，这就为多学科分析提供了前所未有的有利条件。干燥环境遗址如楼兰墓地，不仅保存下来干尸，连带纺织品鲜艳的颜色都保存下来。次之是历史价值，是指对历史进程的代表性，材料或许不多，但具有足够的代表性，如旧新石器时代过渡期的遗址，少量陶片、带有驯化迹象的动植物遗存、磨制石器等都代表着一个新的时代正在到来。最后是文化（或称文化艺术）价值，通常指文化形式上的创造性，一个地区或时代往往有属于自己的特定的文化形式，代表其最高的成就。我们知道唐诗宋词元曲明清小说，这是不同时代的文学成就。物质文化上同样如此，仰韶时代中原的彩陶、龙山时代山东地区的黑陶、良渚玉琮等都属于文化上的杰出成就。正如前面所提及的标准，与历史知名人物相关的遗存往往有重要的价值，比如考古学家曾经在墓葬中发现著名书法家颜真卿30多岁时书写的墓志，这无疑是书法史上的重大发现，为了解颜真卿书体的变化提供了难得的材料。

文化遗产价值的评估需要系统的参照体系，这是进行有效评估的前提。在考古学发展成熟之前，这项工作是无法进行的，当前我们遇到的困难大多与参照体系还不够系统密切相关。参照体系需要有足够的广度与精度。就广度而言，我们对于世界文化状况还缺少充分的了解，这就导致我们可能会忽视那些十分具有中国特色的内容，不认为这些我们习以为常的东西具有太高的价值。价值是在比较中产生的，要比较就需要对比较的对象有较为充分的了解。就精度而言，我们需要更加细致的内容，从而帮助我们更精确地定位文化遗产的位置，在这方面需要我们有足够的材料积累以及深入的研究。不论是广度还是精度，我们还有许多工作要做。参照体系还有一个特别值得强调的内容，那就是价值观，从西方来看中国文化遗产与从中国自身出发来看显然会存在较大的区别，这是他位与主位的区别。这是不是说不存在普遍的标准呢？一定意义上说，普遍的标准是存在的，问题在于许多人把西方的标准等同于普遍的标准。当然，也不是说中国特有的就一定具有文化遗产的价值，包小脚曾经是中国文化中的特殊现象，我们不会将其当成文化遗产，因为它有违人类的普遍价值。简言之，价值视角存在他位、主位、普遍三种，将三者混为一谈，单独强调某个方面就可能导致价值判断偏差。

在文化遗产的价值评估中特别需要避免受到现实利益集团的影响。文化遗产的知名度会带来长期的广告效应，远胜于一般的商业广告，因此，商业利益集团对此趋之若鹜。越依赖营销的产业，越是看重知名度，比如白酒行业。曾经有几年，酒坊遗址连续入选重要的考古发现，学术界对此颇有微词。的确，文化遗产价值的评估很难形成一个客观的、普遍认同的结果。学术、商业以及政治上的考量各不相同，精英与大众的认识也难以形成共识，这是不得不承认的现实。在基于互联网技术的后现代社会，去中心化趋势逐渐显现，未来评估文化遗产的价值也有可能走向去中心化。这不等于说文化遗产的价值就完全走向相对化，而是趋向于把在社会互动过程（包括真实与虚拟的）中形成的共识当作结果。

二、文化遗产的保护

说到文化遗产的保护，大家可能首先想到的是北京城，作为元明清三朝都城，北京城留下来大量文物古迹。有些遗憾的是，受时代认识与物质条件的限制，北京古城的保护并不理想。1950年，梁思成、陈占祥共同提出《关于中央人民政府行政中心区位置的建议》，史称"梁陈方案"。他们建议在北京西部新建中央行政中心区，把整个北京城都保护下来，用一公里宽的公园把老城与行政中心区隔开来。这个保护规划在当时看来太保守（其实是太超前了），没有被接受，而是采纳了苏联专家的建议，就在古城基础上扩建。其后的发展证明梁陈方案还是有先见之明的，直接在古城基础上扩建既不利于文物古迹的保护，也不利于现代化建设。站在21世纪20年代再回头来看梁陈方案，可能会认为他们还不够大胆，还不够有想象力。如果他们知道70年后的北京人口规模会超过2000

万，很可能不会把行政中心布置在古城西部，而是北部或东部，以获得更大的发展空间。站在当下去评价前人的过失，实在是太容易了，也有失公允。文化遗产保护在当时还是新生事物，按照当时占主流的现代性观念，历史是包袱，是需要被改造的对象。从经济条件来说，全面建设新北京城投资浩大，不是当时的国力能够支持的。我们从中得到的教训或许是，在无法确定文化遗产的保护方案时，冷处理可能是更合适的方案，保持原样，不去破坏。

在文化遗产保护上，通常难以权衡的是长期与短期利益，文化遗产的价值是长期的，而现实的需求往往又是短期的。长期利益大多带有公共性，短期利益则是较为局部的，这也就导致在两者的博弈中，短期利益往往更加具体，也更可能获胜。也正因为如此，文化遗产的保护需要平衡长期与短期利益，长期利益是原则性的，短期利益不能破坏长期利益。生态、文化等都属于长期利益，一旦被破坏，就可能造成难以弥补的损失。高质量的社会发展是以长期利益为基础的，昙花一现式的繁荣不值得提倡。山西是中国古建筑考古的圣地，中国绝大部分的早期建筑都保存在山西。这些建筑曾经是落后的象征，如今都成了国宝，成为山西文化旅游的核心竞争力。新中国成立以来范围最广、规模最大的文物保护工程是三峡库区文物保护规划规定的地面文物保护和地下文物发掘。1996 年到 2007 年底，全国 20 多个省、自治区、直辖市 70 多个单位以及 10 多所高等院校的考古工作者，共计 1000 多人云集三峡库区，投入文物抢救保护工程中。三峡水库淹没区和移民迁建区共有文物保护项目 1087 项，勘探面积 3163 万平方米，发掘面积 187 万平方米，总投入近 20 亿（2010 年统计）。这样巨大的投入丰富了当地的文化资源，考古新发现正在成为长江文化公园与数个博物馆的基础，让人们在欣赏三峡自然美景、工程奇迹的同时，在文化历史的维度上更深入地了解三峡。

文化遗产保护的核心原则是保持文化遗产的原真性。在早期考古学史上，的确存在考古学者根据自己的想象复原古代遗迹的情况，如伊文斯重建古希腊建筑。这样的重建其实是对文化遗产的破坏，它破坏了文化遗产的原真性。后人再来研究时，很容易受到误导。这并不是说不可以复原，而是说不能在遗址上直接重建。为了展示的目的，异地重建是可以的，需要说明是复建的。在修复文化遗产时，需要遵循的原则是修旧如旧，如果维修出来的建筑如同新建的，那就让古建筑失去了原真性，这样的事情是发生过的。近些年来，中国在文化遗产的保护上取得了很大的进步，去过西安大明宫国家考古遗址公园的人会注意到，这里在复原古建筑时只是把基础做出来，有的地方会重建部分结构，体现古建筑的截面【图 11.1】，同时以缩微建筑的形式全面呈现大明宫的总体布局。

对于遗址而言，维护原真性的最好办法是原地保护，不是万不得已，不要异地重建。20 世纪 60 年代，埃及修建阿斯旺大坝，要淹没一处神庙，最后是通过切割的方式搬迁。尽管这种方法把古建筑保存下来了，但是建筑的原有景观联系消失，仍然是非常令人遗

图 11.1　西安大明宫国家考古遗址公园

憾的。类似之，还有河北平山的西柏坡村，这里曾是中共中央指挥三大战役与召开七届二中全会的地方。1958 年，由于要修建岗南水库，西柏坡和东柏坡等 20 个村庄被搬迁，现在大家看到的西柏坡是易地重建的。原地保护的佳例也有。大家如果坐地铁从北京王府井站 A 口出，就会遇到一处旧石器时代遗址博物馆——东方广场遗址。1996 年 12 月，北京大学城市环境学系博士生岳升阳到东方广场工地观察地质剖面，建筑的基坑很深，是平原地区观察地层的好机会，他意外发现黑色炭迹、动物碎骨与石片，后来由中国科学院古脊椎动物与古人类研究所旧石器考古专家李超荣主持发掘。经过学界知名人士如刘东生、贾兰坡的反复呼吁，这处位于地下 12 米的遗址得以保存下来，如今到王府井来游玩的人，可以看到两万多年前人类的生活遗迹，上面就是现代化的商业中心，两者形成强烈的对比，相映成趣。

当然，原地保护是有条件的，中国古代遗址许多都是土质遗址，跟西方石质遗址相比更难保护。即便是南方看起来结实的红土，雨后也非常容易崩塌，北方的黄土遗址更是如此。目前的办法是盖大棚，实际效果并不理想，要想长期保存并且要展示，需要对出土遗存加固处理。内蒙古通辽哈民忙哈遗址发现大量人类遗骨，可能因为瘟疫灾害所致。作为一处重要的史前人类遗存，当地建设了遗址博物馆，为了保护这些人骨，需要通过化学措施予以加固。2018年我到该遗址考察时，正好遇到北京大学周双林团队在此施工，化学试剂的气味相当刺激【图11.2】。目前可以用于骨质文物

图 11.2　哈民忙哈遗址保护中

加固的材料主要有天然树脂、硝基清漆、聚乙二醇、三甲树脂等，具体能够保存的时间年限还在实验之中。对于暂时无法保存的遗址，采用原地回填的方法是较为现实的。到过敦煌莫高窟的人都知道，莫高窟因为参观的观众太多，带来的水汽让壁画生霉，为了解决这个问题，于是专门建设了数字展示中心用于参观，以压缩参观时间，降低负面影响。

哈民忙哈遗址[1]

　　哈民忙哈遗址（简称哈民遗址）位于内蒙古自治区科尔沁左翼中旗西辽河平原东部，科尔沁沙地腹地，总面积达 17 万平方米，为新石器晚期的环壕聚落遗址，距今约 5600—5100 年。遗址于 2010—2013 年经多次发掘，清理出大量房址、灰坑、墓葬和两条环壕，出土遗物丰富，包括以麻点纹为特色的陶器，以及各类石、玉、骨、角、蚌器和大量动物骨骼，被认为可确定为独立的"哈民忙哈文化"。遗址获评"2011 年度全国十大考古新发现"。

　　哈民遗址发掘的房屋多达 67 座，成排或成组分布，一般呈东北西南走向。房屋为半地穴式，面积在 10—40 平方米之间。墓葬散布于房址之间，以竖穴土坑墓为主。聚落外部分布有两重椭圆形环壕，截面

〔1〕"哈民忙哈–科尔沁沙地新石器时代遗址发掘与综合研究"项目组：《哈民忙哈——新石器时代遗址综合研究》，北京：科学出版社，2022 年。

为梯形，规模较小，象征与区域划分的作用可能大于防御功能。从发掘出土工具类型来看，哈民遗址的先民应主要从事狩猎采集（包括渔猎）的生业方式，兼有小规模的农耕。

哈民遗址的废弃原因是研究的一大重点。面积最大的 32 号房址有过火崩塌的痕迹，保留着大量纵横叠压的炭灰条，应为建筑原有木构经焚烧后形成。发掘区东南角的 40 号房址中层叠分布着 97 具以上的人骨，其他包括 32 号、37 号、44 号、46 号、47 号房址都出土有 10—20 例左右的人骨。这些异常的废弃现象都需要得到合理的解释。从出土的人骨上来看，并未发现暴力行为的痕迹，其死亡时间间隔很小。结合哈民遗址中对于鼠、兔等啮齿类动物的大规模利用，主流观点认为哈民遗址所遭遇的是一场鼠疫，由此出现了集中的大规模死亡现象，幸存者无法以正常的丧葬行为处理死者，在不得已的情况下利用房址抛弃尸骨，或许最终还以焚烧的形式进行处理。

哈民遗址位于草原与沙地的生态交错带上，气候不稳定性强。根据古环境重建结果，哈民时期该区域的气候也相对冷干，因此整体并不适合农业生产。为了适应这样的环境，哈民社会发展出了对于植物根茎和啮齿类动物的强化利用，整体呈现出一种广谱的适应方式。但与此同时，哈民遗址又聚集了大量的人口，发展出了一定的社会复杂性。这种脆弱的人地关系很容易出现资源的过度利用，同时也为微生物的寄生提供了条件，哈民社会所遭遇的史前灾害正是在这样的背景下产生的。

当前文物保护技术的进步可谓是日新月异，我曾经到湖南文物考古研究所的研究基地参观，基地位于长沙窑国家考古遗址公园内（基地的建立早于考古遗址公园），其中设立了数个文物保护实验室，包括有机质、金属等。秦汉时期的竹简刚刚发现的时候，完全卷曲在一起，颜色灰暗，根本无法识读。经过多道程序的处理之后，简牍才舒展开来，墨迹与竹木恢复到原来的颜色。基地的设备众多，相当先进，当然，价格也不便宜。文物保护是非常花钱的，中国文物考古经费的大头就用于文物保护了，即便如此，也往往是捉襟见肘。因此，文物保护需要考虑经济性的问题，国家文物局在审批考古发掘许可时就非常关注文物保护的环节。相比而言，发掘者更多考虑的是如何尽可能地揭示考古遗存，如何去解决正在研究的问题，对文物保护的考虑的确不多。而且文物保护是专门技术，涉及众多自然科学门类，与考古发掘者想要解决的学术问题关系不大密切，有时，文物保护可能会影响研究材料的获取，如前面提及的哈民忙哈遗址，被化学药剂浸透的人骨材料固化在原地，很难再进行研究。为了保护这个人骨叠压的场景，底部的人骨也不能进行全面清理，所以只能说至少有 97 具人骨（实际可能更多）。即便如此，考古发掘队伍中也需要文物保护工作者，目前这方面的合作正得到加强。出土文物的保护存在严格的时间窗口，从墓葬中出土的丝织品一旦脱离原来密封的环境暴露在外，轻则变色，重则彻底分解。因此，及时的保护处理就十分必要。如果不能保护出土文物，那么还不如不去发掘，不发掘就不会破坏文物的原初环境，反而能够保护文物，而且不需要成本。这也就是为什么考古发掘许多时候是被动的原因——因为遗址正在遭到破坏，不发掘会遭到更大的破坏，所以才不得不去发掘。

文化遗产保护还有一个重要的原则，就是可持续性。在考古发掘中，一个非常忌讳的做法就是一次性全面揭露整个遗址，尽管这么做有利于获得完整的信息。之所以不主张这样做，主要的原因是为了可持续性，考古发掘具有不确定性，发掘中很难准确预知会发现什么，发掘者往往需要反复研究之后才了解所发现遗存的意义。如果匆促地把遗址全面揭露开来，就很可能丧失许多提取重要信息的机会，比如河北武安磁山遗址，这处距今 8000 多年的新石器遗址发现了不少灰坑，按当时发掘者的说法，灰坑中还存有不少粟的堆积，可能有数万斤之多。然而，后来的研究者认为当时采用的灰像法识别粟并不准确，较为可靠的方法是利用植硅石分析。但是，遗址发掘已经完成，研究者不可能再从原来的发掘区获得有用的信息了，从遗址外围获得的材料很可能代表不了遗址中心区的情况。也正因为如此，遗址发掘需要留有余地，不能一次挖完；发掘过程中要留下关键柱，以备将来核验；发掘完成之后要及时回填，为未来更深入的研究留下空间。可持续性意味着开放性，即研究结果是开放的，未来的研究可以进一步补充与修正。这么做可能让考古发掘看起来不那么完美，遗迹总是局部地揭露，但从长远来看，这么做能够获得更多更准确的信息。考古工作是矛盾且困难的，发掘本身对文化遗产来说是带有破坏性的，但不发掘又不足以了解文化遗产，现实的策略是采用局部的、连续的发掘，根据局部去推断整体，非常考验考古研究者的推理能力。就困难而言，其实所有学科都差不多，也许正因为种种羁绊，才使得科学探索充满魅力。

三、展示与开发

文化遗产最终还是要进入公共生活领域，这就涉及展示与开发，这是考古学科的应用。随着考古学科的发展，越来越多考古方向的毕业生进入到应用领域，具体说来，可以包括博物馆、遗址公园、互联网推广与互动等。大约十年前，我曾经到辽宁阜新查海遗址考察，这是一处在遗址原地修建的博物馆，符合我们前面所说的原地保存原则。然而，到这里看到的情况并不理想，由于遗址位于交通不便的村庄边缘，几乎没有观众，参观前只能临时联系工作人员。发掘出土的主要遗物也没有存放在这里，所以能够展示的材料也比较少，由于遗迹展区无法保存，大多已经回填，能够看到的东西非常少。博物馆由于是事业单位，麻雀虽小，五脏俱全，配备了八名工作人员。从查海遗址的情况来看，原地陈列展示并不合适。差不多同一时期，我去了无锡鸿山国家考古遗址公园，这里重点保护与展示的对象是江南土墩墓。公园面积很大，有核心区、保护区，保护区范围十余平方公里，区内严控建设占地。当地没有迁走所有居民，而是就地发展生态农业，改善生态环境，在保护区外围开发房地产与文化服务产业，包括修建吴越文化村。总体来看，该项目具有较好的生态、文化、经济效益，而且可持续性比较好。

在考古学诞生之前，古物的展示基本限于贵族士大夫之间，成为他们聚会中的雅事。随着现代考古学发展，博物馆成为主要的展示途径，越来越多的公众参与其中。在当代中国，博物馆是整个教育系统的重要组成部分，也是新兴中产阶层休闲的主要去处。教育基础、经济条件与闲暇时间是博物馆繁荣的社会背景。如今博物馆似乎已经不足以承担考古学与公众之间的联系，从规模上来说，考古遗址公园的兴起大大改善了公众参与的环境条件，参观者能够深度沉浸其中，参观体验不再局限于博物馆内。从途径上说，互联网，尤其是移动互动网的兴起，极大地便利了公众获取相关的知识，公众同时有了表达观感的途径。回顾历史，从中我们可以看出文化遗产展示的基本发展趋势，那就是公众参与程度在不断提高，体验的途径越来越丰富。

截至 2022 年，中国分四批公布了 55 家国家考古遗址公园，还有 80 家已立项，如果加上如云冈石窟、秦陵兵马俑这样早已开发的世界文化遗产，数量就更多了，另外还有更多的公园项目在筹备之中。从已经投入运营的公园来看，较为成功的是那些位于大城市之中或近郊的。这些公园的交通便利，观众较多。考古遗址公园中往往还有博物馆，结合遗址本身，形成多样的展示层次。不过，大多数遗址公园对于室外展示还是不够重视，导致观众在博物馆与遗址之外，可看的东西还不是太多，缺少如书店、咖啡厅／茶馆、文创商品店铺、地方特色产品体验馆等休闲场所，导致游客过于集中，尽管公园面积广大，但是参观体验还不够理想。另外就是还不够重视公众的参与，实验制作、讲座与讨论、夏令营等都是比较好的公众参与形式，专业群体对于公众的参与还是有些怀疑，一方面担心自己的话语权受到挑战，另一方面怕给自己找麻烦。当然，这些担心不是没有道理的，但大趋势是不可阻挡的。公众不可能都对考古有深入的兴趣，有一部分确实会有，我们应该要能为这部分发烧友提供更多的参与机会。从我个人参观过的国家考古遗址公园来看，普遍存在的问题是服务设施严重不足，专业群体更多考虑的是如何展示考古遗存，而没有站在观众的角度考虑问题。利用互联网的有利条件，与公众互动，充分听取各方意见，及时调整改进，这应该是以后的发展方向。

文化遗产展示一方面需要尽可能塑造合理的关联以促进观众对展览对象的理解，这包括原址展示、情境复原，以及相关背景知识的介绍；另一方面是尽可能让观众便利地接触到展览对象。就前者而言，传统的单件物品陈列已经有点过时，缺乏专业知识基础的观众很难看懂，即便是专业研究者，如果专攻方向有所不同，也还是看不懂。也正因为如此，许多观众反映参观博物馆很容易让人疲劳。一件展品就像一句话，只有把它放在合适的情境中，人们才容易理解。对于布置展览的专业人员而言，他们需要塑造这样的情境，其中还要有清晰的逻辑线索，处在关联网络中的展品才能聚合为一个展览，就像把许多句话组织成一篇精彩的文章一样。展览的中心主题需要明晰，需要在展览中反复呈现，重点的展品不仅仅需要单独地呈现，还需要必要的烘托。令人遗憾的是，目前我们看到的许多展览过于平板，就像是一篇平铺直叙的文章，观看之中很难让人提起兴趣。展示不是把物品摆放在展柜中就可以，也不是说加上一些高科技的手段就足够了，而是要有研究作为支撑，要揭示出展示的意义。目前考古艺术展览的主要问题是文字太少，缺乏基本的背景介绍，常常只有展品名称与年代，甚至都没有出土地点。好的展览就像是文辞简练的优美散文，形散而神不散，观众看完之后，能够有足够的回味。展示如何吸引人，策展人、布展人需要把自己当作观众，用心去体会一名观众的感受，而不是强行去推行自己的主题。

让观众便利接触到展览对象，首先需要让观众便利地看到展览，然后才能谈到下一个问题。目前，我国拥有不可移动文物 76 万多处，国有可移动文物 1.08 亿件（套），全国重点文物保护单位 5058 处，国家考古遗址公园 36 处。截止到 2022 年 5 月，中国共有 6183 家博物馆，相对于中国庞大的人口数量而言，这个数量还是非常有限的。中国地大物博，环境多样，历史悠久，又正处在从传统农业社会向现代工商业社会转型之际，一方面有大量的物质文化遗产等待发掘，另一方面还有大量的非物质文化遗产正在消失。近年来，我所工作的中国人民大学考古文博系也拟招收非物质文化遗产方向的研究生，也是为了响应社会的迫切需要。当代中国的发展速度极为迅速，人们为之而自豪，但对于文化遗产保护而言，却也有一个不利之处，就是在人们还没有意识到问题之前，文化遗产已经消失。博物馆不仅仅是展示的地方，更应该是发掘、收集、整理与研究文化遗产的地方。新建的博物馆的确有可能缺乏丰富的藏品，但这是一个实质性的起点，从这里出发，就可以去扩大收藏。当代中国的活力在于国家、集体、个人多管齐下，多元互补，博物馆的建设也是如此。国家还应该鼓励这种多元的发展方向：个人博物馆方向灵活，但实力有限；集体（企事业单位）在专业方向上具有特殊的优势，但有些偏狭；国家的优势在于综合，但不够灵活、不易深入。三者相互补充，都是不可或缺的。

小贴士

良渚国家考古遗址公园[1]

位于杭州市余杭区，于 2008 年建成开放，于 2010 年列入我国首批国家考古遗址公园名单。2019 年成功列入《世界遗产名录》。良渚考古公园以古城遗址为中心，以考古和自然生态为基础，以传承文明综合利用为手段，探索出大遗址保护的"良渚模式"。作为文化遗产核心价值阐释的载体，良渚遗址发现了令人惊叹的玉器、规模宏大的古城

---

[1] 秦岭：《良渚遗址的学术价值和遗产价值》，《中国文化遗产》2017 年第 3 期。

和水利工程，代表了中国距今五千年最早的国家形态。在反山、瑶山等大墓中出土的琮、璧、钺等玉器，其技艺成就在世界范围内独一无二；其在维持早期复杂社会中所发挥的礼制功能，是"藏礼于器"这一中国文化传统的物质体现。其次，良渚发现了面积超过 300 万平方米的良渚古城和 630 万平方米的外郭城，揭示出良渚古城"宫城－内城－外郭"的三重结构，代表了人类文明史上一种早期东方城市文明形态。自 2009 年以来，又陆续发现了由 11 条水坝组成的、具有长堤－高坝－低坝结构的完整水利工程。这些水利系统，连同良渚的水田系统和饭稻羹鱼的农业经济形态，使良渚文化代表了 5000 多年前中国史前稻作文明的发端，塑造了中国长江下游鱼米之乡的湿地文化景观，揭示出中华文明"多元一体"的起源特征。

作为实证中华五千年文明史的圣地，良渚遗址立足"世界遗产"和"文明圣地"的定位，形成了"一轴一核两心三片"的结构布局。一轴是指文化景观轴，一核是指良渚古城遗址保护区，两心指良渚广场和良渚博物院，三片是指三大生态和文化保护区。目前，良渚考古公园以史前考古和中华文明起源的历史为主线，辅以生态修复和绿地建设，正在形成一个集科学研究、文化教育、生态休闲、旅游观光等属性的综合性公共空间。

我一直有个主张，布置展览的地方完全不需要局限于博物馆中，大型商业中心、文体活动中心都可以布置展览，现代安保设施、恒温恒湿的展柜足以保护文物的安全。哪里有人流，哪里就应该成为展览中心。我甚至认为人流集中的地铁站也可以布置一些小型的展览，人们只要有闲暇，就可以得到文化上的享受。随着互联网与虚拟技术也就是"元宇宙"的发展，展览还可以线上进行。重庆三峡博物馆就在这方面做了很好的尝试，在线上，观众可以从不同角度观赏文物，这是线下难以实现的，而且可以有更加详细的解说，包括知识链接，这也是线下难以做到的。新的技术发展给未来的文化遗产展示带来新的图景，即现实与虚拟相结合，戴上 VR 眼镜，人们可以足不出户、安安静静地欣赏那些文物珍品，可以自主选择参与讨论。还可以想象的是，人工智能技术可能催生线上的导游角色，其风格、知识层次都可以灵活选择。这是在不久的将来会实现的，但是，虚拟是补充现实，不是替代现实。对于未来的观众而言，他们需要避免新技术带来的"过度刺激"，忘记了要去面对真实的对象，因为它们才是真正的知识源泉。

所谓开发，就是围绕文化遗产发展衍生产品与服务。前面所说的无锡鸿山国家考古遗址公园，围绕公园发展吴越文化村、搞房地产开发，就是两种新的开发形式。在良渚国家考古遗址公园，我们也看到了类似的开发。当地为了带动文化村项目，把良渚博物院建在文化村中，这也避免了在遗址中心区建设大的建筑。良好的生态环境提高了周边地产的品质，文化、生态、经济取得了相互促进的效益。通常大家所说的开发是指文创产品，近些年来，这方面的进展相当不错，数年前，故宫的文创产品每年就可以带来 7 亿元的收益。如何延长产品与服务的产业链，是当前需要考虑的主要问题。图书、纪念品只是文创产业的部分形式，博物馆在提供社会服务方面还有许多事情可以去做，比如兴趣班、知识讲座、夏令营等。兔年春节期间，部分博物馆夜间开放，让观众享受"博物馆之夜"，就带来了很好的社会反响。文化遗产开发对中国考古学来说还是个新兴领域，绝大部分考古学研究者没有这方面的教育训练，需要摸索前行，不过，其中的基本原则还是清晰的，那就是在长期利益的指导下，形成多方共赢的良性循环，避免杀鸡取卵的短视行为。毫无疑问，这不容易做到，需要政府、集体与个人克制急功近利的心态，从长计议，这可能是当前中国文化遗产开发面临的首要问题。

如今越来越多的考古学方向的毕业生进入到文化遗产的保护、展示与开发领域，不仅有国有部门，还有集体或私营公司，将来还可能出现"个体户"。李子柒现象表明，在公众生活领域，人们对于精致的文化生活有无限的向往，文化遗产正是人类过去生活的精华，理应成为中国人精致生活的基础。如何更好地发挥文化遗产在当代社会生活中的价值是一个充满潜力的领域，这也是实现考古学现实意义的舞台。

拓展阅读

1. 全国哲学社会科学工作办公室编:《从考古看中国》,北京:中华书局,2022年。

2. 中国博物馆协会编:《中国考古遗址博物馆》,南京:江苏凤凰文艺出版社,2022年。

3. 张曦:《观念的形状:文物里的中国哲学》,北京:生活·读书·新知三联书店,2023年。

第 12 章
考古学与中华文明起源

　　了解考古学是什么，用一项有代表性的研究来说明应该是不二的选择。这项研究应该要有足够的代表性，还应该有足够的亲和力。我想这项研究必定是中华文明起源研究。百年中国现代考古学的一项主要任务就是探索中华文明的渊源，它同时也是中国考古学的特色之一。尤其是改革开放以来，中华文明探源取得一系列突破，让我们对于中华文明起源问题有了新的认识。回顾考古学发展的历史，一个有趣的现象就是，有关世界古典文明的考古工作主要集中在 19 世纪末到 20 世纪初，包括希腊、西亚、埃及、印度河以及中南美洲的古典文明等，殷墟的考古发现也可以归入这个潮流之中，然而殷墟的年代已是商代中晚期。此时文字都已经成熟，《史记》上有关商王世系的记载也大体不差，因此，并不适合把殷墟考古看作中华文明起源研究的范畴之内。中华文明探源真正的突破是在 21 世纪初，比其他古典文明的发现差不多晚了一百年。与世界其他古典文明的发现都由西方探险家或考古学家所做的不同，中华文明起源的考古发现基本是由中国学者自己完成的。从考古学的角度来看中华文明起源，绝不仅仅是看到一系列的发现，正如前面所言，考古材料不会自己说话，发现并解读考古材料才是考古学的完整贡献。

一、文明与文明探源

要进行文明探源，首先需要弄清楚什么是文明？文明是个多义的概念，我们至少需要说明考古学上的文明概念是什么。然后需要说明在考古学上如何进行文明探源。回答这两个问题都需要理论上的探讨，从这个角度来看，考古学的文明探源是离不开理论研究的。某种意义上说，理论是要先行的，为考古发现与材料分析提供概念基础。随着材料的不断发现，理论还需要更新与充实，让不会说话的材料能够为人所理解。

喜欢辨析术语的研究者会从文明（civilization）的词源开始谈起，这里不想这么做，因为在不同语境中，大家对文明的定义会有不同的限制。在考古学的范畴中讨论文明起源，早已脱离了其原初的语境，有其显著的指向性。大多数情况下，所谓文明起源指的就是国家起源，当然，文明起源所说的范围要大于国家起源，但是国家无疑是文明的标志性特征。这马上就带来一个问题，究竟什么是国家？最早的国家是什么样的？我们现在所说的国家大多是指民族国家（nation），最早的国家是这样的吗？正因为国家的概念本身就存在歧义，所以不少研究者采用诸如"复杂社会"这样的概念，一方面避免与现代民族国家的含义混淆，另一方面复杂社会的概念能够更好地体现最早国家起源的过渡性与多样性。凡事都有两面性，复杂社会的概念的确有这样的优势，但它无法体现社会演化的质变特征，最早国家的出现是人类社会演化史上的重大事件，从此人类社会从史前时代走向历史时期，并与现代民族国家形成联系。于是，克莱森（Classen）提出"早期国家"的概念[1]，从而避免国家与复杂社会两个概念存在的不足。任何概念都是不完美的，早期国家的概念暗含着一个假设，即终结史前时代的人类社会演化具有普遍性，其形态就是早期国家。在对多样性的呈现上，早期国家的概念仍然不如复杂社会，目前国际学术界兼用早期国家、复杂社会两个概念。与复杂社会相关的概念是社会复杂性（social complexity），其演化一直可以追溯到旧石器时代的狩猎采集者，这样的话，有关文明起源的探索的时间深度就大大延伸了。

从上面的讨论中可知，作为早期国家的文明是社会复杂性的一种全新状态，但其形式与内容都相当丰富。这也就意味着，文明不仅仅是指一个社会演化的阶段，还有非常具体的内容，涉及生活方式、社会组织、意识形态等方面，它们往往构成一个完整的体系。比如古埃及文明利用尼罗河定期泛滥的有利条件发展农业，与南部

---

[1] H. J. M. Claessen and P. Skalník, "The Early State: theories and hypotheses", in H. J. M. Claessen and P. Skalník, eds., *The Early State* (Hague: Mouton, 1978), pp. 3-29.

的努比亚、东北部黎凡特等区域贸易往来，形成了太阳神崇拜，通过修建金字塔来巩固法老的权力（同时实现青黄不接季节资源的调配）。如此等等的古埃及文明的内容构成，也是古埃及的特征。我们在文明探源研究中，不能只注意社会复杂性的变化，还应该关注文明构成的具体内容。对中华文明探源而言，这就包括需要去探讨古代中国的天文观念、礼仪制度、审美观念等文化的起源。文明是人类文化发展的一个阶段，如前面章节所言（参见第 9 章），人类文化一方面是人类应对外部挑战的手段，另一方面人类在此过程中会赋予外物以文化意义。文化意义是文化史的重要内容，从这个层面上说，文明探源考古就是文化意义的考古（简称文化考古），中华文明探源，也就是探索中华文化的起源，而不仅仅是中华国家的起源。

还需要强调的是，文明存在精神内核，比如我们在说西方文明的时候，基督教就是其精神内核，它是凝聚西方文明的关键要素，也是理解西方文明的钥匙。历史上中华文明就不是一种以宗教为中心组织的文明，尽管古代中国社会并非没有宗教，但是在古代中国，不同宗教、祖先崇拜以及其他形式的信仰是同时并存的。那么中华文明的精神内核是什么呢？显然，如果没有它，也就不会有中华文明存在。中华文明绵延不绝，是什么贯穿其中呢？这样的精神内核是什么时候形成的？是怎么形成的？不难发现，在这个层面上考古学与思想史的研究取得了联系，由此，"文明"也就有了三层含义，它们是中华文明探源要去探索的内容。

就文明起源的研究而言，感兴趣的并不只有考古学家，这是非常典型的多学科合作的研究领域。在理论上，早在现代考古学开始文明探源之前，思想家们已经做了多样的探索，其中较为著名的有霍布斯、卢梭、马克思、韦伯等，他们就国家起源的机制提出了不同的理论。霍布斯与卢梭都是契约论者，在霍布斯的契约论中，统治者是置身其外的；而于卢梭而言，统治者是契约的一方。马克思的阶级斗争理论则是我们耳熟能详的。理论研究可以成为考古学研究的先导，也可以在考古材料发现之后，用于材料的解读。在有关文明起源的理论研究中，来自人类学（更早称为民族学）的工作是最为丰富的。

民族志材料是现实社会的观察，不同于还需要解读的考古材料，可以直接用于分析社会复杂性演化。民族志材料记录中包括以狩猎采集为生的游群社会，也有具有一定社会复杂性的农业与渔猎社会，还有被人类学家称为"酋邦"的复杂社会，以及比酋邦更复杂的"国家"。人类学家由此提炼出人类社会演化的不同方案，较为流行的如塞维斯（Service）的"游群－部落－酋邦－国家"序列、弗雷德（Fried）的"平均社会－阶等社会－分层社会－国家社会"[1]。前者更强调社会规模的变化，后者更关注社会等级的分化。当代考古学研究中，尤其是在北美考古学中，酋邦是一个运

---

[1] E. R. Service, *Primitive Social Organization: An Evolutionary Perspective*, 2nd ed. (New York: Random House, 1971); M. H. Fried, *The Evolution of Political Society* (New York: Random House, 1967).

用较为普遍的概念。但是把这些基于民族志所形成的理论用于考古材料的解读会带来一系列的问题，首先是文化、历史背景的差异。回顾考古学史，19 世纪后期在考古学还没有成熟的时候，研究者常常直接用民族志材料替代考古材料，然后构建起人类社会演化的序列。后来考古学的发展证明，这样的构建是靠不住的，澳洲土著不能等同于旧石器时代的狩猎采集者，大洋洲的酋邦社会并不一定就普遍存在于史前时代。民族志所记录的社会并不是古代社会的"活化石"，这些社会是与现代社会不同类型的社会，更像是树枝的不同枝杈。因此，人类学理论探索更像现实类比，而不是演绎逻辑的研究。

无论多少理论研究都无法取代考古材料，过去一百多年，世界各地有关文明的考古发现让我们看到极为多样的文明形态与发展轨迹。当然，要理解考古材料，还是需要理论的引导。于中华文明探源而言，我们拥有一些世界其他地区没有的有利条件，首先就是文献记载，尽管这些文献记载带有传说的成分在内，但是这些宝贵的信息可以成为文明探源的重要线索。古史传说往往带有神话色彩，这并不意味着它没有参考价值，迷信《荷马史诗》的谢里曼正是凭借古希腊神话传说找到了特洛伊古城。满是宗教奇迹的《旧约圣经》上记载的故事曾在两河流域古文明的考古发现中得到验证。中国的古史文献更加完整系统，它的记载也在考古发现中得到了部分验证。还有一个特别有利的条件，那就是文化的连续性，我们可以比较好地理解史前的文化，包括物质遗存包含的文化意义，比如玉文化。

二、中华文明起源的考古学

在中国现代考古学诞生之前，有关中华文明由来的认识只能依据文献。19 世纪末 20 世纪初，西方探险家纷纷到中国西北来考古，如斯文赫定、斯坦因等。觊觎中国的日本更是在中国东北与华北开展调查与发掘。此时的中国，千年帝制终于被推翻，但随之而来的是军阀混战。中华文明处在有史以来最为黯淡的时候，当时有关中华文明的种种推测不过是现实的倒影而已。表现之一就是各种中华文明西来说流行，支持者不仅有外国学者，也包括国学大师章太炎这样的中国学者。[1]这些推测都没有什么证据，根据的往往是人类文化存在的若干普遍共性。中华文明西来说是非常符合殖民者利益的，既然中华文明都是西来的，他们也是西来的，那么他们占领中国，取代本土文化，殖民本土人群也就理所当然了。西方殖民者在美洲、非洲、大洋洲正是这么做的，殖民地考古正好服务于这样的目的。否定当地文化的历史深度，或是认为当地文化外来，是殖民地考古通常的做法。另一种做法是中国学者自己做的，那就是"疑古"，古史辨派提出中国上古文献都不可靠，古史上有关中华文明的记载自然都是假的。疑古的做法原初是为了批判封建主义，引入科学的方法，但是在当时的社会背景中，他们的做法则是

---

[1] 参考陈星灿：《中国史前考古学史研究 1895—1949》，北京：生活·读书·新知三联书店，1997 年。

在解构中国历史与文化。文献记载的问题其实并不限于上古时期，只要是文字记载都会有问题，文字记录是人做的，必定有立场的选择、遗漏、曲解等。为什么他们不去质疑《荷马史诗》《圣经》以及西方学者有关中华文明西来的种种蠡测呢？这样的疑古思潮至今仍存在于中国，这也是中国文化领域的一大特色。从世界范围来看，民族中心论式的历史自我美化是比较普遍的现象，但中国正好相反，这个现象本身是很值得研究的。

中国现代考古学的诞生某种程度上说遏制了解构、否定中国历史与文化的趋势。先是甲骨文的发现与研究，出土材料与文献材料相互补充，证明了《史记》有关商朝先王世系的记载是可靠的。1928 年，从殷墟的发掘开始，考古出土材料成为建构早期中华文明史的基石。1949 年以前，有关中华文明起源的考古工作非常有限，经过系统发掘的遗址屈指可数，如城子崖、仰韶等。当时还没有测年技术，年代问题不好解决，类型学的分期排队只能解决相对年代早晚问题。20 世纪 50 年代，伴随着大规模基础设施建设的考古发掘带来不少新的材料，有关中华文明探源的工作也提上日程，代表性的工作就是徐旭生在豫西地区的调查发现了二里头遗址。徐先生在分析古史文献的基础上[1]，认定夏代的中心区域应该在豫西、晋南一带，后续的田野调查与发掘工作基本是支持他的观点的，尤其是最近 20 多年的发现。系统的中华文明探源应该说是从 80 年代

---

〔1〕徐旭生：《中国的古史传说时代》（新一版），北京：文物出版社，1985 年。

开始的，苏秉琦在提出区系类型理论之后，注意到这个理论可以帮助我们去探索中华文明的源头，即中华国家、中华文化与中华民族的起源。此时红山文化牛河梁遗址发现了女神庙、积石冢与祭坛以及类型多样的玉器，从实物遗存上揭开了五千多年前中华文明面纱的一角。之后不久，湖北天门石家河遗址发现了当时最大的史前城址，面积达到120万平方米。90年代中期，"夏商周断代工程"启动，这是第一次大规模多学科合作进行中华文明探源的尝试，侧重于断代工作。当然，中华文明探源绝不仅仅是断代的问题，更重要的是需要更多的实物证据。2001年"中华文明探源工程"启动，并且持续滚动。后续还有"考古中国"以及众多专门的文明探源项目，带来了大量的考古新发现，众多学科参与其中。按照探源工程首席科学家王巍的说法，"中华文明探源工程"可能是中国持续时间最长、跨越学科最多的科研项目。

中华文明探源工程带来了怎样的新认识呢？这项工程并没有仅仅局限于夏代的考古探索，而是把整个中华文明起源过程都纳入其中。简要归纳既有的成果，我们可以按照2000年为一个阶段来划分中华文明的发展过程。中华文明的根源可以追溯到10000年前，此时农业开始起源。农业是文明的基础，世界范围内的所有文明无一不是立足于农业的基础上，离开农业也就无所谓文明，所以，讨论文明起源不能不从农业起源开始。而且，农业起源的模式与发展过程都深刻影响了后来文明的演进，后面我们会进一步讨论两者的关联。距今10000年前后，中国出现了两大农业起源中心：北方以粟黍种植为中心的旱作农业与长江中下游地区的稻作农业。中国与西亚地区并列成为世界上最早的农业起源区域，而且史前中国同时拥有两个差异显著的农业形态。

第二阶段是 8000 多年前，新石器时代文化涌现，辽西有兴隆洼文化，山东有后李文化，河北有磁山文化，河南有裴李岗文化，关中有老官台文化（还有其他的名称），陇东有大地湾文化，冀北与内蒙古中南部有裕民文化，长江下游有上山文化，长江中游有彭头山与城背溪文化……其中上山文化的开端稍早，而裴李岗文化的水平可能是最高的，当时的物质文化包括人工养鱼、酿酒、制作骨笛、用龟甲占卜，甚至还可能有丝织品，这些物质文化都是后世中国文化的组成部分。如果我们把文明视为文化，说中华文明起源于8000 年前，也不算是夸张。

第三个阶段距今 6000 年左右，其标志就是古国的出现，其中包括崧泽古国、凌家滩古国、西坡古国、红山古国等。古国是当时社会走向复杂化的产物，从墓葬、建筑、礼仪 / 装饰品等方面来看，古国时代的社会已经产生了明显的等级分化，同时社会权力出现了集中化的趋势，也就是有些人或阶层既有财富又有权力，不仅生前如此，死后亦如此。古国时代似乎又可以分为两个阶段，距今5000 年前后是分界线，崧泽古国代表前段，而良渚古国代表后段。良渚古国所达到的高度有些出人意料。有关良渚的发现可以追溯到20 世纪 30 年代，八九十年代又发现了一系列的高等级的墓葬，认识到良渚是一座巨大的古城。迟至 2007 年，整个古城面积近 300

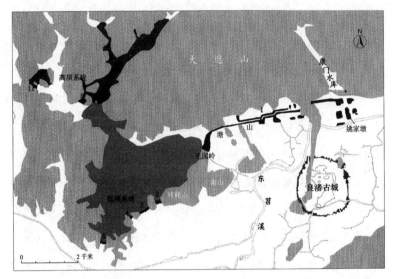

图 12.1　浙江杭州良渚古城与水坝系统，图片来自《良渚古城综合研究报告》，第 284 页

万平方米。2009 年又发现了一系列的水坝遗址，分为高坝、低坝与人工运河【图 12.1】。古城与水坝建筑的土方量超过 1000 万立方米。其后还发现面积达 80 亩的稻田、外围的聚落等，甚至在长江以北的兴化蒋庄也发现大型的良渚文化聚落遗址。所有这些发现叠加起来，让我们不得不对良渚社会的发展水平刮目相看。现在学界已有观点将良渚视为"王国"，这里的观点相对保守，仍然将其看作古国，不过是古国的巅峰。这个时期还有长江中游的屈家岭 - 石家河古国；最近在陇东的南佐遗址发现面积 30 平方米大型建筑、夯土台遗迹，可以称为南佐古国【图 12.2】；中原地区有河洛古国【图 12.3】、西坡古国；最近山东地区也发现同一时期的古城⋯⋯

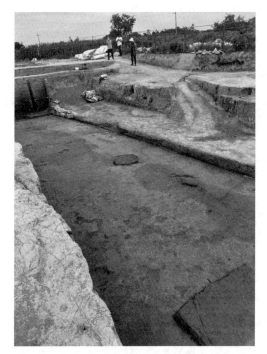

图 12.2　甘肃庆阳南佐遗址的"宫殿"

图 12.3　河南荥阳青台遗址

西坡遗址[1]

位于河南省灵宝市阳平镇西坡村的一个台地上,北靠黄河,南近秦岭。遗址面积约 40 万平方米。西坡遗址属于仰韶文化庙底沟类型,是中华文明探源工程的一处重要遗址,2006 年入选全国十大考古新发现。其出土的大量陶器、石器、玉器和骨器,丰富了我们对仰韶文化中期的社会、经济形态的认识。尤其是该遗址所发现的向心型聚落、大型公共性房址和墓葬,体现出早期社会复杂化进程中鲜明的地区特点。

聚落和房址方面,在西坡遗址发现有一处中心广场,广场的角落发现三座房址,规模巨大、引人注目。位于西北角的是一座超大型的单体建筑 F105,占地超过 500 平方米,并带回廊。房址内外均有涂红迹象,柱洞和夯土内发现有辰砂。位于西南角的是一座特大的半地穴房址 F106,面积约 300 平方米,结构复杂,也发现大面积涂朱现象。2011 年又发现一座大型房址 F108,位于东南角,以多个室内柱标示核心空间。F105、F106 和 F108 这三座房子,分别位于广场的三隅,门道均指向中心,体现了一种向心式的布局,既凸显了广场(集体活动)的重要性,又显示出其作为公共活动场所的特殊作用,可以帮助考古学家研究仰韶早中期社会聚落形态和公共权力的演化特征。

---

[1] 马萧林:《仰韶文化中期的聚落与社会——灵宝西坡遗址微观分析》,《中原文物》2020 年第 6 期。

墓葬方面，2005—2006 年发现一批重要墓葬，弥补了庙底沟时期墓地材料长期不足的局面。其中，M27、M29 这两座墓葬是规格最高的。其墓圹可长达 5 米，距墓口 1 米左右往往留出生土二层台，墓室以青灰色草拌泥覆盖，墓室与脚坑之间有盖板并覆编织物。这些墓葬现象均为新的发现，对研究该时期葬俗、社会结构等方面意义重大。此外，墓内并无奢侈品，但出土有玉钺、石钺及风格特殊的陶器，尤其是带红色朱砂的大口缸。与同时期其他地区普遍具有丰富随葬品的墓葬相比，西坡墓葬显示出不同的丧葬观念，与具有公共性质的广场和房址现象一起，或许可以揭示出仰韶社会的独特文明演化之路。

第四个阶段在 4300 年之前开始，按我个人的观点，石峁、陶寺应该代表这个时期的开端，因为它们代表一个新时代的到来，也就是青铜时代。这两座大型的古城中都发现了青铜制作的器物，如铜铃、铜齿轮等【图 12.4】，虽然数量还不多，从制作工艺来看，显然还不是青铜工艺的最初形态。青铜适合制作礼器与兵器，新铸造出来的青铜器金光灿烂，极具炫耀性。青铜可以反复铸造，用它作为财富更具有积累性。单从社会权力的物质表现形式来看，青铜时代已经发生了明显的变化。正是基于这样的原因，我把石峁与陶寺也纳入到新的时代之中。

之所以这么做还有一个原因，那就是它们可能代表真正的王国时代到来，也就是中国古史传说中的"三皇五帝"。古史传说的

图 12.4 山西襄汾陶寺遗址铜齿轮，图片来自《陶寺物华：陶寺遗址出土文物类全概览》，第 216 页

时空精度并不高，但不等于它们都是空穴来风、凭空臆造。石峁所在的区域，可能就是黄帝部族之所在。[1] 从陇东到陕北一带遗留下来不少与黄帝相关的传说，黄帝陵本身也在这个区域。陶寺遗址曾经出土三件朱文陶片，文字学家释为"文尧"或"文邑"，指示陶寺可能就是尧都。黄帝、尧、舜、禹之间的联系可能不是古史记载的那样，惟德惟贤，更有可能如《古本竹书纪年》所记载的，是存在暴力冲突的，陶寺遗址就发现了明显的暴力证据。相比而言，有关夏禹的记载与考古记录之间的契合度显著增加，李伯谦归纳出两相契合的五件事：治洪水、分九州、会诸侯、都阳城、伐三苗。

---

[1] 沈长云：《石峁是华夏族祖先黄帝的居邑》，《华夏文化》2016 年第 2 期。

禹都阳城的证据出现最早，但是80年代发现的阳城面积仅有上万平方米，实在与大禹的地位不相符合。有趣的是，经过持续的田野调查，后来居然在这里找到一座面积超过30万平方米的古城，年代与大禹的时代也契合。通过考古学文化分析，也找到了伐三苗与分九州的证据，在湖北的后石家河文化时期，发现明显的中原文化因素；龙山时代考古学文化的分布与九州的位置相契合。[1] 2006年，中国社会科学院考古研究所在安徽蚌埠禹会村开展调查，发现一处大型的祭祀遗址，随后的发掘所得与文献所说的"禹会诸侯于涂山，执玉帛者万国"是一致的。非常有趣的是，这个地方至今仍然叫做禹会村（大禹会盟的地方），历史地理学家谭其骧考证的涂山也在这个地方，虽然还有其他地方也称为涂山。遗址中发现长达百米的祭祀遗存显示出与大禹时代相称的规模，测年数据也能够对上。文献与考古材料如此契合令人称奇。

小贴士

陶寺遗址[2]

　　位于山西临汾市襄汾县一个黄土塬上。通过陶器类型学和碳14测年，可将陶寺遗址的年代分为三期：早期（距今4300—4100年）、中

---

〔1〕韩建业、杨新改：《禹征三苗探索》，《中原文物》1995年第2期；邵望平：《〈禹贡〉"九州"的考古学研究》，《九州学刊》1987年第1、2期。

〔2〕何驽、高江涛：《薪火相传探尧都——陶寺遗址发掘与研究四十年历史述略》，《南方文物》2018年第4期。

期（距今 4100—4000 年）、晚期（距今 4000—3900 年）。陶寺遗址所处的时间节点，与中国历史文献和古史传说中的"夏"或"尧舜禹"时代相重叠，因此是研究中华文明起源和早期国家形成问题的一处焦点遗址。

陶寺遗址已历经 40 多年的发掘，围绕着"夏墟""中华文明探源""考古中国"等国家重大考古课题取得了丰硕成果。早期的发掘工作围绕"夏文化"这一学术问题进行。陶寺遗址大型墓葬中随葬有陶鼓、鼍鼓、石磬等礼乐器以及陶龙盘等彩绘陶器，而小型墓葬中几乎没有随葬品。这显示出陶寺遗址所处社会的阶层、财富和权力的分化。

进入新世纪，陶寺遗址的发掘进入"都城突破"阶段。首先是发现了中期外郭城墙，后来又发现了约 300 万平方米的中期超大型城址、早期城墙和城址。2017 年，陶寺遗址发现了一座长方形宫城，东西约 470 米长，南北约 270 米宽，面积约 13 万平方米。这是考古发现的最早的宫城。除了城址和宫殿建筑，陶寺遗址还发现了礼制建筑，包括观象台和"泽中方丘"。观象台位于遗址东南，泽中方丘位于西北，是一处方形坛体，周围被多水的沼泽环绕，推测为祭地之用。但这些礼制建筑在中晚期遭到大规模破坏。这种暴力行为，还体现在陶寺遗址的墓葬中。如陶寺中期王墓 IIM22，在晚期遭到严重破坏。埋葬在墓中的尸骨被人为拖出来，扔进旁边的扰坑，很可能是一种政治报复行为。陶寺晚期遗址中也出现过扒城墙、毁宫庙、挖祖坟等种种暴力现象。

最后，在科技文化方面，陶寺遗址出土了 2 件漆器套装，直壁平底圆筒形，有十字架底座。最新的研究发现，其底座与《鲁班经》所记载的器物"水鸭子"形制基本一致，很可能是中国最早的水准仪，体现了史前中国先民建筑科技方面的知识水平。

陶寺与良渚、石峁、二里头遗址等一起实证中国五千年的文明史，其都城布局、宫室建筑、礼仪文化、社会形态等，为早期中国文明形态奠定了基础。

一般来说，古史传说经过长期的流传，难免会走样，流传至今有关"三皇五帝时代"的文献大多是周代成书的，周人姬姓，是黄帝的后裔，自然会去美化祖先。有关大禹治水的争议最多，证据也多种多样，比如发现当时洪水的遗迹，还有大禹时代气候由湿变干，所以大禹治水能够成功。以大禹时代的人力物力与技术，在大江大河流域治理洪水是完全不现实的。而良渚发现了非常好的治理洪水的证据，当时人因地制宜用"草裹泥"作为建筑材料，用竹筏运输，修建起来高低坝与人工运河。控制洪水的流域范围为100多平方公里这是当时能够做到的，而且"草裹泥"的做法非常有创意，用草包装上软烂的沼泽淤泥，捆成一块大砖的大小，把难以用于堆筑的淤泥变成了合用的建筑材料，淤泥干燥之后，就像砖一样结实。草裹泥很可能就是传说中能够自己生长并堵住洪水的"息壤"【图 12.5】。良渚的实践变身成为大禹的事迹可能与文明融合过程相关。

图 12.5　良渚遗址草裹泥的复制品

目前有关夏王朝是否真正存在有过争议，持否定态度的主要是西方学者和一些完全否定文献可靠性的学者。考古材料已经非常清楚地证明中华文明有完整的发展过程，至少可以包括四个阶段。在古国时代，尤其是在古国后期的良渚，可以肯定地说作为"早期国家"的文明已经形成。这一点得到包括科林·伦福儒在内的国内外学者的认同[1]，这也是良渚博物院的大厅中那句"良渚实证中华文明五千年"的底气所在。夏的年代在距今4000年前后，即便没

---

[1] C. Renfrew, B. Liu, "The emergence of complex society in China: the case of Liangzhu", *Antiquity* 92: 975-990, 2018.

有夏，也不妨碍中华文明有五千年的历史。关于夏代并非没有考古发现，在夏代纪年范围（公元前 2100 年到公元前 1600 之间）内存在大量的考古发现，上面所说的夏禹五事只是其中一部分。特别值得注意的是，从《史记》的记载来看，有关夏代的古史文献具有跟黄帝时代非常不一样的细致程度，更像商代。这个现象表明，夏代很可能是有文字的，而在黄帝时代，文字还不那么成熟，因此有关夏代的历史记载具有跟商代一样的细节。陶寺遗址已经发现了文字，最近清华简的整理研究中也发现一些有关夏代的记载。古史文献是非常难得的线索，是中国考古学的优势，当然，我们也清醒，有关这个时代的文献记载的精度并不高，要避免把文献本身当作事实。中国文化的连续性是我们采用直接历史法的有利条件，中华文明探源需要把中华文化发展脉络整理清楚，当整个脉络都清晰完整的时候，所谓有关夏的争议也就不攻自破了。有关夏的讨论中，我们要警惕以科学名义剥夺文化意义的情况。

三、从考古学看中华文明起源的基本特征

考古学是探索中华文明起源的主力军，如果没有考古学，我们有关中华文明的由来仍将不得不依赖古史传说。考古学除了提供实物材料证据之外，还可以结合历史与现实的发展，探讨中华文明在起源期所形成的重要特征，也就是那些对中华文明历史产生长远

影响的特征。作为中国人，无疑都很想知道自身的由来，在生物学意义上，DNA 考古提供了目前承认度较高的认识，那就是人类起源于非洲，最早在距今 600 万年前后，非洲的确也发现了相当丰富的化石证据。距今 200 多万年时人类走出非洲，可能是直立人，也可能是与之类似的能人或匠人。距今 20 万年时解剖学上的现代人（或称晚期智人、现代智人）从非洲起源，大约 10 万年前再次走出非洲，取代了分布在欧亚大陆上的土著种群，现代人与这些土著种群之间可能有少量混血。在生物学上"四海之内皆兄弟"是真实写照，所有当代人类群体都是人群混杂交流的产物，并没有什么"血统纯正"的种族，考古学的发展充分证明种族主义不过是政治扭曲的观念，而非历史真实。从文化上来说，文化交流的速度比生物基因的交流更加便利、快捷，通过学习就可以传播，所有人类的文化都是相互交流、彼此贡献的产物。中华文明是在文化的交流、融合之中逐渐形成的，就这一点而言，与世界其他地区的文明并无二致。存在这样的普遍性，并不是说中华文明起源与发展没有自己的特征，我们这里所说的正是这后一部分。

在当代世界中，中华文明是个特殊的存在，其特殊之处在于超大的规模、超长且连续的历史、不依赖宗教而自成体系、不依赖扩张而多元一体。中华文明是当代中国的另一个身份，所以有西方学者说"中国是伪装成国家的文明"，文明即国家，这在当代世界上是独一份的。艾伦·麦克法兰在《文明的比较》中把中华文明比喻成银杏，既古老，又单纯（中国的近代化进程时间较短）。[1]为什么中华文明是这样的呢？过去上百年不少学者就此提出过解释，但多是利用历史时期的材料，而没有能够追根溯源，深入到中华文明的根源中去。文明是生产与生活的产物，起源于农业时代，因此，从农业生产生活的角度来考察才是抓住根本的视角。上面已经说过，中国是世界最早的农业起源地之一，同时拥有两个农业起源中心。值得进一步强调的是，史前中国的农业模式是以作物种植为主、以家畜饲养为辅的，自给自足，通过精耕细作，在较长时间里可以形成一个较为良性的文化生态系统。相比而言，史前西亚的农业模式是作物农业与畜牧存在矛盾，最后分化为两种相互依存的共生经济，这种生产模式是扩张性的，需要不断去寻找新的土地资源，同时高度依赖贸易交换。西亚的农业模式扩散到古希腊、古埃及、印度河流域，成为这些地区文明的经济基础，同时也影响了这些地区的文明特征。也正是因为中华文明有如此的经济基础，因此历史时期中华文明的发展模式与欧亚大陆西侧的文明明显不同，在扩展过程中更多采用融合而非征服的方式。

　　有关中华文明的发展模式，哲学家赵汀阳曾经提出一个"旋涡模式"，他认为先秦时期的中国，尤其是在周代，形成了一种天下观。这种政治神学对于所有参与者来说都是具有吸引力的，在那时天下即中国，中国即天下，有实力的力量都可以参与，或是基于

---

[1]［英］艾伦·麦克法兰：《文明的比较》，荀晓雅译，北京：中国科学技术出版社，2022 年。

硬实力，或是来自软实力（周人强调"德"的正统性）。[1]到了秦汉时期，建立事实上大一统的中国，后续的中国历史就在这个框架中进行，但是天下观始终是中国历史内含的主旋律。赵先生所提模式主要是针对历史时期的中国而言，他非常强调"天下"观念的重要性，将之视为中国长期保持大一统且连续发展的基石。但是，中国古人为什么会具有天下观念呢？为什么欧亚大陆西侧的文明没有做这样的选择呢？我想要回答这些问题必须上溯到史前时代，上溯到文明起源与分化时期。世界范围内所有的文明都涉及社会等级的分化、社会权力的中心化，还涉及权力的传递问题，这是文明化进程的一般规律。在此基础上，不同地区的文明产生了分化，以南美洲的印加文明为例，强盛时期的印加帝国统治的疆域南北距离超过5000公里，由于处在交通不便的安第斯山区，又没有马、牛之类的畜力（羊驼的驮载能力很有限而且不是足够驯服）帮助，还没有金属工具。其文明面对装备了钢铁与马匹的西方殖民者时十分脆弱，生产力的发展水平早已决定了文明的命运。于欧亚大陆东西侧的文明而言，是生产力的发展形态决定了双方的区别。

生产力的发展又与环境条件密切相关。就中华文明的发展，我曾经提出四个板块的理论：以农耕为中心的东南板块、以游牧为主的西北板块、处在两者之间的生态交错带板块，以及海洋板块。游

---

[1] 赵汀阳：《惠此中国：作为一个神性概念的中国》，北京：中信出版社，2016年。

牧板块的出现较晚，真正成熟是在春秋战国时期，此时驯化的马、牛、羊、车轮与金属工具进入到草原地带，有效利用草原成为可能。此前更多是一种混合狩猎采集、家畜饲养（如养猪）、农业在内的生计方式，对草原的利用相对有限。游牧经济并不是自给自足的，必须与农耕群体进行交换，或是利用草原地带骑射的优势进行劫掠。处在东南与西北板块的生态交错带板块是随着气候变化而变动的，这个地带是中国历史时期农耕与游牧族群交锋的战场，也是中华文明融合的枢纽。四大板块是个主框架，不同时期的架构其实有所不同。在中华文明起源阶段，西北板块还没有成熟，文明互动主要发生在东南板块之中，也就是以洛阳为圆心，以洛阳到赤峰为半径的一个圆形区域。中原就是"天下的中心"，逐鹿中原并不仅仅具有政治、经济上的实际利益，还是精神信仰之所归。从考古材料上看，距今 6000 年前后，各个区域之间的互动已经形成了一个文化意义上的中国，已经形成一套共同的崇拜体系，体现在共同的物质文化之上，其中暗含着共同追求的精神内核——天下。

稍早于距今 6000 年前，史前农业文化系统完全成熟，此时的动植物驯化、社会组织、人地关系都形成了相互支持的系统，但与此同时，也是在这个时候，我们从考古材料中可以看到史前农业社会开始大规模扩散，可能是由于人口增加的原因，也可能是因为社会内部的矛盾加剧（走向文明的前奏）。就是从这个时候，长江中下游地区的稻作人群开始通过台湾岛、菲律宾向大洋洲的海岛地区扩散；在陆路上，沿着中南半岛进行扩散。除了向海洋方向扩散，在内陆地区，向中国的西北半壁，也出现了较大规模的农业人群的扩散。我们甚至在内蒙古的草原上也发现了这个时期的遗存。向海、向陆是两个同时存在的扩散方向，向陆方向可能略早，青藏高原的主要开拓者就是来自华北地区的农业人群，他们进入青藏高原主要就是在这个时期。从这里可以看出，中华文明起源与史前农业文化的发展是大体同步的，其特征也深受农业文化的影响。

考古学不仅帮助我们认识到中华文明的起源过程，同时，考古学就像 CT 一样，能够从一个维度上剖析中华文明的基本特征。要想深入了解中华文明的由来，了解中国人的由来，甚至是理解中国历史与现实，都离不开考古学的探索。

拓展阅读

1. 苏秉琦：《满天星斗：苏秉琦论远古中国》，北京：生活·读书·新知三联书店，2022 年。

2. 赵汀阳：《惠此中国：作为一个神性概念的中国》，北京：中信出版社，2016 年。

3. 李伯谦：《从古国到王国：中国早期文明历程散论》，上海：上海古籍出版社，2021 年。

第四部分

考古学与你我

近些年考古很热，三星堆考古现场直播，《中国考古大会》登上 CCTV-1 的黄金时段，各大博物馆、考古遗址公园都是人气爆棚……在考古的热潮中，也有冷静的思考，认为没有不退烧的热潮，考古热只是暂时的现象。如果只是将考古热视为网络时代此起彼伏的热点之一，这么说显然是合理的，网络空间里每年都会产生许多网红，炙手可热，但过不了多久，就会迅速被遗忘。于考古热这个现象而言，则需要看到短期与长期、表层与深层的原因，短期与表面的火热与网络时代传媒的特点相关，而我们更应该关注长期与深层的原因，那就是中国的发展。经济实力、交通条件、教育水平、社会服务，这些重要因素的大幅度提升才是考古热的基础。回到原点，则会发现，人们之于考古始终是有兴趣的，但要把兴趣转化为行动，则是需要条件的。从前的人们即便有兴趣，没有闲钱、时间与知识基础，想对考古发生兴趣也是不可能的。从这个角度来看，考古热又是长期现象，随着中国社会的发展，毫无疑问越来越多的人会关注考古。当越来越多的人走出家门，欣赏祖国大好河山的时候，就会越来越不满足于"到此一游"，而是要更深入了解一个地方，此时就是考古发挥作用的时候。

然而，公众之于考古的误解又是无所不在的，以为考古等于挖墓，见到古物就问值多少钱，或是冷冷地问：考古有什么用？能当饭吃？这其实是说，考古是不务正业。很少有一门学科受到如此之多的误解，同时又被众多的人不自觉地喜爱。如此矛盾的存在或许反映人之内在的矛盾性：关注现实的同时又希望诗意地生活。考古是属于诗和远方的，当你的手触摸到三万多年前的火塘遗迹，当你坐在八千多年前的房址中央，当你走进一千年前的古城遗址，你的心里想不产生诗意都很难，你会情不自禁地想，那会儿是什么样的生活？那会儿邂逅一个朋友，举办一次聚会，跟今天会有什么不同？想一想都是很有趣的事情。诗和远方有什么用呢？人之所以为人而非动物，正在于有这样的追求。人是文化的动物，文化是人解决问题的基本手段。文化由不同层次的内容构成，基础层次上要解决吃喝的问题，中间层次上要解决社会关系的问题，上面的层次要解决精神世界的问题。考古属于上面的层次，是精神追求层面的内容。

考古不是挖宝，而是一门科学，我们甚至可以将其看作一种方法、一种态度或是一种情趣。当我们开始关注考古学的时候，就开始在琢磨人与物的关系，因为考古学是一门通过实物遗存来研究人的学问。让实物遗存讲话需要理论与方法，只有我们合理推测可能存在什么，我们才有可能发现什么。许多东西其实都摆在我们面前成千上万年了，只是有了考古学之后，我们才突然注意到它们。作为一种方法，经过数百年的发展，考古学已经有了较为完整的体系，与许多学科交叉产生了相应的交叉学科。传奇志异式的考古早已过时，外星人修建金字塔、喜马拉雅的大脚怪、远古的核电站之类的八卦已经不再属于考古学的范畴，考古学需要以实物遗存为基础来说话，这是科学的态度。但是，有一点又是古今一致的，那就是对访古的偏好，这是一种有情趣的生活。也正是在这一点上，考古学与公众密切地联系在一起，成为考古学家与公众的共识。

第 13 章
考古学与公众

2023 年春节假期，西安秦陵兵马俑博物馆人潮涌动，有参观者说，人太多了，除了看了疫情之后的国泰民安，什么都没有看到。而在成都三星堆，也因为人太多，参观者之间发生了冲突，导致展柜中的青铜器倾覆，好在没有大碍，一时间成为舆论的热点。博物馆的人气如此火爆，反映了公众极为旺盛的需求。博物馆已经是每个地方的打卡地，是多数旅行中的人们必去的地方。为什么要去博物馆呢？恐怕许多人并没有想过。其实，当人们涌往博物馆的时候，已经体现了考古学的作用。考古对象的确很值钱，只不过这些钱已经不像过去那样，为少数人所占有，而是公共的文化财富。考古是公共的文化事业，公众也是这个事业的参与者。进入 21 世纪，考古学与公众的关系日益受到国内外学术圈的关注，出现了"公众考古""大众考古""公共考古"等新的名词。实际上，现代考古学就是由公众推动形成的，其中中产阶层的崛起影响尤其大。在后来的发展过程中，公众更是为考古学的发展推波助澜。当然，在时代滚动的潮流之中，有时公众被裹挟在内，被利用、被欺骗。

公众是考古的归属，公众还是考古成果的放大器。也正因为如此，我们需要特别慎重，差之毫厘，谬以千里。

一、考古学的滥用

考古学作为一门研究过去物质遗存的学问，似乎与现实无涉，只是茶余饭后的谈资，对现实影响甚微。事实上，正因为考古学研究久远的过去，它所关注的东西是一个社会的深层结构，这是人们深受影响却往往又不易感知的东西。讨论考古学与公众关系，我想首先应该从考古学的滥用开始，这是考古学的底线，也是公众最有可能受到伤害的领域。19 世纪中后期，考古学领域生出一朵"奇葩"，就是种族主义考古。这个时期西方殖民主义到处扩张，凭借工业革命带来的先发优势，西方殖民势力对世界其他国家与地区降维打击，中国也成了一个半封建半殖民地国家。西方探险家们在世界各地寻找古代遗迹与文物珍品，他们"发现"了许多古典文明的遗址，同时也从世界各地掳掠走了大量的文物，如今还陈列在伦敦、巴黎、纽约等地的博物馆中。殖民地考古的目的还不仅仅在于掠夺文化财富，还在于要塑造种族主义的意识形态，即否定当地原住民的文化贡献，否认其文化创造力，将其文化成就说成是传播而来，将世界不同的文化甚至人类体质特征塞进一个单一的演化序列中，欧洲人群当然处在演化序列的顶端。一个典型的例子就是非洲的大津巴布韦遗址，伊安·史密斯（Ian Smith）主导的白人政权直到 1980 年以前都不允许宣传大津巴布韦是当地黑人（班图人）的成就。种族主义是一个思想毒瘤，并不产生于考古学领域，但是不恰当地使用考古学的成果，就可能反过来助长种族主义。

种族主义考古的极致就是纳粹考古，增删既往的历史，服务于纳粹主义的目的——通过奴役与灭绝，阻止"低等种族"不受控制的人口繁衍。纳粹考古并不仅仅存在于 1933 年希特勒上台到 1945 年德国投降这段时间，而是可以追溯到 1918 年德国在一战失败后甚嚣尘上的泛日耳曼的民族主义运动。其影响也没有局限在德国，而是扩展到整个欧洲。全德史前史联合会与 1935 年新成立的党卫军研究院为控制权进行争夺，后者逐渐占领了主导权。许多考古学家自觉或不自觉地开始为纳粹考古服务，多达 86% 的德国考古学家加入了纳粹党，这是一个匪夷所思的数据，这个比例仅仅略低于盖世太保与公共安全部门军官中纳粹党员所占的比例（88%）。三位研究者认为二战后，纳粹主义考古的影响没有得到很好的清算。这可能是真实的情况，如果我们细致观察当代西方文化，不难发现其中若隐若现的种族主义倾向。在当时，纳粹考古参与的工作就是为了"高于一切的文化上革命"，重塑欧洲大陆的未来，使欧洲大陆成为所谓日耳曼"优等种族"的独家天下。这些考古学家要跟许多学科的研究者一起论证日耳曼这个天赋种群具有天赋的文化，其历史踵至远古。[1]纳粹考古是滥用考古学的典型，难道当时的德国考古学家对此没有丝毫的自觉？这是不可能的，但在当时的政治与社会氛围中，考古学家首当其冲成为助纣为虐的帮手。

现代考古学兴起的关键背景之一就是民族国家的形成，考古学的作用就是促进民族认同。考古学家使用考古学文化概念也是因为它适用于族源的探索，尽管把物质遗存组合与族属等同是有问题的。民族主义经过两次世界大战之后在欧洲退潮，但在新兴的民族国家走向高潮，利用考古学来促进民族认同也间接促进了现行政治的合法性。如在中国的周边，新兴的民族国家在历史教育中普遍利用考古学来强化其历史中的辉煌时期，甚至是夸大其影响力，或是塑造悲情历史，强化族群认同，结果是造成虚妄的自大或是盲目的排外。这其实也属于考古学的滥用，考古学没有让公众认识到真实的历史，而是曲解与遮盖历史。

滥用考古学大多时候都不是出于主观的恶意，甚至种族主义者也号称要保存优秀种族的文化，参与纳粹考古的考古学家也把自己想象成在完成一项伟大的事业。极端民族主义者认为自己在捍卫民族利益，不过是为了突显本民族的光辉历史。判断是否滥用的标准首先是要看研究是否违背了基本的事实，其次是要看是否违背了基本的道义，再后是要看其研究是否增加或增强人类生活的美好方面。简言

---

〔1〕［法］让－皮埃尔·勒让德尔、勒洪·奥利维、贝尔纳黛特·施妮泽勒：《纳粹考古与西欧的日耳曼化》，崔志云、刘楠祺译，《大众考古》2016 年第 4 期。

之，真善美是一体的，其中真实是前提，虚假的东西几乎不可能用作善的目的。不论是种族主义考古，还是极端民族主义的主张，都立足于虚假的想象，而不是扎实且充分的考古学研究基础上。

目前还有个问题是悬而未决的，那就是利用科学考古学来否定考古学的人文意义。科学的确是人类目前认识外部世界最有效的方法论，但是科学并不能覆盖所有人类的认知领域，比如有关人生的意义。人类的历史是发展文化改造世界的历史，同时也是不断赋予世界以意义的历史。西方的科学起源早，而且现在还很发达，但西方社会也并没有彻底清除宗教，尤其是没有否定其物质文化遗产的文化意义，他们仍然奉古希腊的审美标准为正朔。值得警醒的是，当科学考古学在中国发展起来的时候，以科学、现代化或其他的名义否定中国物质文化遗产的文化意义的想法与做法持续存在。艺术考古学者郑岩曾做过一个有趣的研究，他研究过山东青州灵岩寺的"铁袈裟"，也就是出土的几件无头铁佛像，因为铸造过程需要拼合铸范，在佛像表面留下如袈裟衣纹的痕迹。佛像是在宋代出土的，被附会成了"铁袈裟"，于是有了神性。郑先生经过考察，发现这也不过是铸范的痕迹而已，他还注意到在清末民初，也有西方学者发现此事实。但是，经过更深入的研究之后，郑先生发现事情远不是这么简单，重要的根本就不是佛像是否是铸造所致，而是意义的形成过程以及它与社会历史的关联。[1] 如果只是从科学考古的角

---

[1] 郑岩：《铁袈裟：艺术史的毁灭与重生》，北京：生活·读书·新知三联书店，2022年。

度来看这几个铁疙瘩，它只是某种历史的见证而已，甚至是愚昧荒
唐的象征，而忽视了它们所包含的文化与历史意义。科学考古学的
价值是毋庸置疑的，但将其唯一化，也可能出现滥用的情况，对
中国文化遗产的保护与利用可能造成难以估量的损失，就这一点而
言，我们过去是有深刻教训的。

二、真假考古学

正如上文所说，要防止考古学被滥用，最好的方法还是能够
区分真假考古学。公众要想不被愚弄，这也是最好的方法。其实，
对考古学家本身何尝又不是如此呢！说到这里，我不禁想起自己
在硕士阶段看的一本有关欧洲旧石器时代考古的教材，这是奥斯本
（Osburn）在 1910 年代出版的著作，还记得从北大图书馆借出这
本书来的时候，书页已经泛黄，有点要散页的样子。因为是老师布
置要读的书，所以不得不硬着头皮去读。应该说奥斯本还是对学术
动态非常敏感的，他在书中已经把皮尔丹人（Piltdown）包括在内
了，并且作为重要的材料进行讨论。1953 年含氟量测试分析已经
证明皮尔丹人化石是个骗局，所以在读这本书时又觉得很好玩，就
像一个旁观者，看到有人被整蛊，有一种看小品的喜剧效果。皮尔
丹人可能是考古学上最著名的骗局，本来是一个非常拙劣的造假行
为，但是处在那样一个特定的背景条件下，居然经过了数十年才将

其戳穿，其中有不少令人深思的东西。

从 1833 年欧洲大陆首次发现尼安德特人化石开始，1848 年在直布罗陀，1856 年在德国北部尼安德河谷，1866 年在比利时，1880 年在摩拉维亚都有发现，后两者还发现人类化石与石器、绝灭动物共存，1886 年比利时斯派（Spy）洞更是发现了两具几乎完整的尼人化石，也是与石器、绝灭动物共存。欧洲大陆如此之多的古人类化石的发现，不免让英国考古学界相形见绌。19 世纪的英国作为"日不落帝国"，几乎在所有科学领域都拥有无可匹敌的地位，如此尴尬的地位让"热爱"英国的业余与专业考古学家如芒在背。英国是典型的民族国家，从民众到精英，都热切地希望英国拥有辉煌的过去。在这样的气候背景下，皮尔丹的发现应运而生。1912 年 12 月 5 日英国科学杂志《自然》报道了一条看起来颇为平淡的发现：在英格兰南部的萨塞克斯郡的皮尔丹地区发现了一件化石，报道称这是"一件被认为属于早更新世阶段的人类头骨和下颌骨遗骸，由查尔斯·道森（Charles Dawson）发现于萨塞克斯北部的奥斯河畔"。两周后，《自然》进一步详细介绍了发现，大英博物馆的伍德沃德（Woodward）将其描述为迄今为止英格兰最重要的考古发现，其地质年代没有任何问题。道森是一个业余科学家，"极其聪明，对自然史极有兴趣"，他发现的化石正好就是伍德沃德期望的：如人一样的头骨，如猿类的下颌骨，但没有猿类那样的大型犬齿，还呈现出类似人类的磨损。英国有了当时世界上最早的人类化石，而且重写了人类进化史，人的大脑进化先于身体。1914 年，在皮尔丹的探坑里又发现了人工制品，其中最惊人的一件，几乎可以直接称之为"板球棍"，这是一件雕刻而成的扁平骨头。在皮尔丹，英国人不仅发现了人类演化的"缺环"，还可以确认他就是英国人。更神奇的是，皮尔丹的发掘者还在遗址中找到了一套茶杯与石化的烤饼。

　　如此匪夷所思，但是居然有人相信。1915 年 1 月，道森在离皮尔丹不远的一处农庄中又找到了另一件人类头骨化石，这件头骨被称为皮尔丹 II，看上去很像第一件头骨，没有发现下颌骨，但是遗址中发现的一颗臼齿带有与第一件头骨类似的磨损特点。道森1916 年去世，伍德沃德于次年才公布发现。许多对第一件皮尔丹化石持怀疑态度的人变成了支持者，包括前面提到的奥斯本，他是当时美国自然历史博物馆的馆长。然而，随着越来越多人类化石的发现，尤其是北京周口店遗址发现的数十个个体的人骨化石，都与皮尔丹化石显示的进化路径不同。尽管伍德沃德知道存在一种分析方法，通过测量骨骼中含氟量，可以确定骨骼在地下埋藏的相对时间长度，但是他一直到死都拒绝使用该方法。后来的鉴定显示，头骨是现代人的，外观经过人为的化学处理。下颌骨是猩猩的，在扫描电镜下观察，可以发现明显的金属锉刀痕迹，臼齿是被人为挫平的，下颌支的缺损也是人为的，因为人的头骨无论如何也不能与猩猩的下颌骨结合在一起。所有的出土物都是伪造的，是人故意安放在遗址中的，有些物品可能来自马耳他或突尼斯。道森无疑是整个事件中最大的嫌疑人，他发现了所有的关键环节，他去世后，皮尔丹再无新的发现了。而伍德沃德可能是推手，皮尔丹的发现太符合他的愿望了。至于其他的人，包括英国的吃瓜群众，都是氛围的营造者，皮尔丹的发现太符合他们的期望了。[1]

　　无独有偶，数十年后又发生了十分相似的一幕。2000年10月22日，日本的《每日新闻》调查组在上高森遗址安装了一台隐蔽的摄像机，摄像机拍摄到了藤村新一晚上悄悄来到遗址，把来历不明的器物埋入一层古老的火山灰层下一幕。如果不是事情败露，藤村将会在次日将这些器物在古老的地层下发掘出土，从而证明日本的史前史将早到57万年前。藤村新一是一名业余考古学家，后来成了蜚声世界的日本"神手"。在他加入考古工作之前，日本的史前史只有3.5万年，且不说中国有上百万年前的人类遗存，连朝鲜半岛也有数十万年前的考古发现。从1981年藤村加入考古发掘以后，在全世界十几位"天真的"考古学家帮助下，他一遍又一遍地改写日本的史前史，整个日本都为自己"悠久的"历史而骄傲，同仁们对藤村可谓是羡慕嫉妒恨。一些考古学家开始怀疑他那不可思议的运气与能力。藤村像其他所有造假者一样愚蠢，持续的造假终究会露馅。造假穿帮后的藤村在新闻发布会坦白，他的行为源于同仁、国人以及他自己希望发现日本更加久远的文化及其证据的巨大压力。他说他只在两个遗址埋过石器，实际这也是一个谎言，《每

---

[1] 有关考古学上的骗局参考［美］肯尼思·L.费德：《骗局、神话与奥秘：考古学中的科学与伪科学》，陈淳译，上海：复旦大学出版社，2010年。

日新闻》发现藤村造假的遗址远不止两处，而是 42 处。对于许多人而言，他所工作过的 180 处遗址无一可信。的确，他一个人改写了日本的史前史，让整个日本考古学界蒙羞。我还记得日本考古学家佐川正敏到中国来访问时，还就此致歉，佐川 80 年代初曾在北大留学。发现更加古老的日本，居然有巨大的压力，这跟皮尔丹化石发现之前的英国何其相似。这是社会氛围的影响力，在这样的氛围里发生造假的事，也是必然的。

伪考古学的一个标志就是有极好的"运气"，然后得到极为反常的发现。事出反常必有妖，造假宛如吸毒一样，好"运气"会一再出现，直至被戳穿，身败名裂。真正的考古发现从来都不容易，路易斯·利基夫妇在肯尼亚前后工作了 30 年，直到 1959 年才找到第一件人类化石。区分真假考古学，首先涉及真假科学的问题，这方面的讨论极多，有关科学本身的争论也很多。尽管学科不同，科学存在共同的原则，那就是崇尚理性，追求真理，尊重客观，遵循逻辑。具体在考古学领域，那就是不能违背基本的科学原理，所得的发现经得起时间的检验。比如说寻找雪山的大脚怪，如此巨大的生物生活在雪原之上，如何获取食物？如何繁衍？如何维系足够规模的种群？这显然是违背生物学的基本原理的。我自己曾经参与接待过一位来自美国的研究大脚怪的考古学家，很清楚这样的努力其实是在浪费时间。当然，这比那些造假的考古学要好得多，它属于貌似考古学的伪考古学。

对于公众而言，往往是混淆了文学与现实中的考古学。如《盗墓笔记》《鬼吹灯》之类涉及考古的文学跟真实的考古学完全不是一回事，文学的魅力在于予人以想象的空间，是否要符合现实并不是文学首先要考虑的内容。某种意义上，文学扩充了考古学的影响力，增加了考古学的吸引力，许多人由此走上了考古之路。我自己就是如此。中学时代读到有关世界文化的谜团，诸如金字塔是否外星人修建，纳斯卡图案是否外星人登陆地球的标志，大西洋海底是否有亚特兰蒂斯大陆，商朝人是否航海到达过中美洲，如此等等。这些充满想象空间的问题对于懵懂少年是非常有趣的，是非常想知道的奥秘，吸引人去探索。后来从事考古学研究之后，发现这些问题并非只吸引过我，许多人都受其影响，甚至进行了专门的研究。关于如何修建金字塔就有专门的著作以及实验考古的纪录片，修建金字塔的工程量或许称得上巨大，但利用当时的技术（杠杆、滚木与淤泥滑道等）与人力，假以时日，完全是可以完成的。纳斯卡图案的制作工作量更小，建立一定数量的观测标志点之后，在施工过程中并不需要动用多少人力。亚特兰蒂斯大陆纯属子虚乌有，生活在公元前400多年的柏拉图如何能够知道发生在9000年前的事情呢？距今11000年的古希腊还处在狩猎采集阶段，如何能有柏拉图所说的文明。这个故事的蓝本更可能来自发生在公元前1600年之前的位于爱琴海的塞拉火山爆发，这起事件深刻影响了克里特岛的文明发展。这个故事之所以广为人知要感谢19世纪一位美国的政客唐纳利，他把新旧大陆文明的相似性都归因于这个消失的亚特兰蒂斯。一定阶段的文明具有相似性实属正常，并不必然需要传播，商朝与玛雅在纹饰上的相似性就是如此。19 世纪超级传播论流行的时代，出现亚特兰蒂斯这样的故事并不偶然，这样的传播论在 20 世纪还有孑遗，如把玛雅视为商人的后裔就是其中的一个。

大多数伪考古并非完全凭空捏造，往往有一点点线索，但是会漫无边际地放大，最后变成了文学而非科学。考古学的推理需要完整的证据链，除此之外，往往还需要多条证据链辅助，还需要与既有的证据契合。就拿商朝与玛雅的关系而言，仅仅凭借图像纹饰的相似性是远远不够的，古 DNA 证据能够分析两个群体之间血缘联系及其分离的时间，微量元素分析可以帮助分析原料的来源。除了相似的方面，两者之间还存在大量不相同的东西，对此不能视而不见。热爱考古的公众以为考古工作中似乎充满奥秘，但还需要知道考古学是一门系统的知识，是一门科学。仅凭物质遗存上有限的相似性是不足以建立可靠的知识的，脱离了科学考古学整体的关联，也就走向了伪考古。

三、从公众考古到公共考古

我想先从医学开始谈起，因为医学直接关系生死，比较容易理解。我出生于一个医生家庭，从小耳濡目染，对医学的感受比较深。有句流行的话说，每个人都是自己最好的医生。道理很简单，没有人比你更了解自己的身体。但这是否说，从此你不需要去找医生呢？显然，谁也不会这么理解，医生的专业知识仍然是不可替代的。个人对自己身体状况的了解与医生的专业知识矛盾吗？如果双方能够相互信任，认真沟通，就能达到事半功倍的效果；如果彼此相互否定，效果可想而知。考古学家与公众的关系大抵也是如此，文化遗产是公共文化财富，是所有人共有的，每个人都可以有自己的认识，就像每个人读《红楼梦》都可以有自己的认识与收获一样。部分公众由于自身的特殊性，还可能提供与文学家不同的解读，经商的人可能从中看到贾府的财政危机，厨师可能从中看到菜肴上的启示。在考古学领域，那些生活在文化遗产所在地的公众对当地的风土人情有长期的、直接的体验，很有可能获得考古学家所没有的认识。考古学家并不是在每个方面都比公众更了解文化遗产，而且他们也不可能替公众去感受与认识文化遗产。

考古科普、公众考古、公共考古是三个内涵有重叠的概念，有人可能将其混为一谈。过去我们说到考古学与公众关系时，在考古学圈内，这就意味着要加强考古科普工作，让公众更充分地了解考古学。在考古科普中，考古学家就像是老师，公众是学生。老师负责讲，学生负责听，公众若是出现理解偏差，要么就是考古学家没有讲好（考古科普工作要加强），要么就是公众文化素养太差。这种单向的教育方式显然已经过时了，于是出现了公众与公共考古。公众考古与公共考古的译名都来自英文的"public archaeology"，但是在中文语境中，两者还是有程度上的区别的。公众考古强调公众的积极参与，有些考古学家对这个概念极为反感，如果公众可以考古，那要专业考古工作者做什么？上面说到"每个人都是自己最好的医生"与专业的医生并不矛盾，公众参与考古并不是指要取代考古学家的专业工作，而是针对从前单向灌输式的考古科普而言的，课堂上学生能够与老师积极互动，教学效果会显著提高，公众考古有这样一层意思在内。考古学为公众的参与提供了怎样的渠道呢？考古学家如何才能知道公众的反应呢？那些反对公众考古的考古学家可能会说，我们"为学术而学术"，不需要考虑这些问题。回顾一下考古学史，有这样的学术存在吗？为什么考古学会被滥用呢？脱离了公众的考古学其实是在服务极少数精英阶层的利益，但公众不是考古学家可以忽视的群体。

公共考古的意思则要更进一层，它是公众与考古学家共同参与的结果。这里公共考古可能包含有两种意思：一种类似于"公共医学"，公共考古就是在考古学家指导下公众自己发展起来的考古学；另一种是指公众与考古学家都作为参与者，最后得到的具有整体性的考古学。目前公共考古的含义主要指前一种，后一种意思是我的思考，其意思更接近"人民的考古学"，这里人民是个整体性的概念，是个高于个体相加总和的概念，代表整体的利益。这是否是一种乌托邦式的想法呢？既然存在个体，必然有整体，一个和谐的社会是有其整体利益的，它不应该是某个集团或阶层的利益。实现这个目标无疑是困难的，它需要个体之间，个体与社会之间的相互协作，进而形成一个有生命力的系统。

公共考古或可以当作考古学的理想，考古科普、公众考古是实现理想的途径，在目前阶段，如何增进公众对考古学的了解，如何增加公众参与到考古学的机会，都是一些切实需要解决的问题。前面我们谈到中国的博物馆、考古遗址公园的建设如火如荼，这些公共文化设施极大地方便了公众接触文化遗产。电视台有关考古的节目也大幅度增加，其中也有一些真人秀节目，但公众参与的程度还可以进一步提高。我记得曾经看过美国 PBS 频道一个有关移民西部的实验工作，主办方邀请几个家庭（也有单身汉）参与这个为期半年多的节目，参与者要在这段时间里完成 19 世纪时移民初到西部所需要做的工作，包括耕种、储备等，节目的最后是邀请一个专业的团队来评估参与家庭在西部生存下来的成功率。整个节目非常像一个大型的实验考古项目，公众的参与度非常高。目前国内还缺乏能够让公众广泛参与的大型实验考古项目，北大考古文博学院古建筑方向举办过几期史前建筑实验考古课程，我也曾参与其中，项目的参与者主要还是学生，目的也主要是为了增加大家对古建筑考古的关注，社会公众的参与还不够多，但这无疑是一个值得开拓的方向。

公众参与考古学需要避免的误区是，把自己变成了专业研究者。不否认某些有志向的公众转而从事考古工作并取得成功，但大多数人只是把考古当作爱好，爱好与专业工作，在现代社会是有非常大的区别的，爱好纯属个人自由，而专业工作是有社会职责的。关心自己的健康，学习一些医学知识对个人很有好处，但这与成为一名医生还是有根本区别的。让专业的人去做专业的事，把爱好与专业工作搞混是业余考古学家所犯的错误。当他们的意见被专业人士忽视的时候，往往感到受到了伤害。中国科学院数学所（原来的称呼）接到过不少号称证明哥德巴赫猜想（俗称 1+1=2）的民间研究，不胜其扰，天文、地质科学部门则是接到有关地球演化的"新理论"。似乎是说，专业研究会有盲区，需要民间科学家来弥补，实际上，在科学研究日益系统化、专业化的今天，这样的可能性微乎其微。组织评审这样的研究反而会耽误专业研究者的时间。考古学领域的民间科学家（简称民科）尤其多，可能因为考古学一般不会涉及国计民生这样的大事，进入的门槛也比较低，尤其是在中华文明探源这样的问题上，在古史传说与考古材料之间生拉硬拽，惹出了不少笑话。

公众参与考古学的渠道是越来越丰富的，在古物学时代，考古基本是贵族士大夫的活动，后来扩展到中产阶级的范围内，如今，几乎所有人都有机会去接触古代物质遗存。伴随这个过程的是教育的普及与物质条件翻天覆地的变化。当然，公众参与考古学的途径并不限于参观、听讲座、看电视等，在这些途径中，公众总体上是处在被动接受信息的地位，而很少能够主动参与到信息的建构中去。随着移动互联网时代的到来，公众有了主动参与的手段，近些年来，微信、头条、B站、微博等平台上都诞生了不少公众号，有些是专业团队创办的，有些就是公众个人创办的，公众号提供了表达与互动的平台，所有参与者都可以看到表达的内容（只要是不逾规矩的）。几年前，李子柒现象曾经引起我的关注，李子柒用自己切身实践的方式向公众展示传统农耕生活，她的节目所具有的亲和力是专业平台往往很难实现的。如今在非物质文化遗产的展示上，传承人可以通过公众号进行展示，相比于电视这样的专业平台，公众号极大地降低了参与者的技术门槛，公众焕发出前所未有的创造力，"人民的考古学"似乎正在到来。所有人只要愿意，专业的与非专业的，都可以参与，都可以表达，在互动的过程中，可能逐渐形成共识。这个共识属于一定的时期，代表这个时期社会的整体状态。

考古学与公众的关系是开放的、发展的，我们并不知道未来会发展到什么程度，基于历史与现实，我们可以看到基本的发展趋势，那就是公众参与考古学的机会、途径越来越多，公众的主动性也在不断提高。对此，我们有理由持乐观的态度，人民的考古学是有可能实现的。

拓展阅读

1.〔美〕肯尼思·L.费德：《骗局、神话与奥秘：考古学中的科学与伪科学》，陈淳译，上海：复旦大学出版社，2010 年。

2.〔美〕埃里克·H.克莱因：《考古的故事》，林华译，北京：中信出版社，2018 年。

第 14 章
如何成为一名考古学家？

　　考古学家是个有点神秘的群体，这很大程度上要归功于影视文学的塑造，看过《夺宝奇兵》《九层妖塔》《盗墓笔记》的人难免会留下这样的印象。在公众眼中，考古学家基本以两种形象出现：挖墓的人与鉴宝专家。有关前者的刻板印象甚至带有一点负面的道德标签——挖人家的祖坟，尽管这种事情其实并没有发生过。考古学家挖掘的墓葬绝大多数都是非常古老的，很少有晚近历史时期的，这些墓葬与现在的人早已没有直接联系了，而且考古学家发掘墓葬大多是因为工程建设用地的需要或是遭到了盗掘，不发掘就会遭到进一步破坏，是不得不去发掘。基于研究的目的主动发掘墓地，终究是比较罕见的。事实上，墓葬发掘只是考古工作很小的一个部分，大部分的考古工作与墓葬是没有关系的。挖掘祖坟这样的事情基本都是盗墓者所为，如前文提及的，盗掘北宋金石学大家吕大临墓葬的正是他的后世子孙。对于史前的墓葬，越是久远的，越是罕见，也越是珍贵。墓葬能够提供许多其他材料无法提供的信息，如古人的饮食结构、健康状况、体质演化等。尤其是对于旧石器时代的考古学家而言，若是能够发现一座墓葬，绝对是非常幸运的事情。墓葬发掘让考古工作披上了黑暗的面纱，考古学家还曾经发掘到罗马时代的厕所，这种令人恶心的出土物却是极有价值的科学材料。尽管考古工作有那么一点儿黑暗的影子，但是它充满了诱惑，我们希望由此揭开人类过去的奥秘，帮助我们回答灵魂三问：我们是谁？我们从哪里来？要到哪里去？考古学是一门穷根溯源的学问，直抵我们的灵魂深处。也许正因为这种强烈的反差，吸引越来越多的人开始进入考古学领域，并努力成为一名考古学家。这一章我们就讨论这个问题：如何成为一名考古学家？

一、考古学的教育

在说到考古学的渊源时，我们知道了其前身为金石（古物）学。在现代考古学的三个主要分支——旧石器 - 古人类考古、新石器 - 原史考古、古典 - 历史考古之外，还有一个旁支，也就是民族考古或土著考古。几个分支各有自己的渊源与关联学科。当我们划分当代考古学时，上述划分也就成了基本脉络，这个脉络扩充为更细致的时段划分，反而让人忽视了原初的三大分支之区分。在中国考古学的教育体系中，按时段划分为旧石器时代考古、新石器时代考古、夏商周考古、秦汉考古、南北朝隋唐考古、宋元明清考古，这六大段考古构成了整个学科的主干，也是学习考古的学生的必修课程。有时间维度的划分，自然有空间维度的划分，中国国土面积广大，从史前到历史时期，形成了若干较为稳定的区域，华北、长江中下游是农业起源区，这里形成了若干区系的考古学文化，周边地区如东北、西南、岭南、青藏、西北、草原、沿海与海岛先后形成了独特的文化面貌。每位研究者大体会有自己专长的研究的区域，很少有学者能够覆盖所有区域。在中国之外，还有世界范围的考古，也有区域之分，以后会有越来越多的研究者专长于国外考古。

时空维度的划分相对比较传统，从学科体系的角度来看，则包括理论、方法、实践三个方面。每个成熟的学科都有这样的划分，考古学也不例外，文物、博物馆与文化遗产是考古学的实践领域，考古学由此与公众联系在一起。在方法方面，考古学与许多学科都有交叉，逐渐形成了相应的考古学方法，考古地层学、类型学是较早成熟的，动物考古、植物考古、人体骨骼考古、分子考古等也都已经发展成熟，还有更多的交叉学科正在成熟之中。考古学理论与学术史（包括思想史）也已有独立的领域。对于未来要从事考古工作的学生而言，这些都是需要学习的内容。实际上，目前国内没有哪一所高校能够覆盖所有这些领域，往往是有所侧重地发展。如果我们把时空都称为纵向划分的话，那么按照学科体系的划分就是横向的，纵横经纬相互穿插，让考古学成为一个几乎与所有学科都有关联、内容十分丰富的学科。尽管考古学并不是热门学科，从业者的数量也较少，但它是如此的博大，一个人终其一生，往往也只能精通一个小的领域。

我们知道考古学是一门研究实物遗存的学问，也正因为如此，实物遗存的特征也是一个区分考古学的维度。石器、陶器、聚落、墓葬是史前考古的主要研究对象，由此也就形成了专门的领域，我个人学习石器考古近三十年，就是与那些看起来平平无奇的石器打交道，石器考古的工作就是"让石头说话"（这也是我的近著的书名）。研究较晚时段考古的则可能会涉及玉器、青铜器、漆器、画像石、碑刻、瓷器、古文字、佛像与石窟寺、古代建筑、书画等材料，每一项材料都是一门需要穷尽一生才能弄清楚的学问。作为一名书法爱好者，我喜欢看碑帖，中国书法之美都是前人的天赋、修养与苦练的结果，要欣赏其中的美，需要反复地观摩与体会。我没有碑刻考古的训练，无法去研究它，但这不妨碍我发自心底的欣赏。

考古知识领域的划分还可以按照主题来做，比如人类起源、农业起源、文明起源等。除了这些大问题之外，主题的设定是可以比较灵活的，可以按照研究者的兴趣来确定，当然，要想获得关注与资助，主题显然要具有时代意义，是一个时期的焦点问题。正是因为主题可以灵活设定，因此，主题能够较好地体现研究者的创造性。20 世纪 70 年代前后，谢弗、拉什杰等一批学者高度关注"考古材料形成过程"，后来这也就成了考古学的一个重要研究主题。80 年代，部分研究者开始关注"景观"问题，不再局限在环境层面上考虑，而是要关注景观所具有的文化意义对人的影响，于是形成了"景观考古"这个主题。主题的探索是开放的，前面提到的复杂系统研究、心智、语言起源、族属、宗教起源等，都是当下考古学研究探究的主题。就拓展主题而言，考古学是鼓励跨学科合作的，这也应该是学科的发展趋势之一。所有这些主题，也都是考古教育的重要内容，尤其是在研究生教育上，老师可以带领学生在一个或多个主题上进行探索。就这方面的教学与研究而言，中国考古学可以有更大的作为。就我个人而言，当前探索的主题是"新时代中国考古学理论体系"，主题是探索未来中国考古学理论体系，我们是亦步亦趋追随西方，还是要建立自己的理论体系? 我们的特色在哪里? 如何真正做到而不是"放卫星"?

　　成为一名考古学家，首先意味着要接受系统的考古教育。19世纪式的自学成才，在学科日益专业化与复杂化的今天，已经很不现实。上面从数个角度来讨论考古学的知识领域，其实就是考古课程设置的基本框架。在本科阶段，必定会涉及六大段的考古，还有考古学导论、考古学史等基础理论课程，还会有考古摄影、考古测量、考古绘图等方法课程。一般在大学三年级的上学期（通常会从暑假开始）开始田野考古实习，系统学习田野考古的方法，包括调查、发掘、整理、参观等，田野考古实习的时间是一个学期。这些课程基本是所有专业的考古教育都需要具备的，在此之外，每个学校会根据自己的情况，添加相应的专业课程。我本科就读于吉林大学考古学系，当时考古学系与古籍研究所是同一个单位，因此学生会多上一些有关古文字、古文献、文化史的课程。中国考古学的特色之一就在于能够结合历史文献与历史文化，这样的教育是非常必要的。很可惜的是，有段时间考古学系与古籍研究所分家，学生接受的相关教育减少。如今吉大成立了考古学院，恢复了以前的设置。当代考古学的科技含量越来越高，科技考古的相关课程自然也是越来越多，这也是必要的。

当前的考古学教育体系分为三级：本科、硕士、博士，有人可能还愿意把博士后也加上，从而形成了四级。博士后阶段有些模糊，它好像是求学与求职之间的过渡，将之称为一级也在两可之间。把这整个教育流程走完，最快也要 11 年，那也就是说硕博连读，用 5 年拿到博士学位。我个人用了 15 年（本科 4 年、硕士 3 年、博士 6 年、博士后 2 年），我的博士之所以用 6 年，是因为留学的原因，美国考古学是人类学体系，我没有相关的基础，要学的内容太多，再加上语言障碍，自然要花更长的时间。在美国考古学的教育体系，拿到博士学位通常是在本科毕业后的第 13 年，即在 35 岁前后[1]。中国考古学也日渐趋同，主要原因是博士毕业延期越来越普遍，许多学校把博士的学制从 3 年延长到了 4 年，即便如此，还是有将近一半的学生会选择延期。延期的原因很多，有的是还没有完成科研考核，攻读博士期间，需要发表两篇论文，至少要有一篇是核心期刊论文；还有的是因为博士论文的写作难度太大，

---

〔1〕T. D. Price, G. M. Feinman, "The Archaeology of the future", in *Archaeology at the Millennium: a Sourcebook*, G. M. Feinman, T. D. Price, eds. (New York: Kluwer/Plenum, 2001), pp.475-495.

题目太大，材料太少，或是学生的能力不够，都可能导致拖延；还有就是家庭原因，博士普遍已经成家，此时可能有了孩子，自然会耽搁时间。攻读博士期间的收入菲薄，研究压力较大，因此，如果没有较为充分的准备，不建议贸然攻读。实际上，从我个人的体会来看，读完博士，其实也就是学问刚刚入门，表明一个人有能力去探索未知领域了，并不等于已经获得了成功。可能还需要 5-10 年的历练，包括更加深入的阅读、研究实践等，这样才有可能形成自己的学术体系。有了自己独到的、系统的见解，我们才可以说这位学者称得上是一名考古学家。这个要求不算高，也不算低，没有把考古学家的称呼设定为极少数有学术权威的人，也没有将其泛化为所有考古工作者。

二、考古学的问题与前景

成为考古学家意味着要解决一些重要的问题，那么考古学有哪些重要的问题呢？"考古学何以可能"部分曾说道，考古学的核心问题其实只有一个，那就是如何透物见人。从过去遗留下来的有限物质遗存中发现前人，包括他们的活动、社会以及观念，需要不断去探索理论、方法，获取更多、更高精度的材料。更进一步追问，透物见人中涉及的内容很多，为什么关注这些而非其他，不难看出来考古学的探索深受其外部与内部关联的影响，考古学是想知道什么与能知道什么综合作用的产物。因此，尽管考古学家是埋首过去的研究者，他仍然是生活在现实社会并深受其影响的人，考古学需要考虑如何对现实社会有更大的贡献。回顾考古学史，考古学在两个方面都取得了巨大的进步，当然，其中也并非没有教训。考古学发展透物见人方法论的过程中，非常强调科学，我们现在所说的考古学就是"科学考古学"的缩写，但是发展科学考古学的过程中，一个重要的教训就是阉割了物质遗存的文化意义。除魅的过程让考古学失去了人文的维度，人类生活机器化，人类陷入前所未有的精神危机之中。进入社会的考古学可能丰富人们的文化生活，也可能被滥用。这些是我们已知的教训，考古学还会犯怎样的错误，我们还不知道，但在曲折中前进，螺旋式发展，则是可以预见的。

回到中国考古学的范畴，对于正在学习或将要学习考古学的人而言，哪些方面具有前景呢？也就是哪些地方是中国考古学的生长点？成功意味着要在合适的地方努力。我想至少应该包括以下几个领域：

中国文明考古是中国考古学研究中最闪亮的领域，它也是考古材料发现的组成部分，材料发现依赖田野考古，所以，在这个意义上，田野考古才是中国考古学的第一个生长点。应该说田野考古一直都是中国考古学的第一生长点。通过田野考古，不仅获得令人瞩目的发现，而且还获得了探究古史的科学研究材料，更进一步说，还获得文化遗产，可以用于展示、品鉴等。现在中国每年有成百上千的考古发掘项目，部分是基建项目，为了不被建设工程破坏，不得不发掘；还有少数为了研究目的的主动性发掘。不论是哪一种发掘，都需要考古研究者的参与，风吹日晒，有几分辛苦，也有几分神秘，因为你永远不知道会在脚下发现什么东西，墓葬、聚落、祭祀坑……每位考古人都会有自己梦寐以求的发现，为之欢欣鼓舞，为之失魂落魄。中国的基础设施建设高潮还没有过去，还有大量的发掘项目需要完成，不断会有新的材料出现。与此同时，随着专业队伍的扩大与国家支持力度的增加，主动性的发掘项目也会更多，发掘的精细程度还会提高。不过，项目总量的增加速度赶不上专业力量的发展速度，可以预见，将来的田野考古不会像现在这么忙，生活与研究条件也会显著改善。对于热爱野外生活的人来说，田野考古仍然是非常理想的选择。一言以蔽之，在中国考古研究中，田野考古仍然是王道。

中国考古学第二个亮眼的生长点是科技考古，也称考古科学、技术考古或是实验室考古（因为绝大部分研究都在实验室完成，相对于田野考古，其实验室特色格外鲜明）。从最近一二十年的发展来看，在国际考古期刊上，这个方向产出了最多的研究成果，也就是说，这是中国考古学国际化程度最高的领域，是中国考古学研究进步最为迅速的领域。如今的考古学研究绝不再是挖挖土，考古实验室的科学装备已经不逊于自然科学的实验室。科技考古在中国考古学中已经形成了若干分支领域，较为成熟的有植物考古、动物考古、年代考古（年代测定）、人类骨骼考古、古 DNA 考古、文物保护技术等，还有更多的分支领域正在壮大之中。这些分支领域的最大特点是学科交叉性，研究者除了懂考古之外，还需要懂得相关方向的专业知识与技能。对自然科学有兴趣的人、对考古学的科学性有所怀疑的人、不大喜欢野外生活但喜欢考古的人，适合这个方向。在不久的将来，中国考古机构中将会兴建越来越多的实验室，这是中国考古学发展的必然选择，没有它们，考古材料的分析、保护都将无法进行。这个方向需要较多的人才，是很有潜力的发展方向。

第三个生长点是中外交流考古。这是个新方向，最近这些年逐渐成为关注的热点。随着国家"一带一路"建设的进行，需要大量熟悉相关国家的文化工作者。考古学研究非常适合作为中国与"一带一路"国家文化交流合作的途径，通过这样的合作，我们可以更好地了解这些国家的历史与文化，为将来其他方面的合作奠定更有利的条件。目前国内考古学界很少有这方面专业人才的培养，而国家实际上非常需要这方面的人才。从事这方面的研究，需要熟悉合作对象所在国家的语言、历史与文化。目前较为迫切需要的语种是法语、西班牙语、俄语。随着中国考古学的发展，走出国门研究世界其他地区文明与文化是必然的。一方面是为了了解中国之外的世界，另一方面，也是为了更好地了解中国文明自身。只有通过文明比较，我们才会更清楚地把握中国文明的特色。中外交流考古需要一大批开拓者，目前我们的工作才刚刚起步。有志于这个方向的学生，在大学时候可以辅修一下第二外语与世界史，相信将来是可以发挥重要作用的。

　　第四个生长点是历史考古。这个生长点有点老，但基础深厚。如果上面所说的考古学研究是冰山露出水面的地方，那么历史考古就是水面下的冰山。它扎根于中国悠久的历史传统与丰富多样的物质文化，研究者不仅仅有考古专业人员，还有大量的爱好者。在历史考古中，文物研究是重要的组成部分。要从事这个领域的研究工作，需要良好的文献功底，需要熟悉中国古代历史与文化，还需要一两手绝活：青铜器、玉器、造像、铭刻……其中的行当不胜枚举，任何一类东西都需要终身研究才可能精通。也许因为这个领域太过于艰难，考古方向的学生有些望而却步，致使后段考古的人才稀缺。考古方向的学生以为大学或研究生毕业之后就可以从事这方面的工作，结果发现自己往往才刚刚入门，真正的学习要从实际工作时开始。实际上，大学因为缺乏相关的实物标本，很难教授这个方面的知识，这可能是学生不大敢选择后段考古的重要原因。当然，在学校奠定的知识基础还是非常有帮助的。文物（考古工作者似乎不大喜欢这个词）是文化传统的重要载体，应该是考古学的重要研究对象。这个方面，我们过去有些忽视，将来应该有很大的成长空间。

　　和以上四个方向相关的还有一个很高端的生长点，那就是水下考古。它是田野考古，也是科技考古，更是中外交流考古，还是历史考古，因为沉船基本都是历史时期的。水下考古在中国考古学中出现比较晚，只有二三十年的历史，最近这些年发展比较快。上次在三联书店新知大会上听姜波老师介绍，目前中国考古学界拥有水下考古资质的有 150 余人，现在能够下水工作的人员将近一半。中国水下考古的工作范围目前已经扩充到了红海、地中海。水下考古是考古学中技术与资金密集型的方向，需要相当大的投入。目前中国水下考古已经有了自己的专业船只，也有不错的专业潜水设备。尽管有先进的装备保障，水下考古工作还是很有挑战性的，某种意义上说，是勇者、强者的游戏。没有较好的身体条件不行，没有一定的胆量也不行，没有足够的耐心还不行（上浮是个缓慢的过程）。除此之外，还需要考古学的专业训练。不过水下考古有个其他方向没有的优势，那就是一旦遇到发现，出土物就会极其丰富，而且非常完整。当陆上考古为出土一件完整器物而兴奋不已的时候，水下考古队员对此只能说少见多怪。一艘沉船上可能会有数以万计的完整器物，保存状况之好，有些就好像是昨天刚刚做成的。

最后一个我能想到的生长点是公众考古（或称公共考古）。这是一个热度很高但争议却很大的方向。习惯上，大家自觉不自觉地会把它等同于考古科普，这样的话，给人的感觉就不那么高大上，好像没有技术含量似的。然而，这是一个极有意义的领域。考古学研究的目的最终还是要服务于公众，服务于现实，服务于时代。否则，纳税人为什么要拿着真金白银养一群毫无用处的人呢？公众考古的出现代表着一个新时代的到来。读考古学史，我们会发现考古学最初是服务于社会精英阶层的，他们在茶余饭后收藏把玩古董，垄断了文化生活。随着近代化进程的发展，中产阶层走上历史舞台，如果古物还是由私人把控，那么就很难让大家都欣赏到。于是乎有了博物馆,有了旅游产业,有了专业的考古学研究者。而今我们讲公众考古,其目的是要囊括最大范围的社会群体,显然,这些公众应该都是受过教育的群体(公众是教育普及的产物)。其关键点,或者说它不同于考古科普的地方,在于公众考古更加强调专业群体与公众的互动,更重视公众的参与,更希望让考古学获得某种公共性。而要做到这些,一方面需要物质条件,网络时代的到来为这样的互动与参与提供了便利的条件;另一方面需要掌握表达技巧的专业人员,能够把专业的话语以更接地气、更加艺术的形式表达出来。公众是一个极大范围的群体,因此,对公众考古的需求也是极大的。想一想当年明月的《明朝那些事儿》唤起了多少读者对明史的兴趣,考古学领域也非常需要自己的当年明月。

三、作为考古人的生活

存在主义哲学家萨特曾经遇到一件事,二战中德国入侵了法国,有位年轻人来找萨特咨询,他不知道是应该留下来照顾母亲,还是应该去英国参加法国抵抗军。这种类似忠孝难以两全的问题,萨特采用存在主义哲学给予了回答:未来是开放的,人是自由的,但只有去认真参与才是有意义的,意义要去创造与体验才成其为意义。考古工作也是如此,而非按照流行的标准,简单以薪酬多少来衡量。工作如同食物,一个人的美食可能是另一个人的毒药,所以很难说哪一种工作就是最好的，适合自己的才是最好的。虽然如此，这里还是想谈谈考古人的生活，或可以为梦想成为考古学家的人所参考。

许多人都是通过田野考古了解到考古工作，喜欢或讨厌，田野考古是试金石。即便是学习考古的本科生，大三的田野考古实习也是分水岭，喜欢田野考古的同学一定会继续从事考古工作，厌恶者自然会想办法离开这个行当。海德格尔讲人要诗意地栖居，其实就是说人生活在世界上，需要赋予世界以意义，包括自己所做的事情。为什么会喜欢田野考古呢？主要原因是参与者赋予了野外生活以意义。否则，感受到的都是穷乡僻壤的闭塞与不便，而不是在城市里永远不可能看到的满天繁星、可以嗅到的乡土气息、可以触摸到的远古遗存。某种意义上说，考古是一份特别接地气的工作，能够干好这份工作的人是不可能得抑郁症的，因为他或她在野外需要跟很多人打交道，从识字不多的农民到地方官员，为此不得不发展出出色的协调能力。反过来说，这份工作又是十分有挑战性的，除了要克服自然条件的困难之外，还需要克服社会困难。19世纪的考古学家面临的主要困难可能是自然条件的恶劣，而今物质条件已有极大的改善，困难主要来自社会方面。并不是说以前就没有，只是相对于可怕的自然条件，社会困难反而没有那么严峻。早年考古学家需要携带武器防身，甚至需要武装护卫，所以那个时候的考古学家也就不得不比较剽悍。和前人相比，现在的考古学家如同经理人，非常需要管理与沟通能力。

野外生活是诗意的，沉浸式的体验必然如此。野外适合旅行、摄影、思考、写作以及发呆。我个人发现野外特别适合读书，因为手边的书不会多，不会像在家或办公室里，有太多的选择，这样反而能够专心地读那么几种书。更主要的原因可能是因为，在野外，白天往往有其他的事，颇有一些是体力劳动，所以回到室内读书的时候，反而是一种休息。在家或办公室，本来就需要读书，再多读一点书，没有明显的休息感觉。在我所知道的工作之中，考古是少有的能够把室内与野外、脑力与体力劳动、现实与想象较为均衡地结合在一起的职业。现代社会，许多工作都是有太多的室内生活、太多的脑力劳动、太多的现实关注，生活失去了平衡。从这个角度来说，考古是一个较为理想的职业。每个人都向往拥有诗和远方的生活，不过，大多数人是叶公好龙，当这种生活真的来到的时候，他们又变成了现实主义者。考古工作本身就是诗和远方，沿着乡野的小道散步，你不知道这条路的前面会有什么，不知道前面会有怎样的风景，不像在城市的公园，一切都是那么确定。发思古之幽情是一件浪漫的事，想象数千年前人们的生活与周围的景观，那时没有所有的工业设施，甚至没有农田，一切处在自然状态，而你的身边可能就是那个时代的石器、火塘……

尽管这里我强调野外在考古人生活中的位置，实际上，考古工作中，越来越多的岗位并不需要经常下野外了，科技考古人的工作基本都是在实验室，文博方向的考古人更是在博物馆、办公室工作，像我这样的大学老师，因为课程多，也没有太多的时间能够去野外。从野外回来，书斋会变得特别令人舒适，明亮的灯光、阔大的书桌，这些都是野外无法比拟的，本来平平无奇的生活突然又变得新鲜起来，甚至令人向往。你可以把自己的思考从当下延伸到遥远的过去，从整个人类历史进程来审视现在：人类曾经数百万年过着狩猎采集的生活，也曾在农业时代度过了上万年，过去数百年中，人类走向了工商业社会。当代中国社会正处在从农业社会走向工商业社会的转型阶段，旧的社会结构正在逐渐消失。从大历史的眼光来看现实的变化，我们的心绪会更加平静。那些暂时的风雨不过是偶然的天气的变化，即便是狂风暴雨，我们也知道它相比历史而言，只是一瞬间的波动。当然你也可以选择不去思考这样壮阔的历史，而是凝神去观摩、体验某一件器物，那经过历史的种种波折存留至今的古物上保留着岁月的沧桑，玉器会出现"鸡骨白"那样的沁色，青铜器上会有古雅的绿锈，碑刻上会有斑驳的崩损，书画如同蒙上了一层赭色的面纱……你可以久久地凝视，细细地品味，直到你融入其中。

在考古的园地里你可以足够地狂野，可以足够地阔大，也可以足够地沉静。当然，无论多么诗意，还是需要站在坚实的大地上。回到现实中来，经典的考古人生活在各个考古研究所中，从中央到地方省市，都有考古研究所，如今经济实力强劲的地级市也有自己的考古研究所，成为新兴的实力派。如果你的确喜欢野外生活，那么考古研究所是可以充分满足你的：有些研究者高峰时期一年中接近300天在野外度过。如今野外工作趋于精细化，专业分工增强，部分野外工作分派给了考古勘探公司，考古研究者的野外工作相应减少。第二批次考古人是大学的考古研究者，如今国内已有四十多所高校开设了与考古相关的专业，有考古课程的高校就更多了，高校也是一支研究力量强劲的队伍。第三批次的考古人在各个博物馆、文化遗产部门工作，随着中国博物馆与文化遗产保护利用事业的发展，这支队伍越来越壮大，实际上大部分的考古人都在这些单位工作。从中央到地方还有文物考古管理部门，有一部分是公务员，还有一部分是事业单位编制——文物考古属于专业部门，需要专业的管理者。考古研究所、高校、文博单位、管理部门之间也互有往来交叉，近些年来，高校考古教育在迅猛扩充，不少考古研究所的研究者进入高校，文博单位的研究者不少在大学兼课。除此之外，上面还提到了考古勘探公司，这是中国考古学中的新事物，是借鉴国外的经验发展而来的。公司是企业性质，可以负责考古勘探与发掘，提供咨询与技术保障，还可以从事文物保护工程的建设。公司更加灵活，能够容纳更多样的人才，如考古技工，若在事业单位中很难得到编制，就可以在公司中找到职位，也可以成为行业的专家，较之从前时有时无的工作机会要好得多。

　　2013 年，也就是我大学本科毕业 20 周年的时候，大学同学组织了一次聚会。在我们的大学时代，大家更想找一份有前（钱）景的工作，二十年后发现，这其实不是一个问题，大家都有了工作，也都有了住房，如今恐怕都有小汽车（至少能够买得起）。倒是另一个问题更加关键，那就是如何在自己的工作中去寻找意义、去创造意义。诗和远方或许在现实社会中无足轻重，然而，人最终寻找的还是它们。考古人也不例外，跟所有人一样，我们既需要立足现实，解决所面临的具体问题，也需要超越现实，构建属于自己的意义。"为天地立心，为生民立命，为往圣继绝学，为万世开太平"是所有人文学术的使命，也是考古学的使命。当个人把自己的意义融入考古学的使命之中时，也就完成了成为考古学家的精神升华。

拓展阅读

1. 陈胜前：《学习考古》，北京：生活·读书·新知三联书店，2018年。

2.［英］布莱恩·费根：《伟大的考古学家》，李志鹏、李凡译，北京：商务印书馆，2022年。

3. 陈雍：《考古何为》，天津：天津人民出版社，2022年。

图书在版编目（CIP）数据

考古学是什么 / 陈胜前著. —北京：北京大学出版社，2024.5
（人文社会科学是什么）
ISBN 978–7–301–34821–5

Ⅰ.①考… Ⅱ.①陈… Ⅲ.①考古学－通俗读物 Ⅳ.①K851–49

中国国家版本馆 CIP 数据核字（2024）第 036663 号

书　　　名	考古学是什么	
	KAOGUXUE SHI SHENME	
著作责任者	陈胜前 著	
责 任 编 辑	魏冬峰　陈佳荣　李凯华	
标 准 书 号	ISBN 978–7–301–34821–5	
出 版 发 行	北京大学出版社	
地　　　址	北京市海淀区成府路 205 号　　100871	
网　　　址	http://www.pup.cn　新浪微博：@北京大学出版社	
电 子 邮 箱	zpup@pup.cn	
电　　　话	邮购部 010–62752015　发行部 010–62750672	
	编辑部 010–62753154	
印 　刷 　者	北京中科印刷有限公司	
经 销 者	新华书店	
	880 毫米 × 1230 毫米　32 开本　12 印张　245 千字	
	2024 年 5 月第 1 版　2024 年 5 月第 1 次印刷	
定　　　价	78.00 元	